HISTOIRE

DE

LA VILLE ET DU CHATEAU

DE

SAINT-JAMES DE BEUVRON

PAR

M. L'ABBÉ MENARD

CHANOINE TITULAIRE

AVRANCHES

IMPRIMERIE TYPOGRAPHIQUE ET LITHOGRAPHIQUE DE ALFRED PERRIN

Rue des Fossés, 4 et 6.

A Monsieur L. Delisle, membre de l'Institut, hommage respectueux de l'auteur

Menard
Ch. tit.

HISTOIRE

DE

SAINT-JAMES

HISTOIRE

DE

LA VILLE ET DU CHATEAU

DE

SAINT-JAMES DE BEUVRON

PAR

M. L'ABBÉ MENARD

CHANOINE TITULAIRE

AVRANCHES

IMPRIMERIE TYPOGRAPHIQUE ET LITHOGRAPHIQUE DE ALFRED PERRIN

Rue des Fossés, 4 et 6.

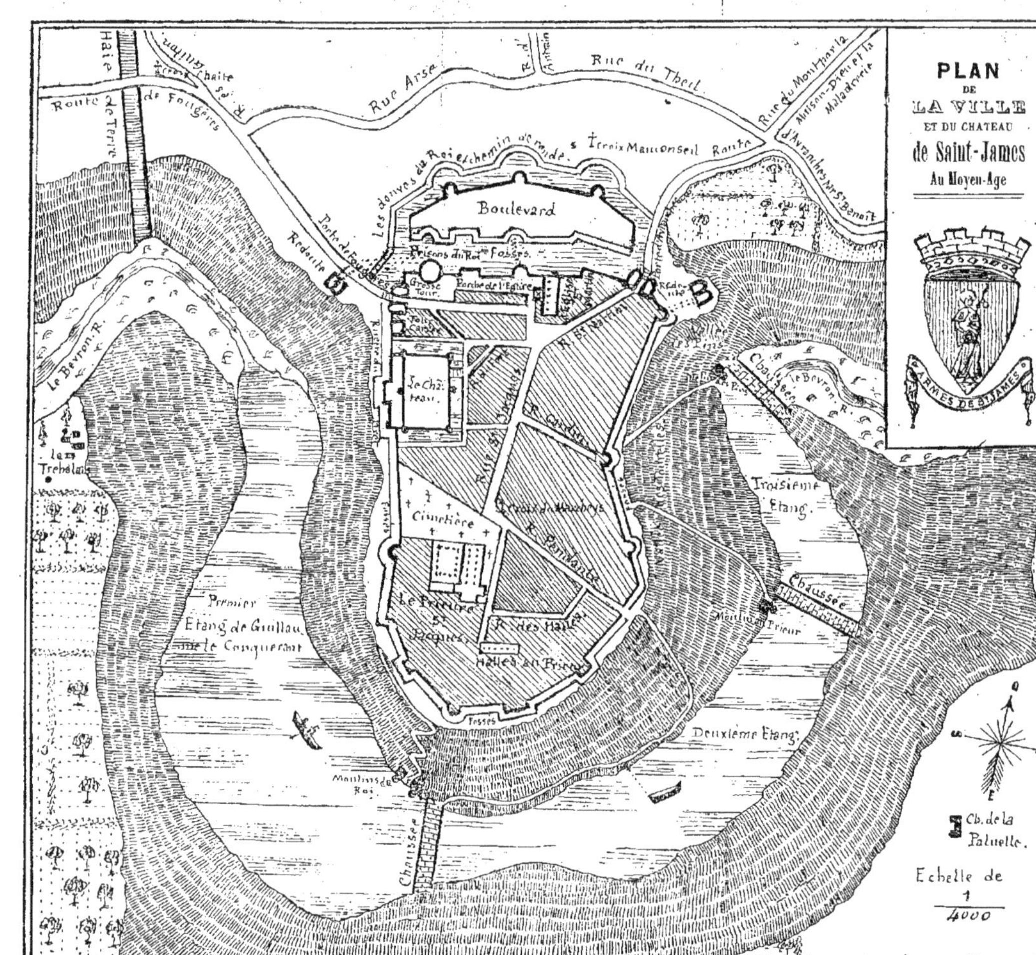

PLAN
DE
LA VILLE
ET DU CHATEAU
de Saint-James
Au Moyen-Age
ARMES DE St JAMES
Boulevard
Le Château
Cimetière
Premier Etang de Guillaume le Conquerant
Deuxième Etang
Troisième Etang
Chaussée
Ch. de la Paluelle.
Echelle de 1/4000
Levé et dessiné par E. A. Pigeon, ch

PRÉFACE

Jusqu'ici l'histoire de Saint-James de Beuvron n'avait pas été faite, car on ne peut pas donner le nom d'histoire aux monographies de MM. de Gerville et Ed. Le Héricher, sur la ville et le château de Saint-James. M. l'abbé Desroches, qui a beaucoup aimé son pays, et en particulier Saint-James, où il est né, n'a pas entrepris cette œuvre, à laquelle il était pourtant mieux préparé que tout autre par ses savantes études historiques sur l'Avranchin. Aussi cette petite ville est-elle plus connue aujourd'hui par ses sites pittoresques et sa délicieuse vallée du Beuvron, qu'on appelait autrefois « le val de Bevron, » que par le rôle militaire qu'elle a joué au Moyen-Age, surtout pendant la guerre de Cent ans. Depuis trois siècles que ses fortifications ont été démolies et son château ruiné, il n'est pas étonnant qu'on ait oublié un passé déjà si lointain. Cependant, les traditions populaires n'ont pas complètement péri, et l'on parle encore, dans les veillées, des sièges que la ville soutint autrefois « du temps des Anglais. »

C'est ce passé glorieux que nous avons essayé de raconter. Mais comme l'histoire d'un pays ne se résume pas seulement dans les faits militaires accomplis sur son sol, qu'elle se compose encore des événements qui ont marqué dans sa vie religieuse et sociale, des institutions sous l'empire desquelles le peuple a vécu et les mœurs publiques se sont formées, nous avons voulu rappeler ce qui faisait à la fois la force et la véritable noblesse de nos aïeux : leur foi profonde, leur esprit de famille, leur amour passionné de la patrie ; nous avons voulu les montrer, en un mot, tels qu'ils étaient, Catholiques et

Français, sachant sacrifier leur fortune et leur vie pour la défense de leurs autels et de leurs foyers, « *pro aris et focis.* » Cette devise a toujours été celle des grandes âmes et des grands peuples. Il y a là, pour les hommes de la génération présente, de précieuses leçons à recueillir et de beaux exemples à imiter.

Il serait inutile et même fastidieux de donner ici la longue liste des auteurs que nous avons consultés : nous avons eu soin d'indiquer nos sources au bas de chaque page du texte. Qu'il nous soit seulement permis de dire que nous avons lu beaucoup de livres et déchiffré beaucoup de manuscrits. Nous espérions découvrir dans le champ inexploré des vieilles chartes des richesses inconnues, et cet espoir n'a pas été déçu.

Aux Archives et à la Bibliothèque Nationales, nous avons trouvé des documents inédits, qui jettent un nouveau jour sur l'histoire militaire de St-James pendant les XIVe et XVe siècles.

Aux Archives de la Manche, où nous avons pu longtemps travailler, avec le concours toujours si bienveillant de M. Dolbet, nous avons transcrit une grande quantité de titres, quittances et contrats d'un véritable intérêt au point de vue militaire et administratif. Le chartrier du Mont Saint-Michel, en particulier, nous a fourni de nombreuses indications sur les droits de l'abbaye dans le val du Beuvron au Moyen-Age, et sur plusieurs familles du pays qui passèrent alors des transactions avec les religieux. Nous avons aussi puisé dans le Fonds La Paluelle une foule de renseignements sur l'histoire civile et religieuse de Saint-James, pendant la dernière moitié de XVe siècle et les siècles suivants. La plupart des pièces que nous avons consultées firent partie du dossier volumineux d'un procès entrepris à la fin du XVIe siècle, par M. de Carbonnel de Canisy, contre le prieur Ch. Guérin, au sujet des droits honorifiques de la famille La Paluelle dans l'église Saint-Jacques. Ce procès, qui ruina le prieur, devait, comme tant d'autres procès, enrichir un jour les archives et servir à l'histoire du pays. M. de Carbonnel de Canisy, qui représentait la famille La Paluelle, ne se contenta pas de faire des recherches dans les papiers de sa maison ; il en fit encore dans les archives des églises de Saint-James et de Saint-Benoît, dans les études des tabellions, aux archives de l'évêché d'Avranches et jusqu'à la Cour des Comptes de Paris. Le prieur Ch. Guérin, intelligent et actif, eut recours aux mêmes sources que son adversaire ; de plus, il étudia les archives du prieuré et il écrivit partout où il espérait trouver un argument utile à sa cause. Après quinze années de patientes investigations, chacune des parties présenta au Parlement de Rouen un *factum* imprimé contenant le résumé des pièces qu'elle faisait valoir pour sa défense. Ces deux *factums* formeraient la matière d'un volume in-8°.

Enfin, nous avons parcouru avec soin les registres de Saint-James et de Saint-Benoît depuis 1562 jusqu'à nos jours, et nous avons pu suivre le mouvement de la population, surtout au XVIIe et au XVIIIe siècle, et profiter de notes curieuses, de réflexions piquantes, d'observations judicieuses intercalées dans le texte.

Nous ne parlons point de beaucoup de pièces qui n'appartiennent pas à une collection proprement dite et qui nous ont été souvent fort utiles.

Malgré tous nos efforts, nous reconnaissons volontiers qu'il y a dans notre travail des lacunes que nous n'avons pu combler ; et comment en serions-nous étonné quand un savant tel que M. Léop. Delisle exprimait dernièrement (1) le regret d'avoir connu trop tard un document important pour l'histoire de Saint-Sauveur-le-Vicomte, qu'il a écrite avec tant d'érudition ? D'autres, après nous, compléteront notre œuvre. L'histoire locale se fait peu à peu et à force de patience. Comme les abeilles qui butinent sur les fleurs des champs les sucs dont elles composent leur miel, il faut chercher longtemps, entreprendre quelquefois de longs voyages pour rassembler et comparer entre eux les éléments épars d'une étude historique. C'est à ce prix seulement qu'elle aura quelque valeur.

---

(1) *Annuaire de la Manche 1891*, p. 25.

Nous croyons pouvoir nous flatter d'avoir recueilli les faits les plus importants de l'histoire de Saint-James et d'avoir indiqué leur influence sur l'ensemble des événements du pays. Nous avons écrit ce livre avec amour, mais sans passion, ne cherchant que la vérité et désirant la présenter dans un langage simple, clair et précis.

Nous ne pouvons terminer cette courte préface sans adresser l'expression de notre vive reconnaissance à M. S. Luce, membre de l'Institut, qui a bien voulu nous guider dans nos recherches et nous faire part de la manière la plus désintéressée de notes qu'il avait recueillies au cours de ses savants travaux. Nous remercions aussi l'éminent auteur de l'*Histoire de Charles VII*, M. le marquis de Beaucourt, du bienveillant intérêt qu'il a porté à notre publication. Leurs noms seuls sont la plus précieuse recommandation que nous puissions présenter à nos lecteurs.

HISTOIRE

DE

LA VILLE DE SAINT-JAMES

DE BEUVRON

PREMIÈRE PARTIE

Histoire de la ville de Saint-James de Beuvron, depuis sa fondation jusqu'à la destruction de son château (1067-1590).

CHAPITRE PREMIER

ANTIQUITÉ DE SAINT-BENOIT DE BEUVRON. — FONDATION DU PRIEURÉ SAINT-JACQUES, DE LA VILLE ET DU CHATEAU DE SAINT-JAMES. — DESCRIPTION TOPOGRAPHIQUE. — CHARTE DE FONDATION.

La bourgade de Saint-Benoît de Beuvron, qui fait aujourd'hui partie de la commune de Saint-James, est beaucoup plus ancienne que la ville de Saint-James, dont la fondation remonte à la dernière moitié du onzième siècle.

Le polissoir, situé à un demi-kilomètre de l'église, qui servait à aiguiser les haches de pierre retrouvées en si grand nombre dans le pays, ferait penser qu'il y eut là, primitivement, une localité préhistorique, qui forma plus tard un *vicus* gaulois, appelé *Bevron*, du nom de la rivière sur laquelle il était bâti (1). Ce polissoir a été signalé et décrit depuis longtemps (2). C'est un bloc de quartz plat affleurant maintenant le sol d'un pré. Il mesure environ 1 mètre 25 cent. de longueur sur 0,50 cent. de largeur, et présente dans sa partie supérieure une douzaine de stries ou rainures assez profondes, tracées dans le sens de la largeur, avec une dépression ou cuvette vers le centre et la partie inférieure, qui se termine par deux ou trois rainures.

M. l'abbé Desroches rapporte au VIIe siècle l'origine de l'église de Saint-Benoit (3). Quoique cette assertion ne puisse être prouvée historiquement, il est probable qu'un sanctuaire fut construit vers ce temps-là, ou même à une époque plus reculée, à Bevron ; car c'était alors un usage d'élever des églises dans les anciens *pagi* gaulois, comme nous pourrions en citer plusieurs exemples sans franchir les limites des diocèses de Coutances et d'Avranches.

Le nom de Bevron est cité, pour la première fois, croyons-nous, dans une charte du duc Robert Ier en faveur du monastère du Mont Saint-Michel, vers l'année 1030. Cette charte fournit de précieux renseignements qui viennent à l'appui de notre opinion. Le prince donne à l'abbaye, avec beaucoup d'autres propriétés situées dans l'Avranchin, tous ses droits sur le bourg de Bevron, huit moulins, le tonlieu, les coutumes du bourg avec toutes les terres envi-

---

(1) Nous trouvons dans les chartes : *Bevron, Brévon, Bevrona,* et plus tard *Beuvron.* M. Desroches fait dériver ce nom du mot *bieu,* qui dans la langue saxonne signifie un cours d'eau. (*Hist. du Mont Saint-Michel,* T. I, p. 66).

(2) M. Hairby, *Avranches and its vicinity,* p. 15 ; M. Desroches, *Hist. du Mont Saint-Michel,* T. I. p. 31, 32 ; *Annales Relig.*, p. 52 ; M. Le Héricher, *Avranchin monumental et historique,* T. II, p. 556, art. *Saint-James* ; *Bulletin de la Société des Antiquaires de Normandie,* année 1877-1878, T. IX, p. 167 et suiv. ; M. le chan. Pigeon, *Histoire du diocèse d'Avranches,* T. II, p 624.

Des fouilles pratiquées, il y a quelques années, autour de cette pierre, ont amené, à près de deux mètres de profondeur, la découverte de plusieurs haches, les unes brisées ou à demi-polies ; les autres parfaitement travaillées, dont l'une en jade vert foncé, percée à sa partie supérieure, paraît avoir une certaine valeur. L'aiguisoir occupait alors le sommet du rocher qui s'étend assez loin sous le sol. Cette élévation permettait aux ouvriers de travailler dans une position facile.

La pensée d'enlever ce polissoir pour enrichir une collection publique ne nous semble pas heureuse : il est toujours regrettable de priver un pays de ses souvenirs, et cette pierre, dans le coin d'un musée, n'aurait plus l'intérêt qu'elle présente aujourd'hui au touriste et même au savant dans son vallon solitaire.

(3) *Hist. du Mont Saint-Michel,* T. Ier, p. 127.

ronnantes. « *In eodem si quidem comitatui (Abrincensi) dono et in perpetuum donatum volo, in burgo quod appellatur Bevrona, quicquid in eo mei juris erat, cum VIII*[to] *molendinis et teloneio, et cum omnibus consuetudinibus ad totum ipsum burgum pertinentibus in omni parte, cum omnibus terris quæ in circuitu sunt.....* (1). » Les moulins, dont il est ici question, s'appelaient alors les moulins du Borc (Bourg), de Bige, de Pierres, de Bruslé, du Déluge, sur le fief du Hamel, de Juette et de Morvioc ou Morvieu. Les moines exercèrent leurs droits seigneuriaux pendant toute la durée du Moyen-Age, et leurs hommes ou vassaux de Saint-Benoît étaient tenus de se présenter aux plaids de leur baronnie d'Ardevon et de rendre les services accoutumés.

Cette localité est encore indiquée quelques années plus tard, dans un acte de donation du bourg de la Croix-Avranchin au Mont Saint-Michel par un chevalier nommé Adeliz, qui lui-même avait reçu cette propriété du duc Robert Ier, en récompense des services signalés qu'il avait rendus. « *Accidit quod Robertus nobilissimus Normannorum dux, piissimi Richardi principis filius, vicum Crucis, qui situs est inter Beuronem et Montem Sancti Michaelis, dedit in beneficium cuidam militum suorum nomine Adelelmo...* (2). »

De plus, le Cartulaire du Mont nous apprend qu'il y avait à Bevron une foire que Guillaume le Conquérant transporta plus tard dans la ville de Saint-James nouvellement bâtie (3).

Tous ces détails ne démontrent-ils pas qu'il y avait alors, dans cette bourgade, un centre assez important et une paroisse depuis longtemps constituée? Aussi l'église de Saint-Benoît a toujours été considérée comme l'église primitive. La tradition est constante sur ce point. Dans les titres les plus anciens que nous possédions (présentations et collations des XVe et XVIe siècles), elle est appelée l'église paroissiale, ayant pour annexe la chapelle Saint-Martin du Belley de Saint-James. « *Ecclesia parochialis de Sancto Benedicto cum capellâ Sancti Martini du Belley annexâ* (4). » C'est ce qui explique l'usage immémorial suivi par tous les curés de Saint-James,

(1) Cartulaire du Mont Saint-Michel, fol. XXII, *verso*.

(2) Cartulaire du Mont Saint-Michel, fol. XXVI, *verso*.

(3) « *Abstulit eciam nobis burgum de Beveron et feriam quæ nunc est apud Sanctum Jacobum.* » Cartulaire du Mont Saint-Michel, fol. CIII, *recto*.

(4) Extrait du *Livre des Synodes du diocèse d'Avranches*, au XVIe siècle.

jusqu'au commencement de ce siècle, de prendre possession de l'église de Saint-Benoît avant de prendre possession de l'église de Saint-James. Les moines bénédictins du Mont Saint-Michel, ou peut-être ceux de Fleury-sur-Loire, qui devinrent, après la fondation du prieuré dont nous allons parler, les patrons présentateurs de l'église de Bevron, placèrent cette église sous le patronage de saint Benoît, et le bourg s'appela dès lors Saint-Benoît de Bevron.

Maintenant que nous croyons avoir suffisamment prouvé la haute antiquité du bourg de Saint-Benoît, nous pouvons nous demander si le promontoire avancé sur lequel Guillaume le Conquérant devait bâtir Saint-James ne fut pas habité longtemps avant la fondation de cette ville. Il est probable que les Romains ne négligèrent pas une position aussi favorable à la défense du pays. Il a été trouvé des monnaies de l'Empire sur la place de l'ancien château et aux environs de Saint-James ; des armes, tels que javelots, haches en bronze, ont été déterrées autrefois à la Gouberdière, et récemment encore au village de la Pintière, à Carnet. Mais il est certain que les Normands s'établirent de bonne heure sur ce territoire limitrophe de la Bretagne, afin de s'opposer aux fréquentes incursions des Bretons. Ce fut dans ce but qu'ils élevèrent, à un kilomètre environ de Saint-James, un gigantesque retranchement connu sous le nom de Haie de Terre.

Cette haie de terre s'étendait de la vallée de la Dierge à la vallée du Beuvron, sur une longueur de treize cents mètres, et défendait l'entrée du plateau qu'elle coupait dans toute sa largeur. Il est encore facile de la suivre dans une partie de son parcours et de se faire une idée de ce qu'elle était primitivement. Elle commence aux bords de la petite rivière de la Dierge, s'aligne sur le flanc d'un côteau très escarpé, pour arriver sur le plateau qui domine la vallée d'environ cinquante mètres ; puis elle se prolonge à travers un petit bois taillis sur une longueur de deux cent trente mètres. A cet endroit elle est coupée par le chemin de Beaufour. Cette première partie de la haie est la mieux conservée et par conséquent la plus intéressante à étudier. Les fossés, qui existent des deux côtés, ont encore sur plusieurs points plus d'un mètre de profondeur ; la haie s'élève à trois mètres au-dessus du sol, à quatre au-dessus du fond des fossés et mesure de cinq à six mètres en couronne.

La seconde partie reparaît bientôt à peu de distance du chemin de Beaufour, pour reprendre sa direction rectiligne sur une longueur de deux cents mètres. A droite, la haie est bordée par un chemin, et, de l'autre côté, son énorme talus forme la limite de champs cultivés ; c'est assez dire que la main de l'homme ne devait pas l'épargner. En moyenne, elle n'a plus que deux mètres de hauteur, et son fossé peu profond en a de deux à trois de largeur. Sa plate-forme au sommet mesure encore de cinq à six mètres. Elle est largement ébréchée à son extrémité par le chemin qu'elle surplombe. Au-delà elle a entièrement disparu ; et il devait en être ainsi, car elle était d'autant plus menacée, surtout après la destruction du château de Saint-James, qu'elle se rapprochait davantage de la ville. Au commencement du siècle, elle se prolongeait encore de deux cents mètres, comme il est facile de le voir sur le plan du cadastre de 1826. Son existence dans sa partie la plus voisine de la ville n'est plus rappelée que par le vieux manoir des Guitons, qui porte le nom de *Haie de Terre,* par corruption *Hecterre.*

En suivant un alignement pris sur les deux tronçons dont nous venons de parler, on arrive « avec une étonnante précision, sur un plateau de rochers accolé au flanc gauche du ravin du Beuvron, et presque au bord de la rivière (1). » La haie de terre se terminait ainsi sur les bords du premier étang, creusé plus tard par Guillaume le Conquérant sous le château de Saint-James, comme elle sortait, pour ainsi dire, à son extrémité opposée, d'un autre étang formé par la Dierge, au fond de la vallée (2).

D'après les mesures prises avec une exactitude scrupuleuse par M. Aug. Besnard, et que nous avons nous-même contrôlées, cet immense retranchement devait avoir, à son origine, une largeur totale de dix-sept mètres, y compris les fossés, savoir : quatre mètres pour chaque fossé, et neuf mètres pour la masse de la haie. Il mesurait à son sommet cinq mètres de largeur, ce qui suffisait amplement à l'évolution des défenseurs. Sa hauteur, à partir du sol, était à peu près de trois mètres cinquante centimètres, et de

---

(1) *La Haye de Terre et la forteresse de Saint-James,* p. 9.

(2) Cet étang sur la Dierge est rappelé dans de nombreux titres du XVIIe siècle. Dans un mémoire pour défendre son droit de pêche dans la rivière du Beuvron, le prieur Ch. Guérin parle « des étangs du Sr de la Rouairie, sur la rivière de Dierge, tout proche de Saint-James, dans lesquels lad. rivière qui compose lesd. étangs entre et sort pour continuer sa course. » (Arch. de la Manche).

huit mètres environ du fond des fossés, qui avaient quatre mètres de profondeur.

La Haie de Terre ne remonte pas au-delà de l'invasion normande; mais quelle est la date précise de sa construction? Cette question nous paraît difficile à résoudre. Beaucoup de haies de terre, ou *Haye Dike*, furent élevées par les premiers ducs normands, surtout sur la frontière, contre les Bretons qui leur disputèrent pendant deux siècles le pays de l'Avranchin.

« Si l'histoire est muette à cette époque, dit M. le chanoine Pigeon, la terre parle éloquemment et nous révèle, sur les confins de la Normandie et de la Bretagne, une guerre longue et acharnée entre les deux peuples. Ces pages historiques gravées sur le sol, sont des camps, de vastes retranchements appelés Haies de Terre, qui sont échelonnées des deux côtés de nos limites actuelles. » Et, après avoir indiqué plusieurs lignes de défense dans le Maine et la Bretagne, il ajoute : « La Normandie offre une haie de terre célèbre, qui a primitivement défendu le pays de Saint-James, puis une suite de retranchements qui descendent de Saint-Hilaire-du-Harcouët par les Loges-Marchis, Savigny-le-Vieux et la commune de Buais, qui conserve encore un assez vaste camp en face de celui de Fougerolles (1). » Le champ qui longe, vers le levant, la Haie de Terre, à son extrémité occidentale, rappelle encore les luttes des deux peuples, par son nom de *champ de bataille*, qu'il portait bien avant le siècle dernier (2).

M. Desroches pense que la Haie de Terre de Saint-James a la même origine que le château (3). Nous ne le croyons pas; mais nous admettrions volontiers que le duc Guillaume put la fortifier et la faire entrer dans le plan de défense de la place. Suivant une opinion qui nous paraît probable, elle aurait été construite par le duc Richard Ier, vers 950.

Cette fortification était nécessairement gardée par une garnison

---

(1) *Le Diocèse d'Avranches*, p. 619.

(2) M. Desroches, en parlant des fréquentes invasions des Bretons en Normandie, ajoute : « Nous connaissons sept ou huit pièces de terre, sur les limites de la Normandie, qui ont conservé jusqu'aujourd'hui les noms de *champs de bataille* : il y a un village, entre Saint-James et Fougères, qui s'appelle encore la *Bataillère.* » (*Annales civiles et militaires du Pays d'Avranches*, p. 50).

(3) *Annales civ. et mil.*, p. 68.

permanente qui devait stationner aux environs, et le chevalier Adeliz, auquel le duc Robert donna le bourg de la Croix pour prix de ses services, pourrait bien avoir été un des principaux chefs de ces troupes. Quoi qu'il en soit, lorsque les ducs Richard III et Robert le Magnifique eurent la pensée de bâtir une église et de fonder un prieuré à l'extrémité du promontoire sur la vallée du Beuvron, il y avait déjà dans ce lieu un poste militaire et probablement un noyau de population.

Ce fut vers l'année 1027 que les ducs Richard et Robert élevèrent l'église du prieuré. Ils la donnèrent à la célèbre abbaye bénédictine de Fleury-sur-Loire (1), avec certaines dépendances qui constituèrent ce qu'on appela plus tard « le fief de la prieuré. » « *Ricardus dux Normannorum et Robertus frater ejus, pro redemptione et salute animarum suarum et antecessorum suorum, contulerunt Deo et Sancto Benedicto ecclesiam Sancti Jacobi, quæ in confinio Normanniæ et Britanniæ sita est, cum terrâ et aquâ eidem ecclesiæ pertinenti...* (2). » L'église fut donc dédiée, comme on le voit par cet extrait de la charte de Guillaume le Conquérant, à saint Jacques le Majeur. On y apporta, dit Surius d'après les manuscrits de Fleury, des reliques insignes de cet apôtre, et dès lors beaucoup de pèlerins la visitèrent et l'enrichirent de nombreuses offrandes, en reconnaissance des miracles éclatants qui s'accomplissaient souvent en leur faveur. Voici le passage de Surius : « *Est namque in Neustriæ partibus Ecclesia sanctæ ejus memoriæ sacrata, in quâ ipsius gloriosissimæ venerantur reliquiæ, Floriacensi sancti Benedicti subdita basilicæ, ubi tanta quotidianâ operatione novimus miracula, quanta decent tantum operari apostolum, quæ etiam alias in plurimis preciosorum sufficerent basilicis sanctorum* (3). »

L'église Saint-Jacques, qui a subsisté jusqu'en ces derniers temps,

---

(1) L'abbaye royale de Fleury ou de Saint-Benoît-sur-Loire était située sur la Loire, dans le diocèse d'Orléans, entre Sully et Jargeau. Elle fut fondée, vers 640, par Saint Léodebold, et devint bientôt célèbre par son école et les écrivains qu'elle produisit. Deux conciles se rassemblèrent à Fleury, en 1107 et 1110. Son antique basilique romane est un des plus beaux monuments qui nous restent du XIe siècle. L'histoire de l'abbaye de Fleury a été écrite par M. le chanoine Rocher.

(2) Charte de fondation de la ville et du château de Saint-James, voir Pièces Justificatives, N° Ier.

(3) Surius, 25 juillet. *Ex codicibus bibliothecæ Floriacensi editis a Joanne Bosco Cælestino.*

était un vaisseau assez vaste avec bas-côtés, sans voûte, comme la plupart des églises romanes de cette époque. Elle avait, d'après un procès-verbal de 1686, 138 pieds de longueur et 50 d'élévation du pavé au faîte. La nef mesurait 85 pieds de longueur et ses murailles étaient supportées de chaque côté par six arcades romanes de onze pieds et demi d'ouverture chacune. Les piliers avaient trois pieds et demi en tous sens. Elle était ajourée au-dessus des arcades par des demi-fenêtres romanes qui dominaient les bas-côtés. Le chœur, la tour et le sanctuaire avaient 54 pieds, ainsi décomposés : 16 pieds pour le chœur, 10 pieds sous la tour, non compris l'épaisseur des piliers qui la portaient, et environ 18 pieds pour le sanctuaire proprement dit.

A l'extérieur l'église avait un aspect sévère : sa façade présentait une belle porte romane qui forme aujourd'hui l'entrée de la crypte absidiale de la nouvelle église. « Elle est formée de deux archivoltes. Le cintre supérieur est orné de croix, d'étoiles, de feuillages crucifères et d'enroulements végétaux. Le tore repose sur deux chapiteaux historiés, dont l'un représente un dragon, l'autre un oiseau semblant becqueter un homme ; c'est peut-être le même symbole déjà exprimé dans le tympan du portail latéral de Pontorson. Les autres chapiteaux offrent des crosses végétales formant volute (1). »

Deux contreforts romans accompagnaient cette porte et s'élevaient jusqu'à la naissance d'un fronton, au-dessus duquel s'ouvrait une fenêtre gothique dépourvue de ses meneaux, qui avait remplacé la fenêtre romane primitive. A droite et à gauche les statues de saint Martin et de saint Louis occupaient deux niches pratiquées dans l'épaisseur de la muraille. Une fenêtre éclairait de chaque côté l'extrémité des ailes.

Nous empruntons encore au procès-verbal de 1686 les détails suivants sur l'intérieur de l'église Saint-Jacques :

« Le grand autel étoit au bout de l'église. Il y avoit quatorze ou quinze marches pour y monter, sous lesquelles étoit une chapelle de sainte Venisse qui ne fut point endommagée par la chute de la tour, et de cette manière le lieu appelé *Sancta Sanctorum* étoit spacieux et fort élevé (2).

---

(1) M. le chanoine Pigeon, *Le Diocèse d'Avranches*, T. Ier p. 191.

(2) Cette disposition du chœur de l'église du prieuré paraît avoir été empruntée

» Au pied de ces marches étoit la tour du clocher, laquelle formait un espace entre le *Sancta Sanctorum* et le chœur, qui étoient fermez de chacun un ballustre ; de sorte que cet espace de dessous la tour où l'on sonnoit les cloches, servoit aussi de passage pour communiquer aux deux ailes de cette église, au bout desquelles il y avoit des autels.

» Le chœur étoit fermé du côté de cette tour par un ballustre, et du côté de la nef par un autre ballustre sur lequel étoit une poutre qui subsiste encore aujourd'huy, où est le crucifix accompagné des images de la Vierge et de Saint Jean, et l'espace d'entre ces deux ballustres contenoit 15 à 16 pieds.

» Les deux autres côtez du chœur étoient fermez de deux murailles de carreau, dont une partie subsiste encor à présent : il y avoit des bancs contre ces deux murailles, dans l'un desquels du côté de l'Epitre se plaçaient le curé et les prestres, pour chanter l'office ; et dans l'autre du côté de l'Evangile se plaçaient seuls les sieurs de la Paluelle ; les curés et les prestres étoient inhumez proche leur banc, et les sieurs de la Paluelle du côté de leur banc ; leurs tombeaux s'y voyent encor aujourd'huy.

» Il y a deux aîles qui règnent des deux cotez de cet ancien chœur et de la nef, lesquelles se communiquoient par le dessous de la voûte de la tour, dont le passage étoit libre, comme on l'a expliqué, et sous cette voûte on inhumoit ordinairement les gentilshommes et notables bourgeois, et les autres paroissiens dans la nef et les aîles de l'église, indifféremment.

» Au bas de l'aîle gauche appelée de Nôtre-Dame étoient placez les fonts baptismaux dont les marches élevées de terre sont dans cet église de temps immémorial : au milieu de chacune de ces aîles il y a une porte pour sortir de l'église, l'une va à la maison du prieur, et l'autre dans le cimetière de cette église (1). » L'aile du nord se terminait par l'autel et la chapelle Notre-Dame ; l'aile du sud par l'autel et la chapelle Saint-Pierre.

En 1669, le prieur Pierre Taillefer ayant voulu faire réparer la

---

à l'église abbatiale de Fleury-sur-Loire, dans laquelle le tombeau de saint Benoît renfermé dans une crypte, sous le chœur, donnait à cette partie de la basilique une élévation assez considérable au-dessus de la nef.

(1) Archives de la Manche, série E. Factum La Paluelle, imprimé, p. 68, 69, fonds La Paluelle et Canisy.

tour, les ouvriers attaquèrent imprudemment un mur qui l'appuyait du côté de la chapelle Saint-Pierre et déterminèrent sa chute. Le procès-verbal d'une délibération du 23 septembre 1676 fournit des indications précieuses sur sa forme primitive : « La tour aura soixante pieds de hauteur de maçonnerie à prendre de ras de terre et non compris les fondements, laquelle sera portée sur quatre piliers d'ordre yonique, suivant et conformément aux anciens piliers quy estoient auparavant la cheute, dont les vestiges paroissent présentement... laquelle tour sera construite de même largeur qu'elle estoit et de pareille forme ; et aura la muraille la même liesse et liaison et grosseur de mur, et sera bastie à chaux et à sable et pierre de taille et casreaux aux coignages, veues et fenestres et oüyes. Y aura a la dite tour un mesrain à huit parties, comme il estoit basty auparavant la cheute de lad. tour, lequel mesrain, sur le haut de l'enhault de la dicte tour, sera porté de quatre pilliers de bois qui seront posez sur les quatre pilliers de casreau, comme il estoit avant la cheute.. (1). » Le chœur et la tour avaient une voûte et les arcades qui soutenaient le clocher étaient beaucoup plus élevées que celles de la nef ; aussi le procès-verbal, que nous venons de citer, ajoute : « Le chœur sera voûté de grosses dodines, comme il avait auparavant. »

Ce projet de reconstruction ne fut pas exécuté : ce fut seulement en 1682, après de longs procès, que le nouveau prieur Charles Guérin réédifia le clocher qu'il plaça, au midi, sur la chapelle Saint-Pierre, comme on le voit encore aujourd'hui.

Le prieuré s'éleva auprès de l'église, et le cloître fut construit contre le bas-côté du midi (2). Un des premiers prieurs, sinon le premier, s'appelait Josceran. Il signe en 1090 avec Hascoet de Saint-James « *Hascutus de Sancto Jacobo*, » seigneur de Saint-Hilaire, dans le cloître de St-James « *in claustro sancti Jacobi*, » une charte dans

---

(1) Arch. de la Manche, série E. Fonds La Paluelle et Canisy.

(2) Le prieur Ch. Guérin dit que de son temps, c'est-à-dire à la fin du XVIIe siècle, il restait encore des vestiges du cloître. En creusant les fondations de la nouvelle église, il y a vingt-cinq ans, les ouvriers découvrirent un fût de colonne qui paraît avoir appartenu au cloître. Deux chapiteaux octogones de style roman, retrouvés dans l'enclos de la communauté des religieuses Trinitaires, sont de la même époque.

laquelle l'évêque d'Avranches, Michel, confirme aux moines de Marmoutiers les biens de leur prieuré de Sacey (1).

Trente ans après la fondation du prieuré, Guillaume le Conquérant bâtit le château. Dès le commencement de son règne, il avait eu à réprimer plusieurs révoltes des Bretons, toujours prêts à envahir son duché de Normandie. Il fallut encore recommencer la lutte avec le jeune duc Conan, vers 1056. Ce fut alors qu'il conçut le projet de construire la ville et le château de Saint-James. Ses prédécesseurs avaient déjà élevé plusieurs forteresses sur la frontière : les châteaux de Mortain, du Teilleul, de la Chaise aux Loges-Marchis, de Saint-Hilaire, des Biards, de Chéruel à Sacey, de Montaigu, de Pontorson et du Mont Saint-Michel formaient à l'est et à l'ouest une ligne difficile à franchir. Cependant, le pays restait encore découvert entre Chéruel et Saint-Hilaire, dans une étendue de sept à huit lieues. Il est vrai que les ducs de Normandie avaient construit, entre la vallée de la Dierge et celle de Beuvron, la haie de terre dont nous avons parlé ; mais cette défense était insuffisante pour protéger le pays contre les invasions des Bretons qui en avaient fait un désert presque inhabité.

Le souvenir de leurs dévastations s'est conservé dans le nom des paroisses de Saint-Aubin et de Saint-Laurent Terregatte, c'est-à-dire terre dévastée « *terra vastata.* » Ce fut pour avertir les habitants des contrées environnantes de se tenir sur leurs gardes, dit dom Morice, que les moines du Mont Saint-Michel firent fondre une grosse cloche qu'ils sonnaient lorsque les Bretons se mettaient en campagne (2).

---

(1) Fondation du prieuré de Sacey. *Acta Sanctæ ecclesiæ Abrincensis,* Mss p. 265. M. le chanoine Pigeon a publié cette charte (*Diocèse d'Avranches,* p. 674, 675). Nous y lisons : « *Hæc omnia concessit Michael Abrincarum episcopus in claustro S. Jacobi, audiente ipso Hascuto et Garino monacho et Mainardo nostro et Joceranno, priore de S. Jacobo...* » Par une singulière coïncidence, le prieur de Saint-James portait alors le même nom que l'abbé de Fleury, Joscerand, qui gouverna le monastère de 1086 à 1096. (*Histoire de l'Abbaye royale de Saint-Benoît-sur-Loire,* par M. l'abbé Rocher, p. 245). Seulement le nom de l'abbé de Fleury s'écrit : *Joscerandus,* et celui du prieur de Saint-James : *Jocerannus.* — M. Desroches indique aussi le Cartulaire de l'abbaye de Marmoutiers.

(2) Nous voyons dans les chartes de l'abbaye de Savigny, du XIIe siècle, que la terre de Mondaigné, qui avait été donnée au monastère par Guillaume de Carnet et Odeline, son épouse, était souvent ravagée « *in vastitate* » par les excursions des Bretons. Le fils de Hasculphe de Saint-James, Pierre de Saint-Hilaire, qui devait la défendre, abandonna aux religieux tous les droits qu'il pouvait avoir sur cette terre,

Guillaume voulut fermer cette porte toujours ouverte à l'ennemi. « C'est pourquoi, dit Guillaume de Poitiers, il opposa à Conan, sur la frontière, un château appelé Saint-Jacques, pour empêcher d'avides pillards de causer des dommages par leurs excursions et leurs brigandages aux églises sans défense et au bas peuple de son pays (1). » Et il choisit de préférence, pour l'emplacement de cette nouvelle forteresse, les environs du prieuré, afin de protéger cet établissement religieux qui lui rappelait la mémoire de son père et de son oncle.

Mais ce qui le détermina surtout, comme il le dit dans la charte de fondation, ce furent les avantages exceptionnels de la position : « *Cum locus magis idoneus ad id videretur, castellum extruxi.* »

Ce lieu, fortifié par la nature, présente, nous l'avons déjà dit, la forme d'un promontoire avancé, entouré d'une vallée profonde, au fond de laquelle coule le Beuvron. Le seul côté accessible, au couchant, n'a pas plus de trois cents mètres de largeur.

Guillaume sut en homme de guerre compléter la défense naturelle de ces lieux par des ouvrages qui firent de Saint-James une place militaire vraiment remarquable. Il entoura le promontoire de hautes murailles flanquées de fortes tours et construisit un château sur le

---

et il leur en aumôna une autre, à Margotin, entre la route de Saint-James à Cogles et Mondaigné, « *in Margotin, inter viam Sancti Jacobi Coglarum et Mundegheium.* »

Gauthier de Carnet, Jeanne, sa femme, et ses filles Mathilde et Perroche, donnèrent aussi à Savigny un terrain situé à Mondaigné, auprès de la source de la fontaine aux Fées, « *Juxta sorsam fontis a Fees.* » (M. Desroches, *Ann. Civ. et Mil.*, p. 130, 131, 132).

(1) Voir Guillaume de Poitiers, *Vie de Guillaume le Conquérant*, p. 369, 370, publiée par Guizot. Guillaume de Jumièges, Liv. VIII, ch. 4. — L'auteur du *Roman de Rou* exprime la même idée dans les vers suivants :

Le chatel que nos apelon
(En fieu) Saint-Jeaume de Bevron
Ni out en avant nul jor
Fors sol la garde de la tor.
Li reis Guillaumes l'out fondée
Et faite et bastie et fermée
Contre Conain, si cum j'os dis,
Qui unc ne li fu jor amis,
Pour oster les invasions
Que sovent faisaient Bretons
Là es marches d'icelle part,
Quand l'om ne se donout regart.

(*Chr. des Ducs de Nor.*, T. III, p. 311).

point le plus escarpé, du côté de la Bretagne ; puis il inonda la vallée, en arrêtant par trois digues puissantes les eaux de la rivière, qui formèrent ainsi trois étangs d'une étendue et d'une profondeur considérables.

Nous n'avons pu retrouver le plan de la ville et du château de Saint-James, au Moyen-Age ; mais il est facile de le retracer, au moins dans son ensemble, à l'aide des documents épars dans un grand nombre de pièces manuscrites et des débris des murailles qui restent comme les témoins d'un glorieux passé. Ces détails topographiques ne forment pas la partie la moins intéressante dans l'histoire d'une localité ; ils en sont même le complément nécessaire, parce qu'ils donnent souvent l'intelligence de faits qu'il serait difficile et quelquefois impossible de comprendre sans eux. Ils ont aussi un attrait particulier pour l'esprit qui se plaît à relever les ruines d'une antique cité et à lui rendre sa physionomie d'autrefois (1).

Les murs d'enceinte de la ville commençaient, au nord, à la hauteur de la rue Saint-Martin, et suivaient, vers l'est et le midi, les contours de la vallée jusqu'à l'entrée de la rue de Fougères. Arrivés à ce point, ils remontaient vers le couchant pour rejoindre la rue Saint-Martin par une ligne légèrement convexe et fermer l'entrée du promontoire. Ils se dessinent bien, au nord, à l'est et au midi, mais ils ont presque complètement disparu au couchant, sauf un pan de muraille assez élevé, qui faisait partie de la prison au XVIe siècle.

Le mur qui domine la ruelle du Pirot, comme d'ailleurs ce qui reste des anciens remparts, ne remonte pas au-delà de la moitié du XVe siècle. Nous verrons, en effet, que les Anglais fortifièrent, à cette époque, la ville qui avait été plusieurs fois démantelée, pendant la guerre de Cent ans. Mais ce mur, qui mesure près de deux mètres à son sommet, présente cette particularité remarquable qu'il est percé, au-dessous du niveau du sol de la place du Calvaire, sur laquelle s'élevait le château, de trois meurtrières formées par deux trous ronds, dont le supérieur paraît avoir cinq ou six centimètres de diamètre et l'inférieur au moins quinze. Cette dernière dimension prouve que les meurtrières ont servi à des pièces d'artillerie. Leur position indiquerait aussi l'existence d'une ligne inférieure de feux qui s'ajoutaient aux feux supérieurs pour défendre l'approche du rempart et du château.

(1) Consulter, pour les détails topographiques qui vont suivre, le plan de St-James.

La ville avait trois portes, situées à des distances à peu près égales, qui s'ouvraient du côté de la Normandie, de la Bretagne et du Maine.

La première, que nous désignons sous le nom de porte d'Avranches, à l'entrée de la rue Saint-Martin, était défendue par deux tours et un pont-levis appelé le pont Saint-Martin. Les tours ont disparu et leurs fondations sont ensevelies sous la rue. Il y a quelques années, on pouvait voir, dans un petit jardin qui faisait autrefois partie des fossés et dont le sol est encore bien au-dessous du niveau de la rue, le cordon de pierres de granit qui faisait la base de la tour nord de la porte d'Avranches.

La seconde porte, appelée dans les anciens titres et les vieilles chroniques « la porte de Foulgières, » était à l'entrée de la route de Bretagne, assez rapprochée du château. Un contrat de 1407 fait mention « d'ung courtil qui est en dehors la ville, à la porte de Foulgières (1) ; » et le 20 mai 1527, le lieutenant général du vicomte d'Avranches vend « une maison située dans la ville dudit Saint-James, entre la rue Saint-Martin tendante à la porte de Fougères, etc. (2). » Nous pensons que cette porte s'appelait aussi la porte au Boursier.

Enfin, la troisième porte vers le nord-est, au bas de la rue Pendante, donnait sortie sur la route de Saint-Hilaire et du Maine. Mais parce qu'elle était moins nécessaire que les deux autres pour l'approvisionnement de la place, elle était aussi, croyons-nous, moins considérable, et n'était peut-être pas défendue par des tours. Elle est ainsi indiquée dans un contrat d'héritage de 1622 : « Qui aura le premier lot, aura affin d'héritage une portion de maison servant à quarrée et salle dans la ville de Saint-Jame, joignant la rue Pendante qui conduit pour aller de l'église Saint-Jacques à la porte de bas de la dicte ville (3). »

Nous savons, par une déclaration des fiefs de l'Abbaye du Mont Saint-Michel présentée par l'abbé Robert de Thorigny au roi Henri II, en 1172, que certains seigneurs étaient tenus de garder

---

(1) M. Desroches, *Annales Relig.*, p. 58.

(2) Archives de la Manche. Extrait d'un ancien cahier de copies collationnées, fonds La Paluelle et Canisy.

(3) Archives de la Manche, fonds La Paluelle.

une des portes du château de Saint-James, lorsque l'armée de Normandie combattait ailleurs. « *In honorem Crucis Richardus de Vilers, liber Vavassor, Willelmus de Brae et Moricius de Ruffinni, et Amelinus de Burdunai similiter. Isti supradicti faciunt custodiam apud Montem, præter illos de honore Crucis qui servant unam portarum de castello Sancti Jacobi, quando exercitus Normanniæ, alicubi progreditur* (1). »

Les habitants des Loges-Marchis devaient aussi tenir, à leurs frais, un homme armé à la porte au Boursier, une nuit et un jour, en cas d'arrière-ban (2).

Plusieurs tours défendaient les remparts, surtout sur la ligne qui fermait l'isthme. Nous n'indiquerons que celles dont nous pouvons prouver l'existence par les ruines qui en restent ou par des titres.

En partant de la place du Calvaire, occupée autrefois par le château, et en suivant les murailles, vers le couchant, on trouvait, avant d'arriver à la porte de Fougères, la tour Carrée, ainsi nommée à cause de sa forme quadrangulaire. Elle est mentionnée dans un procès-verbal de 1643 et figure sur un plan de la place des Halles de 1775. En 1379, Charles V manda au bailli du Cotentin et au vicomte d'Avranches de « l'ordonner et la guériter de tele manière que l'en puisse estre en icelle sans le dangier des habitans de la ville (3). » Cette tour, rapprochée du château et de la porte de Fougères qu'elle commandait, pouvait être la tour du guet. Elle fut détruite dans la première moitié du XVIIe siècle.

Un peu au-delà de la porte de Fougères s'élevait une grosse tour ronde. Le plan de 1775 nous apprend qu'elle avait vingt-deux pieds de dehors en dehors. Elle porte le nom de tour à Fillonnet, dans un acte de 1750 par lequel Léonard de Carbonnel fieffe à un bourgeois de Saint-James « une portion de terre de tout temps inculte, laquelle joint d'un côté à un jardin à herbe appartenant à Jean Louiche, sieur de la Pigeonnière, butte d'un bout à la rue conduisant de lad. ville de Saint-James à la Teste noire, d'autre à la tour à

(1) *Robert de Thorigni*. Edition de M. Léop. Delisle. T. II, p. 300.

(2) *Ordonnance des Rois de France*, T. XVI, p. 310 et suiv.

(3) *Chartes Royales*, T. VIII, n° 499, publiées par M. Léop. Delisle. Mandements de Charles V, 1364-1380.

Fillonnet, située sur le jardin dud. Louiche, vers soleil couchant, à charge de laisser la sente ou conduite allant de la rue de Fougères sur les vallées appelées les Rochers (1). »

A l'intérieur de cette tour, il y avait un souterrain qui aboutissait à un boulevard situé sur la vallée, en face du château, dont nous parlerons bientôt. L'entrée de ce souterrain existe encore dans le sous-sol de la première maison de la rue de Suède, vers le midi.

A une petite distance se trouvait une autre tour, que nous croyons être la tour au Boursier, dans laquelle étaient, au Moyen-Age, les prisons du roi. La geôle se trouvait dans cette partie de la rue de Suède, aux XVIe et XVIIe siècles ; nous en avons la preuve dans différents actes de cette époque. Nous transcrivons une quittance du 15 avril 1415, à cause des curieux détails qu'elle contient sur cette tour au Boursier :

A tous ceulx qui ces lettres verront ou orront, Guillaume Pichon, clerc, garde du Scel des obligations de la Viconté d'Avranches, salut.

Savoir faisons que par devant Jehan La Puce, clerc tabellion juré du Roy, nostre Sire, fut present Drouet Guillard, maçon, lequel confessa avoir eu et receu de homme pourveu et sage Jehan Lechien, viconte d'Avranches, la somme de cent solz tournois qui deue lui estoit pour sa peine et par marchié fait avecques lui d'avoir estouppé en l'une des tours, où sont les prisons du Roy, nostre Sire, à Saint-Jame de Bevron, c'est assavoir un pertuys au prochain estre de la basse fosse, et avoir receppé une arbaletrière ou derrière de l'uys par où l'on entre en ycelle.

En la tour au Boursier, où sont lesd. prisons, avoir fait un enjambement de l'uisserie par ou l'on entre au moyen estage de lad. tour, et aussi en l'estage ou est le singe (2) ; avoir estouppé un autre pertuys et avoir reffait l'engembement de l'uisserie d'icellui estage.

Item, pour avoir estouppé un pertuys par devers la porte par ou l'on yst au plus haut estage.

Item, pour avoir fait un pignon en l'appentiz de l'hotel du Roy assis a Saint-Jame de Beuvron par devers l'ostel Hallegate. Et pour ce faire avoir trouvé pierres, chaux, sablon et argille et toute peine d'ouvrier. De laquelle somme de C. s. t. led. Guillard se tint content et bien paié et en quitta le Roy nostre

(1) Archives de la Manche, fonds La Paluelle et Canisy.

(2) « Machine servant à élever et à descendre des fardeaux, et qui est formée d'un treuil tournant sur deux chevalets ou sur deux montants. » *(Dict. de Bécherelle,* au mo *Singe).*

Sire, led. viconte et tous autres. En temoing de ce nous a la relation dud. juré ces lettres avons scellées dud. scel, sauf tout autruy droit.

Ce fut fait le XVe jour d'avril, l'an mil CCCC et quinze.

La Puce (1).

Nous pensons, comme M. Aug. Besnard, qu'il existait une quatrième tour vers l'extrémité nord de la rue de Suède. Dans la cave de la seconde maison de cette rue, vers le nord, il y a un souterrain dont l'entrée devait être protégée par une fortification. Nous ferons bientôt connaître la destination de ce souterrain. Le clocher de l'église Saint-Martin, qui s'appuyait aux remparts, pouvait lui-même servir en temps de guerre à la défense de la place. Entre cette église et la porte d'Avranches il y avait aussi une ou même plusieurs tours dont nous ne pouvons indiquer la situation d'une manière précise, faute de documents.

Mentionnons enfin la tour qui existe encore à une certaine hauteur sur la vallée. Elle présente, à l'intérieur, une voûte bien conservée, et, dans sa partie basse, se trouve l'orifice d'un souterrain dont il sera bientôt question. Elle est rappelée, ainsi que la tour nord de la porte d'Avranches, dans un aveu rendu en 1663, par Léonard Le Fauconnier, bourgeois de Saint-James, qui confesse tenir nuement du seigneur de La Paluelle « un jardin avecques deux tours, nommées de tout temps les tours de La Paluelle, le tout contenant dix perches de terre, joinct vers le septentrion à une ruette qui conduit du pont Saint-Martin aux vallées et aux moulins dud. marquisat, d'autre bout, vers midy, au pont Saint-Martin (2). »

Au nord, la vallée à Tourelles, qui porte ce nom de temps immémorial et qui l'a donné à ses anciens propriétaires, rappelle les petites tours qui défendaient les remparts de ce côté. Il en reste une presque entièrement ruinée à l'entrée de la rue Cardin. Elles étaient moins nombreuses et moins fortes sur la vallée, parce que la ville était suffisamment protégée par le ravin et les étangs. M. Aug. Besnard signale, dans un jardin de la rue Saint-Jacques,

(1) Archives de la Manche.

(2) Archives de la Manche. Chartrier de la famille La Paluelle et Canisy. Liasse des aveux.

les débris d'une fortification maçonnée, qui commandait directement et à découvert cette partie des remparts (1).

Des fossés larges et profonds furent creusés au pied des murailles ; ils sont souvent cités dans les anciens titres de propriété. Le 6 mai 1712, noble dame Charlotte de La Paluelle acquiert de Gilles Lehurey, sieur des Contens, la vallée des Pins qui « butte d'un bout au chemin ou ruelle allant de la ville de Saint-Jame aux moulins des Pins appartenant à ladite dame comtesse de Carbonnel ; d'autre bout à la douve de la dite ville appartenant à la dite dame... une autre portion contenant une vergée, joint d'un costé aux héritiers Gilles Feray, butte d'un bout à lad. douve de la dite ville... (2). » Il s'agit ici des fossés du côté nord, qui se prolongeaient vers l'est en suivant les contours du promontoire jusqu'au château, au midi. A la fin du XVIIe siècle ils existaient encore, à l'est, sous les murs du prieuré, et les habitants y laissaient paître leurs bestiaux (3). Ils sont parfaitement indiqués à la hauteur de l'ancienne rue de Fougères dans le plan de 1775, sous les numéros 2, 3, 37 et 38, avec ces légendes : douve, plutôt fossé de la ville — portion d'ycelle douve remplie — chemin pratiqué au travers de ladite douve (4).

Suivant le même plan, les fossés avaient soixante-six pieds de largeur, à la porte de Fougères ; mais ils étaient moins considérables sur la vallée, et probablement ils ne contenaient pas d'eau. L'entrée du promontoire était la partie de la place la plus menacée, celle qu'il fallait surtout rendre inaccessible.

Nous retrouvons facilement le chemin de ronde dans le petit sentier qui descend de la rue Saint-Martin sur la vallée, pour suivre les remparts jusqu'au bas de la rue Pendante et continuer par la route de Saint-Hilaire, la venelle du Pirot et la rue de l'Abreuvoir, qui nous ramène à notre point de départ. L'éloignement du chemin de ronde des remparts, dans cette dernière partie du parcours, s'explique par la largeur des fossés, au couchant.

Le château s'élevait sur une éminence appelée au Moyen-Age la *motte du châtel de Saint-James* et dominait l'ensemble des fortifica-

---

(1) *La Haye de Terre et la Forteresse de Saint-James*, p. 19.

(2) Archives de la Manche. Fonds La Paluelle. Aveux des XVIIe et XVIIIe siècles.

(3) Archives de la Manche. *Id.* Factum imprimé du prieur Ch. Guérin.

(4) *Id.* Nous avons une copie de ce plan.

tions de la hauteur de ses murailles et de ses tours. Nous avons dit qu'il occupait la place du Calvaire. Il était isolé des remparts et entouré de fossés, afin de fournir à la garnison un dernier refuge, si la ville était prise par l'ennemi. Le 30 mars 1582, Guillaume Le Bris achète de Sébastien Demarches « une maison joignant d'un côté à Guillaume Berthelot et de l'autre aux héritiers d'Estienne Richette, butte d'un bout aux murs et douves du château de Saint-James (1). »

Charles V ordonna, par le mandement dont nous avons déjà parlé, de pratiquer une issue « par laquelle on puisse yssir et entrer audit chàtel, sans passer par ladite ville... (2). » S'agit-il d'un chemin à ciel ouvert longeant le rempart jusqu'à la porte de Fougères, ou d'une voie souterraine par laquelle la garnison aurait pu se ravitailler ou sortir pendant un siége? Nous ne saurions le dire. Ce qui nous ferait pencher pour cette seconde hypothèse, c'est qu'on a mis à découvert, il y a quelques années, dans l'intérieur d'une maison de la rue Saint-Jacques, située en face du château, un souterrain qui paraissait se diriger vers l'extrémité de la rue Cardin.

Nous voyons, par une autre pièce de la même époque, que l'entrée du château était gardée, comme les portes de la ville, par un portier, aux gages de douze deniers par jour.

A Paris, 18 Novembre 1376.

Charles par la grace de Dieu, au viconte d'Avrenches, ou a son lieutenant salut. A la supplicacion de Michiel Tehel, le joenne, portier de nostre chastel de Saint-Jame de Bevron, a XII deniers de gaiges par jour, disant que, a cause de son dit office, li soient deuz ses gaiges depuis XIIII mois, ou environ, qu'il fu institué au dit office, dont tu ne li as fait aucune sattisfaccion ou paiement, nous te mandons et enjoignons que tout ce qui t'apparre deument estre deu au dit suppliant à la cause dessuz dicte, tu li paies...

Par le Conseil estant à Paris.

HOUSSAYE. *Divitis.* (3)

---

(1) Archives de la Manche, série E.

(2) *Chartes Royales.* T. VIII, n° 499, publiées par M. Léop. Delisle, *Mandements de Charles V*, 1364-1380.

(3) *Chartes Royales*, T. VII, n° 326, publiées par M. Léop. Delisle, *Mandements de Charles V*, 1364-1380.

La motte du château s'élevait encore à une certaine hauteur, à la fin du siècle dernier. Il y a quelques années, en nivelant la place du Calvaire, on retrouva d'anciennes substructions, une entre autres assez bien conservée, maçonnée en mortier de chaux, dont il serait difficile d'indiquer la destination. L'orifice, au milieu de la voûte, large à sa partie supérieure, se retrécissait vers l'intérieur de manière à ne laisser qu'un passage assez étroit.

Aujourd'hui, il ne reste plus une pierre de l'antique château de Guillaume le Conquérant et son souvenir n'est plus rappelé que par une petite ruelle qui porte encore le nom de rue du Fort.

Le guet était fait par les habitants de la châtellenie de Saint-James. A plusieurs reprises ils voulurent s'exempter de cette charge, mais ils ne purent y parvenir, et jusqu'à l'époque de la destruction du château et des remparts, ils durent venir faire la garde, ou payer une amende en cas d'absence.

Guillaume le Conquérant ne crut pas la ville et le château suffisamment défendus par les remparts et les fossés ; il fit creuser dans la vallée trois étangs qu'il remplit à une grande hauteur, afin de rendre impossible toute attaque de ce côté.

Nous empruntons à un mémoire de la fin du XVIIe siècle, rédigé par le chanoine Guérin, prieur de Saint-James, pour prouver son droit de pêche dans la rivière du Beuvron, les détails qui vont suivre sur la situation et l'étendue des étangs, au Moyen-Age :

« Le premier étang, qu'on appelle dans la Charte *superius stagnum*, étoit placé immédiatement au dessous du château... On void encor la chaussée, qui avoit esté faite au bout dud. estang pour soutenir l'eau, qui estoit un ouvrage véritablement royal par la dépense qui avoit esté faite de la bastir à pierre de taille. »

« D'un bout, c'estoit un moulin, lequel subsiste encore à présent. Il y avoit au milieu ce qu'on appelle la bonde ou vuide de l'estang. Et parcequ'il pouvoit arriver que l'estang estant trop plein d'eau, cela auroit pu inonder le moulin et ruiner la chaussée, on avoit fait faire dans le roc, à l'autre bout de lad. chaussée, une ouverture ou portier dans lequel on plaçoit des essaux qu'on levoit, quand on vouloit, afin de faire couler le trop plein de l'eau. »

« Tout cela parait encore aujourd'hui. On y remarque la chaussée, on y void ces portiers qu'on a toujours appellé le portier au larron, taillé exprès dans le roc ; et aux deux bords, il y a de grandes pierres de taille, où l'on void encore les feuilleures qui avaient esté faites pour placer les palles ou esseaux. Et la chaussée continue encore plusieurs pieds, au delà dud. portier, parceque l'estang avoit une plus grande estendue. »

« Le sieur prieur représente le procès-verbal du niveleur qui atteste qu'ayant appliqué le niveau sur la chaussée dud. estang, il a trouvé que la rivière de Beuvron, qui a esté couppée en deux, à l'endroit du bieu dud. estang, est entièrement dans le fond de l'estang, et même que ce fond s'estend encore au delà desd. rivières. D'où il résulte qu'on ne peut donc pas douter par la scituation du lieu que les portions de prairies qui se trouvent au delà dud. cours d'eau, sous les costeaux de la Tréhollaye, ne feissent anciennement partie dud. estang. Que si on vouloit même s'attacher davantage à la scituation du lieu, on trouveroit encore qu'à l'endroit de la portion de prairie autrefois possédée par les nommés Vitel, il y a des restes ou vestiges des murs à pierre sèche, qui apparemment avoient esté faits pour contenir l'eau dud. estang. »

« Mais pour comble de preuves, led. sieur prieur représente des lots de partages faits en l'année 1562, entre les nommés Tréholle, où il est parlé du bois de la Tréhollaye, au bout de devers l'estang de S. James, ce qui prouve qu'il est donc vray que l'estang de S. James, lequel subsistait encore en 1562, venait jusqu'aux costeaux de la Tréhollaye. »

« Au dessous du premier estang, dont on vient de parler, il y en avoit un autre appelé l'estang du milieu, pareillement réduit en prairies... En ce lieu la rivière de Beuvron ayant repris son cours naturel va faire moudre un autre moulin appartenant au sieur prieur, qui est encore de la donation du duc Guillaume (1). »

La chaussée du premier étang existe dans la plus grande partie de sa longueur et mesure encore environ vingt mètres de largeur. Les pierres de granit qui formaient sa muraille ont disparu depuis longtemps et son niveau a été considérablement abaissé. Présentement, elle est convertie en un jardin qui a retenu le non de Jardin de la Chaussée (2). Ainsi l'étang supérieur s'étendait depuis les vallées que domine la rue de Fougères jusqu'à la filature de laine, qui remplace le moulin à blé, appelé autrefois le Moulin de l'Etang, dont il est fait mention dans le mémoire que nous venons de citer.

(1) Arch. de la Manche. Factum manuscrit du prieur Guérin, pour défendre son droit de pêche contre Gaspard Carbonnel de Canisy, 1694.

(2) Ce jardin appartient aujourd'hui à M. Barbot.

Le Moulin au Prieur, qui était sur la chaussée du second étang, a conservé sa destination première.

Le troisième étang couvrait l'espace compris entre le Moulin au Prieur et le Moulin des Pins, converti depuis quelque temps en scierie mécanique. Ces deux derniers étangs, les moins considérables et les moins importants pour la défense de la place, furent supprimés de bonne heure. Le premier, situé sous le château, ne fut asséché qu'à la fin du XVIe siècle. Il est encore rappelé dans un aveu de 1665 : « Une portion de terre en vallée, plantée en pommiers, nommée la Vallée des Portiers de l'Etang, qui joint à la rivière de Brevon, d'autre côté à la rue de la Tréhollais (1). » Les prairies qui le remplacent portent, comme au XVIIe siècle, le nom de Prés de l'Etang.

Tous ces travaux, poussés avec activité, furent achevés en 1065, c'est-à-dire l'année qui précéda la conquête d'Angleterre. Deux ans après, au mois d'avril 1067, les religieux de Fleury vinrent trouver le duc au Vaudreuil, au retour de son expédition, et le prièrent de bien vouloir partager avec eux les droits du château. En retour, ils promettaient de lui donner la moitié des biens du prieuré. Guillaume accepta leur proposition et leur octroya cette charte peut-être plus remarquable par les sentiments de foi qu'elle exprime que par les détails intéressants qu'elle fournit sur l'origine de la ville de Saint-James :

Quiconque est encore retenu dans les liens de cette vie fragile et périssable doit avoir sans cesse devant les yeux le compte sevère qu'il rendra au Dieu tout-puissant, et s'efforcer d'acquérir des mérites, pendant qu'il le peut, pour ne pas être placé à la gauche avec les réprouvés. Mais ceux-là que la Providence divine a élevés au-dessus des autres doivent à plus forte raison en agir ainsi, car plus ils sont riches et puissants, plus ils doivent s'appliquer à faire des bonnes œuvres et à rendre de justes jugements.

Pénétrés de ces pensées dont ils faisaient le sujet de leurs plus sérieuses réflexions, Richard, duc de Normandie, et Robert, son frère, donnèrent à Dieu et à l'abbaye de Saint-Benoît, pour la rédemption et le salut de leurs âmes et des âmes de leurs prédécesseurs, l'église Saint-Jacques, située sur les confins de la Normandie et de la Bretagne, avec la terre et l'eau qui lui appartiennent.

Et moi, Guillaume, leur successeur, duc de Normandie, et devenu par la miséricorde de Dieu, roi d'Angleterre, me voyant menacé par mes ennemis,

---

(1) Archives de la Manche, série E, fonds La Paluelle. Aveux.

j'ai construit un château autour de cette église, parce que la position présentait des avantages exceptionnels pour la défense de mes Etats.

Je l'ai enrichi de biens qui n'appartenaient point à son territoire. Je lui ai donné le droit de lever des impôts, et celui de haute justice ; le droit d'octroi avec le marché de la Croix, (pour lequel j'ai accordé à l'abbé Ranulphe et aux moines du Mont Saint-Michel une juste compensation), deux foires avec le droit de péage. J'ai fait creuser trois étangs, et j'ai fixé dans le pays les habitants qui pouvaient s'en éloigner au gré de leurs désirs.

Les moines de Saint Benoît voyant qu'avec l'aide de Dieu j'avais amélioré la situation de ces lieux, ont député vers moi, du consentement du chapitre de Saint Benoît, l'abbé Hugues et plusieurs autres pour me demander et me supplier humblement de leur accorder la moitié des biens de mon château, consentant à me donner en retour la moitié de leurs biens, à l'exception de l'église et des oblations qu'ils ont possédées par le passé comme aujourd'hui. Je me suis volontiers rendu à leur prière, et voici le partage des biens fait entre nous.

J'ai gardé la moitié des revenus du château, c'est-à-dire des moulins, des fours, du droit de tonlieu et de péage, des foires, des marchés, des droits de toute justice, comme aussi de tous revenus et coutumes du château et de ses dépendances, ainsi que de toutes leurs appartenances et de leurs accroissements successifs. Je leur ai laissé l'autre moitié qui devient, à dater de ce jour et à perpétuité, la propriété de l'abbaye de Saint-Benoît et des religieux de Fleury sur Loire.

Des trois étangs, j'ai retenu la pêche de l'étang en amont ; je leur ai laissé la pêche du second étang avec la moitié de la pêche du troisième, me réservant l'autre moitié.

Quant aux officiers, il a été réglé que les officiers de l'abbaye de Saint-Benoît me prêteraient le serment de fidélité, comme les miens le prêteront à l'abbaye et aux moines de Saint-Benoît.

Et comme je cherchais et désirais moins mes intérêts temporels que le bien de mon âme, les religieux se sont engagés, suivant ma volonté expresse, à célébrer une messe, chaque semaine, pour mon salut et ma conservation, pour le salut et la conservation de mon épouse et de nos fils, pour le soulagement de l'âme de mes prédécesseurs et de mes successeurs. Ils m'ont aussi promis d'entretenir un moine pour moi dans le monastère de Saint-Benoît et de nourrir un pauvre à perpétuité, de faire prières, aumônes et bonnes œuvres à mon intention, pendant ma vie et après ma mort, non seulement dans le monastère de Saint-Benoît, mais dans toutes les abbayes et prieurés qui dépendent de Fleury. C'est à quoi se sont engagés l'abbé et tous les moines. Et pour rendre cet acte ferme et indestructible, j'ai apposé l'empreinte de mon scéau et je l'ai fait confirmer par la signature de mon épouse et de nos fils.

† *Signatures* de GUILLAUME, roi d'Angleterre et duc de Normandie,
† de ROBERT, son fils, comte des Normands,
† de MATHILDE, son épouse,
† de RICHARD, son fils,
† de HUGUES DE GOURNAY,
† de GÉRALD DE NEUFMARCHÉ,
† de STIGAND, Sénéchal,
† de HENRI DE FERRIÈRES,
† de RADULPHE DE VAUDREUIL,
† de GILBERT DE MANANOTH,
† de RENAULD le Jeune, Chapelain,
† de HILGÈRE.

Fait publiquement au Vaudreuil (1) sur l'Eure, au mois d'avril, l'an de l'Incarnation de Notre Seigneur mil soixante-sept, l'an neuvième du règne du roi Philippe (2).

Il est facile de voir par cette charte que Guillaume avait voulu faire de Saint-James une forteresse remarquable, pour défendre les frontières de ses Etats et imprimer une terreur salutaire à ses ennemis. Il réunit une population nombreuse dans l'enceinte des murs et dans les campagnes voisines ; et afin d'attacher les habitants à une terre si souvent dévastée par les incursions des Bretons, il leur donna en propriété des fiefs considérables aux alentours. « Il y eut alors, dit un mémoire, beaucoup de fiefs créés par les ducs de Normandie sur les marches de la Bretagne pour résister aux incursions des Bretons (3). » Les fiefs de Beaufour, de la Métairie, de la Haie de Terre, de Margotin, de Ligeraie, et sur la vallée du Beuvron ceux du Petit et Grand-Atré, remontent probablement à cette époque.

Afin de rendre l'approche des murailles plus difficile du côté de l'isthme, on construisit dans la suite trois boulevards en dehors de l'enceinte fortifiée : l'un, à l'est, sur le bord de la vallée, à cent mètres environ de la porte de Fougères et du château ; l'autre à

(1) Le Vaudreuil (Eure, arr. de Louviers, canton de Pont-de-l'Arche) ; on disait autrefois *Vau de Reuil, Rodolium*.

(2) Traduction de la charte. Voir le texte latin, Pièces justificatives, N° I.

(3) Arch. de la Manche, série E. Mémoire du chan. Ch. Guérin.

peu près à la même distance de la porte d'Avranches, et le troisième entre les deux précédents. Ils étaient reliés aux murailles par des chemins couverts ou souterrains partant de l'intérieur des tours, et formaient une première ligne de défense.

Les chroniques du XVe siècle nous révèlent l'existence du boulevard est. L'auteur de la *Chronique de la Pucelle*, Cousinot, raconte, en effet, qu'il y avait une poterne en la ville de Saint-James, près d'un étang, et que Nicolas Burdet, qui s'était établi dans un boulevard avec soixante ou quatre-vingts soldats anglais, pendant le siège de 1426, jeta l'alarme parmi les troupes bretonnes, à l'assaut du château, leur coupa la retraite et en précipita un grand nombre dans l'étang (1).

M. Aug. Besnard a retrouvé les restes de ce boulevard dans deux tourelles, sur la vallée, derrière les maisons de la rue de Fougères. « Elles ont encore, dit-il, quoique décapitées, une hauteur de quinze à vingt pieds sur le ravin, dans la déclivité duquel elles descendent en partie. Il est vrai qu'actuellement deux fours y sont nichés. Une appropriation de ce genre dans des fortifications anciennes dont la forme s'y prêtait, n'a rien d'improbable, et ce serait même ce qui aurait assuré leur conservation partielle. Rapprochées comme elles l'étaient, ces tourelles ont dû être solidaires et reliées l'une à l'autre. Elles ont peut-être fait partie d'un ouvrage plus considérable, dont elles seraient les seuls vestiges (2). »

Au commencement du siècle, ces tourelles avaient une hauteur assez considérable.

Nous avons signalé l'entrée de la poterne qui aboutissait à ce boulevard, dans le sous-sol de la maison construite par M. le docteur Belloir, sur l'emplacement de la tour à Fillonnet.

Le boulevard qui protégeait la porte d'Avranches était situé sur le versant nord du côteau. On y arrivait par le souterrain de la tour qui reste sur la vallée. S'il était possible d'explorer ce souterrain dans une certaine longueur de son parcours, on s'assurerait qu'il conduit vers le point que nous venons d'indiquer, à une distance assez rapprochée des remparts. Nous serions étonné qu'il ne prît pas cette direction.

---

(1) Collection Petitot, 1re série, p. 78, 79. — Monstrelet, *Chroniques*, Liv. 11, ch. 46.

(2) *La Haye de Terre et la forteresse de Saint-James*, p. 27.

Le troisième boulevard sur l'isthme a complètement disparu depuis longtemps. La place qu'il occupait porte encore le nom de place du Boulevard, ainsi qu'une petite rue voisine. Il était beaucoup plus considérable que les deux autres, toujours pour cette raison qu'il devait défendre le côté le plus vulnérable de la place ; aussi couvrait-il presque toute la convexité de l'enceinte, au couchant. Ses murailles flanquées de tours étaient précédées de fossés ou douves, qui rejoignaient par leurs extrémités les fossés de la ville. Le souterrain dont nous avons signalé l'existence dans la cave de la seconde maison, vers nord, de la rue de Suède, conduisait à ce boulevard (1).

Nous pensons que ces ouvrages extérieurs furent exécutés pendant la première période de la guerre de Cent ans, de 1357 à 1363. Nous verrons, en effet, que les habitants de Saint-James entreprirent, à cette époque, des travaux considérables pour mettre leur ville en sûreté contre les attaques des troupes régulières des ennemis et des compagnies qui ravageaient le pays.

Au commencement du XVe siècle, la châtellenie de Saint-James comprenait dix-sept paroisses, savoir : Saint-James, Saint-Benoît, Crollon, La Croix-en-Avranchin, Vergoncey, Saint-Brice-de-Landelles, Saint-Martin-de-Landelles, Les Loges-Marchis, La Chapelle-Hamelin, Saint-Martin-de-Montjoie, St-Aubin-de-Terregatte, Saint-Laurent-de-Terregatte, Saint-Sénier-de-Beuvron, Juilley, Argouges, Carnet et Villiers (2).

La châtellenie de Saint-James et le val de Mortain étaient les seuls pays du duché de Normandie exempts du droit de monnéage. « Le Roy pour droit de monneage, dit la Coutume de Normandie, peut prendre douze deniers de trois ans en trois ans sur chacun feu pour son monneage et fouage qui luy fut octroyé anciennement pour ne changer la monnoye... La chastellenie de Saint-Jacques et le val de Mortain sont exempts dudit monneage... Les bourgeois de Saint-Jame de Beuron paient coustume et sont quitte de trespas,

---

(1) « Dans l'angle sud-ouest de la cave d'une maison de la rue de Suède (la seconde maison vers le nord) existe encore un souterrain dans lequel on descend par plusieurs degrés de pierre. Sa conservation est bonne sur une longueur assez notable et l'on peut constater sa direction vers l'ouest. Des éboulements accompagnés d'une flaque d'eau le terminent. » (*La Haye de Terre et la forteresse de Saint-James*, p. 20)

(2) Arch. de la Manche. Assiette faite au diocèse d'Avranches, en 1403.

sauf ce que ils mettront hors du royaume, soit en mer ou ailleurs (1). »

CHAPITRE DEUXIÈME

PÉRIODE ANGLO-NORMANDE

Le duc de Normandie conserva la propriété de la ville et du château de Saint-James ; mais il en donna la garde à Richard, vicomte d'Avranches (2). Un grand seigneur de la Haute-Normandie, Gautier Giffard, qui refusa de porter le gonfanon à la bataille d'Hastings, pour mieux se battre contre l'ennemi, avait fait partie de la garnison de Saint-James, avant de partir pour la conquête d'Angleterre.

Gaultier Giffart l'out amené
Ki à Saint-Jame aveit esté (3).

Guillaume mourut en 1087, et laissa, par testament, la Normandie à son fils Robert, l'Angleterre à Guillaume Le Roux, et au plus jeune, Henri, une somme de cinq mille livres.

Le vicomte d'Avranches, Richard, continua à gouverner le château de Saint-James, d'abord au nom du nouveau duc de Normandie,

(1) Coutume de Normandie, art. 76, 78. *Cartulaire du Mont Saint-Michel.*

(2) *Illud castellum ad arcendos prædones institutum tradidit Richardo Abrincensi præsidi, patri comitis Hugonis.* (Guill. de Jumièges, *Histoire des Normands*, Liv. VIII, ch. 4). La *Chronique des Ducs de Normandie* traduit ce texte par les vers suivants :

A un Richart, prozdom et sage
Nez et estraiz de buen lignage,
L'out commandé, et lui i mist
Ainz qu'Engleterre conqueist.
Icil Richart fut pere Hugun
Dunt je vos faz ci mencion.

(T. III, p. 312).

(3) Wace, *Roman de Rou.* Edit. Pluquet, T. II, vers 12679-12680.

Robert, puis sous l'autorité de Henri, qui acheta le Cotentin et le pays d'Avranches. Celui-ci, dépouillé par ses frères, reconquit bientôt ses domaines et donna en propriété Saint-James au fils de Richard, Hugues Le Loup, vicomte d'Avranches et comte de Chester, en récompense des services signalés qu'il lui avait rendus. « Le roi Guillaume étant retourné en Angleterre, Henri se hâta, du consentement de son frère et avec les secours de Richard de Revers et Roger de Magneville, de reprendre possession, en majeure partie, du comté de Coutances, qui auparavant lui avait été frauduleusement enlevé. Et, comme dans cette affaire ainsi que dans toutes les occasions où il en avait besoin, Hugues, comte de Chester, lui était demeuré fidèle, Henri lui fit concession intégrale du château que l'on appelait Saint-Jacques, où ce même comte n'avait, à cette époque, d'autre droit que celui de garder la citadelle (1). » La *Chronique des Ducs de Normandie* rappelle encore ce fait dans les vers suivants :

Por ce que Huges li quens de Cestre
Ne li pout unc plus amis estre,
Plus maintenir ne plus aidier,
Si li vout Henris otreier
Si chatel que nos apelon
(En fieu) Saint-Jeaume de Bevron.
Ni ont eu avant nul jor,
Fors sol la garde de la tor (2).

Huges Le Loup mourut en 1101. Son fils Richard périt, au mois de décembre 1119, dans le naufrage de la *Blanche-Nef*, avec sa femme, son frère Othoël et le fils unique de Henri devenu roi d'Angleterre depuis la mort de Guillaume Le Roux (1100).

Richard ne laissant pas d'héritiers directs, ses biens passèrent à son cousin Ranulphe de Meschines, vicomte de Bayeux. Ranulphe II, son fils, lui succéda, en 1128, et se montra dévoué, comme ses prédécesseurs, à la cause du roi d'Angleterre. Après la mort de Henri Ier (1135), il prit une part active dans la lutte entre Etienne

(1) « *Et quia Hugo, comes Cestriensis, ei fidelis extiterat, concessit ei ex integro castellum quod S. Jacobi appellatum est, in quo idem comes tunc nihil habebat præter custodiam munitionis ipsius oppidi.* (Guill. de Jumièges, *Histoire des Normands*, Livre VIII, ch. 4).

(2) *Chronique des Ducs de Normandie*, T. III, p. 311.

de Blois, neveu du roi défunt par sa mère Adèle, et Geoffroy d'Anjou, marié à Mathilde, héritière du trône. Il fit même triompher un instant le parti de Mathilde à la bataille de Lincoln ; aussi Guillaume de Jumièges en parle-t-il comme d'un homme « vaillant à la guerre (1). » C'est assez dire qu'il ouvrit les portes de la ville de Saint-James au comte d'Anjou, lorsque celui-ci envahit l'Avranchin en 1140.

M. Desroches cite une charte dans laquelle le fils de Mathilde, Henri II, fit plus tard Ranulphe comte d'Avranches et de Saint-James, et lui donna tout ce qu'il possédait dans l'Avranchin, à l'exception des droits qu'il avait sur l'évêché, l'abbaye du Mont Saint-Michel et sur leurs biens. « *Et hoc unde erat vicecomes in Abrinciis et in Sancto Jacobo, de hoc feci eum comitem, et quidquid habui in Abrinchein ei dedi, præter episcopatum et abbatiam de Monte Sancti Michaelis, et quod eis pertinet* (2). » Hugues, son fils, lui succéda en 1153 (3).

Henri II, profitant des divisions intestines de la Bretagne, conçut le projet de la conquérir. Aussi séjourna-t-il souvent à Saint-James, pendant cette guerre qui dura presque toute sa vie. Dans un voyage qu'il fit au Mont Saint-Michel, à la fin de septembre 1158, il donna aux religieux les églises de Pontorson et fit relever le château de cette ville. Il partit ensuite pour Nantes dont il voulait prendre possession ; puis il revint au Mont, pour la fête saint Clément, avec le roi de France, Louis VII, « *cum magno tripudio tam cleri quam populi* (4). » Ce fut en se rendant à Nantes, ou plus probablement à son retour, qu'il s'arrêta à Saint-James, où il écrivit une lettre à l'archevêque de Rouen, pour le prier de permettre aux moines du Mont Saint-Michel de desservir les églises de Pontorson, si l'évêque d'Avranches leur refusait des pouvoirs, « afin, dit-il, que mon château que j'ai fortifié ne soit pas privé du service divin (5). » Le grand justicier Robert du Neufbourg et Gervaise, clerc du chancelier

---

(1) Guill. de Jumièges, *Histoire des Normands*, Livre VIII, ch. 4.

(2) M. Desroches, *Annales relig.* p. 54.

(3) Ce prince épousa Mathilde, fille de Robert, comte de Glocester, fils naturel du roi Henri Ier.

(4) *Robert de Thorigni*, édité par M. Léop. Delisle, *anno 1158*.

(5) *Id.*

d'Angleterre, saint Thomas Becket, l'accompagnaient et signèrent cette lettre avec lui.

Le duc Conan IV, attaqué par ses barons, parmi lesquels se trouvait Raoul de Fougères, implora le secours du roi d'Angleterre. Celui-ci saisit avec empressement l'occasion d'intervenir dans les affaires de la Bretagne.

Il envoya le connétable de Normandie, Richard du Hommet, qui repoussa les ligués (1164), sans parvenir toutefois à les désarmer. Henri II assembla des forces considérables sur les marches de la Normandie et s'avança contre Fougères qu'il prit après un siège difficile. Dès lors, sa pensée bien arrêtée fut de réunir définitivement la Bretagne à ses vastes Etats. Il négocia dans ce but le mariage de la fille unique de Conan avec son fils Geoffroy, et obtint, par le traité de Thouars, la cession du duché. Mais il fallut bientôt recommencer la lutte, d'abord contre les Bretons indignés de la conduite de leur duc, puis contre ses enfants qui levèrent eux-mêmes l'étendard de la révolte. Le pays de Saint-James connut alors, pendant de longues années, toutes les horreurs de la guerre. Raoul de Fougères fut un des premiers à reprendre les armes. Le comte de Chester abandonna aussi la cause de Henri II et entraîna dans sa rébellion une partie des seigneurs de l'Avranchin, entre autres Hasculphe de Saint-Hilaire, qui avait été le confident du jeune comte Geoffroy.

Henri II leur opposa une troupe d'aventuriers qu'il avait pris à sa solde. « On les appelait *Brabançons*, dit dom Morice (1), parce que la plupart étoient originaires du Brabant ; d'autres les appeloient routiers, à cause de leur manière de vivre, qui les mettoit toujours en route pour aller tuer, brûler et piller, selon qu'ils étoient commandés. » Ils étaient entrés sur les terres de Raoul de Fougères, qu'ils avaient déjà dévastées, quand un fort détachement qui leur portait des provisions fut surpris et taillé en pièces sur la route de Saint-James à Fougères, au village qui a retenu depuis le nom de la *Bataillère*. Raoul, profitant de ce succès, s'avança jusqu'à Saint-James, qu'il prit d'assaut et qu'il réduisit en cendres. Le château du Teilleul eut le même sort. A cette nouvelle, Henri II marcha sur Fougères en dissimulant ses mouvements ; mais, à l'approche du comte, il battit en retraite emportant avec lui un immense butin.

---

(1) *Histoire de Bretagne.*

Les habitants du pays, qui se dirigeaient avec leur mobilier et leurs troupeaux vers la forêt de Fougères, furent surpris en chemin par l'armée royale, qui s'empara de tous leurs biens.

Raoul ayant éprouvé, peu de temps après, un grave échec à Combourg, fut obligé de se renfermer dans la tour de Dol avec le comte de Chester et une partie de ses chevaliers. Il y fut bientôt assiégé par les Brabançons et forcé de capituler le 26 août 1173 (1). Le comte de Chester, emmené en Angleterre l'année suivante, obtint son pardon. Le roi reçut de nouveau son serment de fidélité et lui restitua ses propriétés avec le château de Saint-James (2). Nous le voyons, en effet, en 1180, rendre compte de la ferme de la prévôté de Saint-James à l'Echiquier de Normandie par Ranulphe de Praere, qui verse 90 livres dans le trésor royal, et 10 livres pour dîme à Saint-Amand de Rouen (3). La même année, Geoffroy Duredent rend aussi son compte du taillage de Saint-James (4). Guillaume Bacon de Landelles et le comte de Chester devaient payer 2,250 livres pour la ferme de Saint-James (5).

Hugues mourut l'année suivante laissant un fils, Ranulphe III, qui devait jouer un rôle considérable dans les affaires de la Bretagne. Henri II s'empressa de le marier à la duchesse Constance, veuve de son fils Geoffroy ; mais les Bretons, mécontents de cette politique, n'attendirent que la mort du puissant monarque pour chasser un prince qu'on leur avait imposé.

Richard Cœur-de-Lion, sur le point de partir pour la croisade (1190), ne put venger l'affront qu'il croyait avoir reçu dans la personne de Ranulphe. A son retour, il vint à Saint-James où il signa une charte, datée du 23 mars 1195, dans laquelle il prend l'abbaye

---

(1) Robert du Mont, *Appendice ad Sigebertum. (Recueil des Historiens de France*, T. XIII, p. 317. *Anno 1173).*

(2) Guillaume de Neubrige. *Recueil des Historiens de France*, T. XIII. p. 115.

(3) « *Comes Cestrie reddit compotum per Ranulphum de Praeriis de 100 lib. de firmâ prepositure de Sts Jacobo. In thesauro 90 lib. In decimâ S^to Amando Rothomagi 10 lib. Et quietus est.* » *(Rôles de l'Echiquier de Normandie*, publiés par M. Léchaudé d'Anisy dans les *Mémoires de la Société des Antiquaires de Normandie*, vol. XV, p. 13).

(4) « *Gaufridus Duredent reddit compotum de 7 lib. 19 sol. 2 den. de remissione tallagii de S^to Jacobo. In thesauro 4 lib. 19 sol. 2 den. Et debet 60 sol. qui remanent super Robertum filium Picheon.* » (*Id. Id.* p. 4).

(5) *Stapleton*, T. II, p. 242.

de Mont-Morel sous sa protection royale (1). Vers ce même temps, Ranulphe donnait lui-même au monastère une place dans la ville de Saint-James, exempte d'impôts et de service : « A tous ceux qui ces lettres verront, Ranulphe, duc de Bretagne, comte de Chester et de Richemont, savoir faisons que pour l'amour de Dieu et le salut des âmes de mes prédécesseurs, de mes successeurs et de la mienne, j'ai donné à l'église Sainte-Marie de Mont-Morel et aux chanoines qui servent Dieu sous la règle monastique, en pure et perpétuelle aumône, une place dans la ville de S. Jacques sur Bevron, qui appartenait à Gautier le monnoyeur, exempte de tout service séculier et de tout impôt. » Cet acte fut fait à Saint-James en présence de Baudoin Wac, de Guillaume de Verdun, de Foulques de Servon, de Guillaume Grimaud, de Roger de Chester, frère de Ranulphe, de Roger, connétable de Chester, d'Eudon de Thorie et de plusieurs autres chevaliers (2).

Quelques mois après, Richard arrêtait avec Ranulphe ses projets de vengeance et ne trouvait rien de mieux que de recourir à une ruse indigne d'une âme généreuse ou simplement honnête. Il attira Constance à Pontorson, sous prétexte de conférer avec elle d'une affaire importante, et la fit saisir par Ranulphe, qui l'emmena sous bonne escorte dans son château de Saint-James (3). Les seigneurs bretons députèrent aussitôt l'évêque de Rennes, Herbert, vers le roi d'Angleterre, pour lui demander justice d'un tel attentat. Celui-ci promit de leur rendre la duchesse, à condition qu'elle gouvernerait désormais par ses conseils. Il exigea aussi qu'on lui livrât des ôtages en garantie de l'exécution du traité. Richard garda les ôtages

(1) *Cartulaire de l'abbaye de Mont-Morel*, publié par M. Dubosc, archiviste de la Manche, p. 9.

(2) *Id. Id.* Charte en latin, p. 270. « *De quâdam plateâ apud S. Jacobum.* » Original aux Archives de la Manche. — Fragment de sceau avec contre-sceau ; un cavalier de chaque côté. Nous voyons aussi que Hugues de Chester, père de Ranulphe, avait donné à la même abbaye « XX sols dans la préfecture d'Avranches et une place dans le château de Saint-James. » (*Conf. Ep. Abrincensis*, p. 10).

(3) Ce guet-apens est ainsi raconté par un historien du temps : « *Eodem anno 1196, cum comitissa Britanniæ, mater Arthuri, veniret per mandatum Richardi regis in Normanniam loqui cum eo, venit obviam ei Ranulphus, comes Cestriæ, maritus ejus, ad Pontem Ursonem, et cepit eam et inclusit eam in castello suo apud Sanctum Jacobum de Beverum.* » (Roger de Hoveden, *anno 1196*). Voir Depping, *Hist. de Normandie*, L. VI, ch. 3.

et la duchesse Constance (1). Irrités de tant de perfidie, les barons prirent les armes et s'allièrent à Philippe-Auguste, qui força enfin l'astucieux monarque de délivrer la duchesse après un an de captivité.

Constance, divorcée d'avec Ranulphe, épousa Gui de Thouars, et Ranulphe s'unit à Clémence, fille du comte Raoul de Fougères. Il soutint d'abord le jeune duc Arthur de Bretagne ; puis il l'abandonna pour embrasser le parti de Jean Sans-Terre, qui venait de monter sur le trône d'Angleterre (1199). Le 16 septembre 1203, Jean Sans-Terre signe à Saint-James une charte par laquelle il remet à Robert de Hamars une somme de vingt-cinq livres que celui-ci devait au trésor (2). Quelques mois auparavant, il faisait assassiner traîtreusement, ou il assassinait lui-même, son neveu Arthur, dans la tour de Rouen.

A la nouvelle de cet odieux attentat, un cri d'indignation s'éleva dans toute l'Europe chrétienne. Les chevaliers et les évêques bretons, réunis à Vannes, déférèrent le commandement de l'armée à Gui de Thouars, qui devait envahir le Cotentin, pendant que Philippe-Auguste ferait la conquête de la Haute-Normandie. Gui de Thouars s'empara, en effet, du Mont Saint-Michel, d'Avranches, et s'avança jusqu'à Caen, où il fit sa jonction avec le roi de France, qui le renvoya vers Pontorson et Mortain, avec le comte de Boulogne, Renault de Dammartin, Guillaume des Barres et un détachement assez considérable, pour soumettre les forteresses situées sur les marches de la Bretagne (3). La ville de Saint-James tomba au pouvoir du vainqueur ; peut-être ouvrit-elle ses portes, afin de s'épargner les horreurs d'un assaut.

Philippe-Auguste récompensa Gui de Thouars, en lui abandonnant plusieurs places, parmi lesquelles figure Saint-James de Beuvron. Mais celui-ci, redoutant la puissance du roi de France, s'allia à Jean Sans-Terre qu'il venait de combattre. Philippe-Auguste l'as-

---

(1) Il y avait entre Constance et Ranulphe un empêchement de parenté du 3e au 4e degré, dont ils n'avaient pas eu dispense. L'aïeul maternel de Ranulphe, Robert, comte de Glocester, et la bisaïeule de Constance, Mathilde, femme du duc Conan III, étaient enfants naturels de Henri Ier, roi d'Angleterre.

(2) *Mémoires de la Société des Antiquaires de Normandie*, vol. XVe. Rôles Normands, p. 125.

(3) Guillaume Le Breton, *De Gestis Philippi Augusti, anno 1204.*

siégea dans la ville de Nantes, le contraignit à reconnaître sa souveraineté sur la Bretagne et lui reprit Saint-James qu'il donna avec ses dépendances, comme Gui de Thouars l'avait possédé, à Simon de Dammartin, frère du comte de Boulogne. L'acte est daté de 1206 (1).

Simon de Dammartin ne mérita pas longtemps la confiance du roi, car il entra, en 1212, avec son frère Renauld, propriétaire du château de Mortain, dans la coalition de Jean Sans-Terre et de l'empereur Othon contre la France (2). Philippe-Auguste s'empara de Mortain et réunit Saint-James au domaine royal.

Ranulphe III, qui s'était attaché à la fortune de Jean Sans-Terre, et dont les biens étaient très considérables en Angleterre, se retira dans son comté de Chester et perdit tous ses châteaux en Normandie.

CHAPITRE TROISIÈME

HISTOIRE MILITAIRE DE SAINT-JAMES DEPUIS LA RÉUNION DE LA NORMANDIE A LA FRANCE JUSQU'A LA GUERRE DE CENT ANS (1204-1336).

Le roi Louis VIII, désirant s'attacher Pierre Mauclerc, comte de Dreux, devenu duc de Bretagne par son mariage avec Alice, fille de Constance et de Gui de Thouars, lui confia la garde du château de Saint-James (3). Mais à la mort du roi (1226), Pierre Mauclerc entra

---

(1) Voici l'acte de donation de Saint-James à Simon de Dammartin : « *Notum... quod nos dilecto et fideli nostro Simoni de Donno Martino damus et concedimus Sanctum Jacobum de Bevron, in feodum et hommagium ligium de nobis tenendum, cum pertinentiis ad usus et consuetudines Normanniæ, per servitium quod feodum illud debet, sicut Guido de Toarceio castrum illud tenebat. Actum anno Domini M° CC° sexto.* » (*Cartulaire normand de Philippe-Auguste, Louis VIII, Saint-Louis et Philippe le Hardi*, publié par M. Léop. Delisle, n° 141).

(2) Rymer.

(3 Dupuy (*Droits du Roy*, p. 723) cite un traité par lequel le duc de Bretagne devait tenir Saint-James. Léop. Delisle, *Cartulaire normand*, n° 409, note. Cette indication se trouve confirmée par Guillaume de Nangis (*Gesta Sancti Ludovici. Historiens de France*, T. XX, p. 312, D). « *Comes Britanniæ... castellum quod*

dans la ligue des seigneurs révoltés contre la régente et s'empressa de fortifier et d'approvisionner la place, afin de la mettre en état de soutenir un long siége.

La reine Blanche rassembla une armée considérable, et, après avoir reçu la soumission du comte de Champagne, elle força Pierre Mauclerc à signer le traité de Vendôme (mars 1227). Il fut convenu que le frère du roi, Jean de France, qui n'avait que huit ans, épouserait la fille de Pierre Mauclerc, Yolande de Bretagne, et que saint Louis céderait à son jeune frère le comté d'Anjou, et au duc de Bretagne Angers, Beaugé, Beaufort et Le Mans, jusqu'à la majorité du prince. De plus, il abandonnait au duc, pour qu'il en jouît, lui et ses successeurs, sans pouvoir toutefois les aliéner, Saint-James de Beuvron, la Perrière et le château de Bellême avec leurs dépendances. Pierre Mauclerc abandonnait à sa fille Chantoceaux sur la Loire, à l'entrée de la Bretagne, Brie-Comte-Robert, au diocèse de Paris, ce qu'il acquerrait en Anjou et au Maine ; Saint-Jacques de Beuvron, la Perrière, Bellême dont il gardait la jouissance pendant sa vie (1).

Le duc de Bretagne oublia bientôt ses serments, car, dès l'année suivante, il entra dans la ligue contre le roi et la régente. Instruit de ses complots, saint Louis lui déclara la guerre. Il partit de Paris avec la reine-mère dans les derniers jours de 1228, assiégea Bellême, dont il s'empara, malgré la rigueur de l'hiver et la résistance de la

---

sanctum Jacobum de Bevrone nominant unâ cum alio, quod Belismum (Bellême) dicitur, sibi rex defunctus Ludovicus diù ante in custodiâ tradiderat, prout melius poterat firmabat et victualibus muniebat. »

(1) *Layettes du Trésor des Chartes*, T. II, nº 1922. Nous donnons aux Pièces Justificatives, Nº III, la partie du traité de Vendôme qui intéresse la ville de Saint-James. — Voir *Vie de Saint Louis*, par Le Nain de Tillemont, publiée pour la *Société de l'Histoire de France*, T. Iᵉʳ, p. 457. L'auteur anonyme de la *Chronique de Tours* (*Historiens de France*, T. XVIII, p. 319 et 320) analyse ainsi le traité de Vendôme : « ... *Britanniæ et Marchiæ comites... XVII kalendas aprilis, Vindocinum pervenerunt, ibique coram legato, factis homagiis, in hunc modum pacis cum rege Franciæ devenerunt. Rex Franciæ Ludovicus Joannem fratrem suum octennem filiæ Petri comitis Britanniæ desponsandum promisit, eique Andegaviæ comitatum concessit, dictoque Britanniæ comiti urbem Audegavim, Baugesum et Bellum Fortem et Cenomannicum, exceptis homagiis, usque ad duodecim annos pro dicto puero dereliquit, et insuper Sanctum Jacobum de Bevronio et Lapidariam et Bellesme castrum cum eorum appenditiis eidem comiti et hæredibus ejus donavit in perpetuum et quitavit...* » *Historiens de France*, T. XVIII, p. 319, 320. *Ex Chronico Turonensi, auctore anonymo S. Martini. Turon. Canonico, anno 1227.*

garnison. Masseville assure même qu'il prit Saint-James, pendant qu'une partie de son armée, sous la conduite de Jean des Vignes, allait donner l'assaut au château de la Haye-Pesnel, dont les seigneurs avaient abandonné la cause de la France.

Pierre Mauclerc, obligé d'implorer son pardon, qu'il obtint encore, renoua ses intrigues avec Henri III, fils et successeur de Jean Sans-Terre. Il passa même en Angleterre, au commencement d'octobre 1229, et décida le roi à faire une descente en Bretagne. Il lui fit hommage de son duché et promit de rendre le château de Saint-James de Beuvron à Ranulphe, comte de Chester, qui vivait encore et qui prétendait en être toujours le légitime propriétaire (1). Henri III, débarqué à Saint-Malo le 3 mai 1230, dissipa son temps dans les fêtes et ne tarda pas à regagner ses Etats. Il laissa le comte de Chester à la tête de cinq cents chevaliers et de mille hommes d'armes pour continuer la guerre. Celui-ci, qui avait repris possession de son ancienne forteresse, s'empressa de la fournir de soldats, d'armes et de munitions (2). Au retour d'une expédition qu'il fit en Anjou pendant l'automne de cette année, il s'empara de Pontorson dont il ruina le château, puis il renvoya une partie de ses troupes en Bretagne et revint avec quelques-uns des siens dans la ville de Saint-James, « laquelle, nous dit d'Argentré, il fist avitailler et munir avec bonne garnison (3). »

La guerre recommença l'année suivante, 1231. Louis IX envahit la Bretagne au mois de juin. Mais Pierre Mauclerc et le comte de Chester lui enlevèrent, dans une embuscade, les chariots qui portaient les vivres et les bagages, et brûlèrent les machines de guerre. Ce revers inattendu força le jeune roi à signer, le 4 juillet, au camp de Saint-Aubin-du-Cormier, une trève qui devait se prolonger jusqu'à la fête Saint Jean-Baptiste, 1234. Le comte de Chester s'en retourna alors en Angleterre et mourut l'année suivante sans postérité (4).

---

(1) Le Nain de Tillemont, *Histoire de Saint Louis*, T. II, p. 33, d'après Mathieu Paris, p. 336 f.

(2) *Id. Id.*, T. II. p. 70, d'après Math. Paris, p. 367 a.

(3) *Histoire de Bretagne*, Liv. IV, ch. 14.

(4) Le Nain de Tillemont, *Id., id.*, p. 103.

Nous donnons, d'après M. Desroches, (*Annal. Relig.*, p. 55), qui l'a trouvée, dit-il, dans un vieux titre latin, cette curieuse légende, qui peint l'esprit de l'époque

Quelque temps avant l'expiration de la trêve, Pierre Mauclerc sollicita des secours du roi d'Angleterre qui lui envoya un corps de soixante chevaliers et de deux mille Gallois (1), dont une partie occupa Saint-James. De son côté, saint Louis, qui se préparait à reprendre l'offensive, avait réuni de toutes les parties du royaume des forces si considérables que le duc ne pouvait lui résister. Toutefois, les débuts de l'expédition ne furent pas heureux pour le roi de France. Les soldats anglais parvinrent encore à lui enlever une partie des vivres et des bagages ; mais cet échec ne put ralentir sa marche sur la Bretagne. Il divisa son armée en trois corps, qui devaient franchir la frontière sur trois points différents, et dont le moindre était assez puissant pour accabler son ennemi. Pierre Mauclerc, découragé, demanda une trêve qui lui fut accordée, au mois d'août, à des conditions fort onéreuses. Il s'engageait à se soumettre sans réserve, si le roi d'Angleterre ne venait en personne lui amener de nouveaux secours avant la Toussaint. Il licencia les troupes galloises qui occupaient Saint-James, et passa en Angleterre afin d'obtenir des renforts. Mais ses propositions furent si mal accueillies, qu'il dut bientôt revenir implorer la clémence de saint Louis. Il se rendit à Paris, auprès du roi, et signa un traité de paix dans lequel il renouvela le serment de fidélité qu'il avait si souvent violé, et abandonna Saint-James avec tous les travaux de fortifications qu'il y avait exécutés. Voici cet acte, d'après le traduction de D. Lobineau (2) :

---

et nous renseigne en même temps sur la réputation du comte de Chester : « On rapporte qu'à la mort de ce comte Ranulphe, un solitaire, qui demeurait auprès de Walingfort, entendit comme le bruit d'une multitude passant auprès de sa cellule, sous la conduite d'un puissant personnage. Le solitaire ayant interrogé l'un d'eux, en reçut cette réponse : « Nous sommes des démons et nous nous rendons auprès du comte Ranulphe qui se meurt, pour l'accuser de ses péchés. » Le solitaire adjura le démon de se représenter, au bout de trente jours, afin d'apprendre de lui quel avait été le sort de Ranulphe. Le démon revint au temps marqué et lui dit : « Le comte Ranulphe a été condamné pour ses crimes aux peines cruelles de l'enfer ; mais les chiens (lisez les moines) de Deulacres, et avec eux beaucoup d'autres, ont tant aboyé qu'ils remplissaient nos demeures de leurs clameurs et que notre prince ennuyé a donné l'ordre de faire sortir le comte, qui maintenant est l'un de nos plus dangereux ennemis, parce que les prières qui ont été faites pour lui ont délivré beaucoup d'autres âmes des prisons de l'enfer. »

(1) Mathieu Paris, p. 406, cité par Le Nain de Tillemont, *Vie de Saint Louis*, T. II, p. 211, 212, 215 et suiv.

(2) Dom Lobineau, *Hist. de Bretagne*, p. 233. Cet acte, rédigé en latin, a été

« Je Pierre, duc de Bretaigne, comte de Richemont, fais à savoir que je servirai fidèlement mon seigneur Louis, illustre roi des Français et Madame la reine de France, son illustre mère, envers et contre toute créature qui peut vivre et mourir, et que je ne ferai ni ne permettrai qu'il soit fait aucune alliance de moi ni de mon fils, ni de ma fille, ni d'aucune autre chose au monde par mariage ou autrement avec le roi d'Angleterre, ni avec Richard, son frère, ni quelque autre que ce puisse estre qui fasse la guerre au Roi mon seigneur ou à son royaume, ou qui ait trève avec lui, et que je serai toujours attaché audit seigneur Roi et à Madame la Reine, sa mère.

» Outre cela, je quitte à perpétuité au Roi et à ses hoirs le château de Saint-James de Beuvron fortifié comme il est, et tout ce que j'avais de sa libéralité dans les comtés d'Anjou et du Maine, et les châteaux de Belesme et de la Perrière, avec toutes leurs dépendances, en sorte que ni mes héritiers ni moi nous n'y reclamerons jamais rien ; et je rendrai au roi toutes les lettres que j'ai sur le sujet de toutes ces terres, entre ce jour et la Nativité prochaine... »

« Fait à Paris, l'an du Seigneur MCCXXXIIII, au mois de novembre. »

Le roi d'Angleterre se plaignit amèrement au pape Grégoire IX du duc de Bretagne, qui lui avait enlevé la ville de Saint-James pour la donner au roi de France, et il le pria de contraindre son ancien allié, par des censures ecclésiastiques, à le dédommager de la perte de cette place. Dans la longue lettre qu'il écrivit à ce sujet, le 25 février suivant, il raconte comment il était venu au secours de Pierre Mauclerc, quels sacrifices d'hommes et d'argent il avait faits pour lui ; puis il ajoute : « Dernièrement encore, à l'expiration de la trève que nous avions conclue avec le roi de France, il nous pria de lui expédier un corps de troupes, pour défendre le château de Saint-James de Beuvron, qui avait été en sa possession, et que nous lui avions payé deux mille marcs, au temps de notre voyage en Bretagne. Nous lui envoyâmes notre cher et fidèle sénéchal Amauri de Saint-Amand, avec autant de soldats qu'il en avait demandé. Il les a gardés le temps qu'il a voulu, puis il les a congédiés sous le fallacieux prétexte qu'il désirait nous éviter des frais inutiles, puisqu'il était en état de défendre le château de Saint-James... (1). »

---

imprimé dans son texte par M. Léop. Delisle, dans le *Cartulaire Normand* de Philippe-Auguste, Louis VIII, Saint Louis et Philippe le Hardi, sous le n° 409. Voir Pièces Justificatives, N° IV.

(1) Rymer, T. I, p. 335, cité par D. Morice, Preuves, T. I, p. 898, 899. Voir Pièces Just. N° V.

Dans les conjonctures difficiles où il se trouvait alors, Pierre Mauclerc n'était pas libre d'agir autrement, et l'évacuation de la place avait été probablement une des conditions de la trève. Saint Louis ne s'inquiéta point de cette querelle survenue entre ses anciens ennemis ; mais il continua de surveiller Pierre Mauclerc qui avait laissé passer le temps de Noël sans rendre, comme il l'avait promis, ses lettres de propriété de la ville de Saint-James. Craignant encore une supercherie, le jeune roi fit signer à Jean III, devenu duc de Bretagne après l'abdication de son père, un nouvel acte de cession de Saint-James et des autres places comprises dans le traité de 1234, et il exigea de Pierre Mauclerc qu'il reconnût, par un autre acte, qu'il avait cédé Saint-James, qu'il n'avait pas remis ses titres de propriété sur cette ville, parce qu'il n'avait pu les retrouver, malgré toutes ses recherches (1), mais que ces lettres seraient nulles s'il les représentait plus tard. Cette double déclaration signée à Pontoise, au mois d'avril 1238, termina cette affaire pendante depuis si longtemps.

Robert Malet commandait la garnison de Saint-James en 1243 ; car, par sentence de l'Echiquier de Normandie qui se tint à Caen, à la fête saint Luc de cette année, il fut ordonné de lui payer la somme qu'il avait avancée pour le service de ses hommes à Saint-James de Beuvron (2). Robert Douessey fut capitaine en 1266.

Saint Louis visita ses villes et châteaux de Normandie en 1256 et en 1263. Nous connaissons l'itinéraire de son premier voyage. Parti de Paris à la fin de février, il se trouvait au Mont Saint-Michel le jour de Pâques, 16 avril, et le lundi 17 à Saint-James (3). Il revenait de la Terre-Sainte, où il avait forcé l'admiration de ses ennemis autant par sa bravoure que par sa piété. Les grands le respectaient, les pauvres et les faibles l'aimaient comme un protecteur et un père. « Quand le saint roi allait en Berry ou en Normandie, ou en autres lieux, où il ne hantait pas souvent, il faisait parfois appeler trois cents pauvres et les faisait manger et les ser-

---

(1) Pièces Justif. Nos VI et VII.

(2) « *Præceptum est quod donum quod Robertus Malet fecit hominibus suis pro serviciis suis apud Sanctum Jacobum de Beveron teneatur.* (*Recueil de jugements de l'Echiquier de Normandie au XIIIe siècle*, 1207-1270, par Léopold Delisle, No 748).

(3) Tablettes de cire éditées dans le *Recueil des Historiens de France*, T. XXII. Nous voyons que « Richard de Barqueni était alors à Saint-Jacque de Beuvron. »

vait en sa propre personne, et lui aidaient ses écuyers et ses chambellans, et il donnait à chacun des pauvres douze deniers parisis et mettait le pain devant eux et le potage et les chairs et les poissons, selon ce qu'il appartenait au jour (1). »

Son fils Philippe III fit aussi son pèlerinage au Mont Saint-Michel avec les seigneurs de sa cour, au mois de septembre 1275, et parcourut les villes et les châteaux de la province (2). Enfin Philippe le Bel entreprit le même voyage en 1307. Le 3 mars, il était au Teilleul, et, le samedi 5 mars, à Saint-James. Il était accompagné de l'un de ses enquêteurs, qu'il envoie en mission dans le pays (3).

Depuis la réunion momentanée de la ville de Saint-James à la Bretagne, au commencement du siècle précédent, les ducs de Bretagne n'avaient pas abandonné la pensée de l'annexer définitivement à leur province. La possession de cette forteresse leur assurait, en effet, l'entrée libre de la France, et rendait presque inutiles les autres châteaux échelonnés sur la frontière depuis Pontorson jusqu'à Mortain. Pierre Mauclerc l'avait bien compris, et la ténacité avec laquelle il disputa cette place à saint Louis prouve assez l'importance qu'il y attachait. Un de ses successeurs s'empressa, pour la recouvrer, de saisir une occasion favorable qui ne se fit pas longtemps attendre.

La Bretagne, qui d'abord avait suivi le parti des Anglais dans la guerre entre la France et l'Angleterre, sous le règne de Philippe le Bel, devint bientôt l'alliée de la France et lui fournit des secours contre les Flamands ; de plus, vers le même temps, Jean III consentit à la refonte des monnaies altérées par le roi ; mais, en retour de ces services, il demanda, dit un historien (4), l'incorporation de la ville et de la châtellenie de Saint-James à son

---

(1) Relation du confesseur de la reine Marguerite. Voir les *Voyages de Saint Louis en Normandie*, par M. Léopold Delisle, T. XX des *Mémoires des Antiquaires de Normandie*. (2e série, p. 163.)

(2) *In septembri, causa peregrinationis, Montem S. Michaelis in periculo maris visitavit, et cum magno apparatu, ubi transiit, a civitatibus et castellis Normanniæ receptus est. (Chronique de Normandie.)*

(3) « *Franciscus, nuncius regis missus de Bevron... Dominica mediæ Quadragesimæ... Sabbato sequenti, hospitissa liberorum regis apud Beuvron.* » (Tablettes de cire éditées dans le *Recueil des Historiens de France*, T. XXII).

(4) Dom Morice, *Histoire de Bretagne.*

duché. Louis le Hutin commit la faute de les aliéner par cet acte passé à Saint-Germain-en-Laye, au mois de mai 1316 :

Louis, par la grâce de Dieu, roy de France et de Navarre, savoir faisons a tous presens et a venir que par le grant amour que nous avons a nostre cher et feal cousin, Jehan, duc de Bretaigne, ly avons donné et octroyé en pur don et de grace espécial nostre ville de S. Jame de Beuvron et la chastelenie dou dit lieu, o toutes les apartenances, fiefs, seigneuries, rentes et demaines, espécialement o toute la haute justice desdits lieux et des apartenances, à tenir et avoir dou dit Duc et de ses héritiers et de ses successeurs perpetuellement en accroissance dou dit fié de la Duchié de Bretaigne, sans autre hommage que il en soit tenu à nous en faire ne à nos héritiers, ne à nos successeurs à tenir en accroissement du fié, si comme il est dit dessus, en feauté et l'hommage que il tient de nous la dite Duchié, et aux usages, coustumes et noblesse d'icelle. Et voulons et octrions que ledit Duc ait et possede ladite terre en value de mil livres de rente en terre assise, lesquelles, si elles n'y estoient trouvées, nous ly devons parfaire et faire livrer et assoir en nos terres au plus prez de la dite chastelenie, et, pour plus grande grace ly faire, nous voulons et octrions que si il estoit trouvé par prisage que ladite chastelenie ne voulsist outre MC livres de terre, que ledit Duc ait ladite chastelenie tout entièrement ; et se elle valoit plus de onze cent livres de terre, le plus nous doit demourer, etc.

.... Donné à S. Germain en Laye, l'an de grâce MCCCXVI, au mois de may.

Par messire R. D'ARTOIS et le conestable J. DE VERTU (1).

La réunion de Saint-James et de son territoire au duché de Bretagne explique pourquoi les fiefs de sa châtellenie ne paraissent point dans l'assiette de terre de 1327.

L'aliénation de Saint-James ne fut pas de longue durée.

La dernière clause de l'acte de donation que nous venons de citer, à savoir que si le revenu de la ville et de la châtellenie valait plus de onze cents livres, le surplus devait revenir au roi de France, donna lieu à beaucoup de contestations entre les officiers nommés par Louis X et ses successeurs pour contrôler les recettes, et les officiers du duc de Bretagne. La paix faillit en être troublée.

(1) Dom Lobineau, *Histoire de Bretagne*. Preuves, p. 469. (Ch. de Nantes, arm. F, Cassette, A, H, 47).

Philippe de Valois, plus avisé que son prédécesseur, s'empressa, sous prétexte de mettre fin à ces querelles sans cesse renaissantes et de les prévenir à l'avenir, d'entrer en négociations avec Jean III, qui était encore duc de Bretagne. Il promit de lui céder, en échange de Saint-James, le château et la châtellenie de Chailly (1), le parc et la ville de Longjumeau (2) avec toutes ses appartenances, fiefs, arrière-fiefs, droits de justice, seigneuries, cohues, rivières, garennes, étangs, pêcheries, et tout ce qu'il pouvait avoir en cette ville. Ces propositions prouvent à quel point Philippe de Valois tenait à la place de Saint-James. Le duc les accepta et signa cet acte de rétrocession que nous publions dans son texte original :

Philippe, par la Grace de Dieu, roy de France, savoir faisons a tous presens et avenir que comme notre tres cher seigneur et cousin le roy Loys, que Dieu absoille, eust donné en pur don à notre cher et feal frere Jehan, duc de Bretaigne et a ses hoirs, la ville de Saint-Jame de Beuron et la chastellenie avec toutes ses appartenances, fiez, seigneuries, redevances et demaynes, et toute la haute justice des diz lieux et des appartenances a tenir et avoir dudit duc et de ses hoirs perpetuellement et en accroissance du fié de la duchée de Bretaigne, sanz autre hommage faire, et aux usages, coustumes et nobleces que il tient de nous ladite duchée de Bretaigne, en pris, estimation et value de mil livres de rente en terre assise, par ainsi que se il estoit trouvé par la prisée qui en soit faite que ladite chastellenie ne vausist oultre onze centz livres de terre que elle demeurast entièrement audit duc ; et se elle valoit plus, que le plus fut retenu et retourné au demayne royal, si comme ès lettres dudit don sur ce faites est plus plainement contenu. Et pour savoir la value de ladite chastellenie et des appartenances certains commissaires aient esté deputez par plusieurs fois, tant du temps de nos tres chiers seigneurs et cousins les roys Loys, Philippe et Charles, que Dieu absoille, comme au notre, lesquiex ont trouvé ladite ville et appartenances estre de plus grant value que le dit duc ne devait avoir parmy le don dessus dit. Et pour ce noz gens diseient que ledit plus devait estre retourné au domaine royal, et le dit duc devait être contraint a en rendre les levées depuis ce qu'il en avait en sa possession. Sur quoy plusieurs altercations eues entre noz dites gens pour nous d'une part, et les gens dudit Duc d'autre part, finalement ledit duc s'est accordez avec nous par tele manière qu'il nous

(1) Chailly-en-Bière (Seine-et-Marne), arr. de Melun, 1,045 hab.

(2) Chef-lieu de canton (Seine-et-Oise, arr. de Corbeil), 2,304 hab. Chailly et Longjumeau furent donnés, par le traité de Guérande (1364), à la veuve de Charles de Blois. (Voir d'Argentré, *Histoire de Bretagne*. Liv. VI, ch. II, p. 367.)

delaisse pour maintenant a touz jours mais ladite ville de Saint-Jame de Beuron, la chastellenie et les appartenances avec tous les fiez, seigneuries, redevances, demaynes et toute la haute justice et generalement tout le droit que il y avoit et pouvoit avoir pour cause du don dessus dit. Et nous li avons baillé et baillons pour luy et pour ses hoirs et ses successeurs, en recompensation de ce et en eschange le chastel et la chastellenie de Chailly avec le parc et la ville de Long-Jumel et toutes les appartenances, fiez, arrière-fiez, justices, seignories, cohues, rivières, garennes, estans, pescheries et generalement toutes autres choses quelles que elles soient que nous avons et tenons en la dite ville et chastellenie, au jour de la confection de ces presentes lettres, sanz pris et sans en faire prisée, a tenir perpetuellement par luy et par ses hoirs et ses successeurs en tele meme maniere et en tele foy, hommage et noblesse que il tenoit de nous la dite ville et chastellenie de Saint-Jame de Beuron. Et avec ce li avons quitté et remis tout ce que il avoit levé et reçeu de la dite ville et chastellenie de Saint-Jame de Beuron, oultre la rente que il y devait avoir. Et parmy ce nous avons recouvré et recouvrons par la teneur de ces lettres la dite ville de Saint-Jame de Beuron avec la chastellenie et toutes les appartenances aus droiz et au domaine du royaume. Et avons delivré et delivrons au dit Duc, par ces mesmes lettres, le chastel et la chastellenie de Chailly avec le parc et la ville de Long-Jumel, et toutes leurs appartenances dessus dites. Et pour ce que ces choses soient fermes et estables a toujours, nous avons fait mettre notre scel en ces presentes lettres faites et données a Poyssi, l'an de grace mil CCC trente et un, au mois d'aoust.

Par le roy present, M. DES ESSARD.

R. DE MOLINS (1).

Presque aussitôt après cette convention, Philippe de Valois donna la châtellenie de Saint-James à Philippe III, roi de Navarre, en assiette d'une rente d'environ sept cents livres. Mais bientôt, vers 1333, le roi de France la reprit, moyennant une somme de douze mille livres, et la réunit à la couronne (2).

Nous touchons à l'époque la plus intéressante, au point de vue militaire, mais aussi la plus lamentable de l'histoire de Saint-James.

(1) Arch. Nat. JJ, 66, N° 563. — *Invent. de Bretagne*, Tillet, p. 86. Cet acte est aussi donné par D. Morice, Preuves.

(2) *Actes Normands de la Chambre des Comptes*, publiés par M. Léop. Delisle, N° 169. — Philippe III, comte d'Evreux, épousa, le 27 mars 1316, Jeanne de France, fille unique de Louis X le Hutin, et devint par ce mariage roi de Navarre. Il mourut, le 16 septembre 1343, et il eut pour successeur son fils aîné, Charles le Mauvais, qui devait être, en effet, le mauvais génie de la France.

La guerre de Cent ans va déchaîner sur la France, et en particulier sur la Normandie, des malheurs tels que le peuple n'en a pas encore entièrement perdu le souvenir. Pendant la première période de la lutte, la ville de Saint-James ne subira que quelques mois, à l'époque de la défaite de Poitiers, le joug de l'étranger ; mais, au XVe siècle, cette forteresse tombera, comme toutes les autres, au pouvoir de l'ennemi, et ne recouvrera définitivement son indépendance qu'après de longs et pénibles efforts. Sa délivrance sera le signal de la libération du territoire.

CHAPITRE QUATRIÈME

HISTOIRE CIVILE ET RELIGIEUSE DE SAINT-JAMES PENDANT LES XIIe ET XIIIe SIÈCLES.

Pendant l'époque anglo-normande, la ville de Saint-James fut le chef-lieu d'une vicomté, démembrée de la grande vicomté d'Avranches, qui dépendait elle-même du comté de Mortain (1). Les vicomtes confièrent à des préfets ou prévôts *(præpositi)* le soin de rendre la la justice et d'administrer les finances. Saint-James devint alors une préfecture ou prévôté *(præpositura)*. Radulphe de Praere était, en 1180, le prévôt du comte de Chester pour Saint-James.

Sous la domination française les vicomtés furent conservées, mais les prévôtés furent remplacées par les sergenteries. Nous voyons dans un aveu rendu au roi, le 20 juin 1400, par Clément Théberge, que la sergenterie de Saint-James comprenait neuf paroisses, savoir : Saint-James (ville et faubourgs), Saint-Benoît-de-Beuvron, Montjoie, La Chapelle-Hamelin, Les Loges-Marchis, Saint-Aubin-de-Terregate, Saint-Laurent, Saint-Martin-de-Landelles et Saint-Sénier-de-Beuvron. Au XVIIe siècle, elle s'étendit aux paroisses d'Argouges, de Carnet, de la Croix, de Crollon, de Juilley, de Saint-

(1) D'après la charte de Henri II, en faveur de Ranulphe II, citée précédemment, la vicomté d'Avranches aurait été érigée en comté dans la dernière moitié du XIIe siècle.

Brice-de-Landelles, de Vergoncey, de Vessey et de Villiers, en tout dix-sept paroisses (1). Saint-Benoît était alors devenu une succursale de Saint-James.

Les sergenteries étant des charges héréditaires prirent souvent le nom de leurs titulaires : ainsi celle de Saint-James était désignée par « sergenterie de Saint-James de Beuvron, autrement Tiéberge, » parce qu'elle fut longtemps possédée, au Moyen-Age, par la famille Théberge.

Il y avait aussi à Saint-James, comme dans toutes les villes fortifiées, un capitaine commandant la garnison, et un châtelain, qui ne devait pas seulement veiller à la garde du château, mais encore enrôler les bourgeois et conduire les milices communales à l'armée du roi.

Après ce rapide aperçu sur l'organisation administrative et militaire aux XIIe et XIIIe siècles, nous parlerons des établissements et des principales familles de Saint-James, à cette époque.

Après la fondation du château, les habitants de Saint-James se rendirent, pendant quelque temps, pour les exercices du culte, à l'église du prieuré Saint-Jacques ; mais la nécessité d'une église paroissiale se fit bientôt sentir et l'on construisit l'église Saint-Martin, proche les murs de la ville, au couchant. Elle se composait d'une nef et d'un bas-côté, dans lequel se trouvait la chapelle Notre-Dame. Le beau portail gothique du cimetière actuel était placé dans le mur latéral de ce bas-côté et formait l'entrée principale de l'église. Une fenêtre à meneaux, achetée, vers 1820, par M. Guiton de la Villeberge, faisait l'ornement du pignon, auquel était adossé le maître-autel. La longueur de l'édifice, d'après un procès-verbal de 1687, était de 21 mètres seulement, non compris l'épaisseur des murs (2).

---

(1) Cette liste comprend les paroisses de la châtellenie de Saint-James, plus la paroisse de Vessey, qui appartenait, au XIVe siècle, à la vicomté de Pontorson.

(2) « ... La dite église ayant esté mesurée en notre présence est trouvée avoir la longueur, depuis le pignon du maistre autel jusques sous le crucifix, de sept aulnes trois quarts, et depuis le crucifix jusqu'au bas de lad. église de neuf aulnes, ce qui ne parait pas un temple, ny églize pour contenir tout le peuple de lad. paroisse... » (Procès-verbal de la visite faite, le 20 septembre 1687, par M. Pierre Guichard, docteur, professeur du Roy en théologie, etc.). (Archiv. de la Manche, série E, fonds La Paluelle).

Ces dimensions paraissent vraiment insuffisantes pour la population de Saint-James, qui d'ailleurs essaya plusieurs fois d'aller à l'église du prieuré. Aussi l'église Saint-Martin porte-t-elle toujours, dans les titres du XVe siècle, le nom de Chapelle Saint-Martin du Belley, annexe de l'église de Saint-Benoît (1).

Nous ignorons la forme primitive du clocher. Ainsi que nous le dirons plus tard, il tomba le 18 décembre 1609 (2), et fut reconstruit en bâtière, comme il existait encore au commencement du siècle.

L'église Saint-Martin était orientée du couchant au nord-est. Elle est ainsi abornée dans un contrat de 1614 : « laquelle [église] joinct d'ung costé à la muraille faisant closture à lad. ville, joinct d'autre costé au pavé, proche des maisons de Michel Davy, Jean Villalard et Jean Mention... (3). »

Presque tous ceux qui ont écrit sur Saint-James, M. Desroches en particulier, font remonter l'église Saint-Martin du Belley à Guillaume le Conquérant, qui l'aurait bâtie à son retour d'Angleterre, en souvenir de la victoire d'Hastings, d'où elle prit le nom de du Belley (*de bello*). Et ce qui les confirme dans ce sentiment, c'est que le même duc éleva une église sur le champ de bataille, sous l'invocation de Saint-Martin du Combat. Mais alors il faut admettre que l'église de Guillaume le Conquérant fut transformée, dans le courant du XIIIe siècle, en une église gothique ; ou prétendre, ce qui nous paraît insoutenable, qu'on aurait construit, vers 1066, une église de style ogival à Saint-James. L'auteur d'un mémoire du XVIIe siècle assigne une autre origine à l'église Saint-Martin. « Il est de connaissance publique, dit-il, que cette église n'est qu'une augmentation faite par un habitant de Saint-James, qui portoit le surnom de du Belley, d'où elle a toujours retenu cette dénomination (4). »

---

(1) *Petrus de Bree, curatus de S. Jacobo, hoc est Sancti Benedicti de Bevrone unà cum capellâ annexâ Sancti Martini de Bevrone* (1466). Ce même texte se retrouve pour les années suivantes. (Registre des actes synodaux du diocèse d'Avranches).

(2) Registres de la paroisse de Saint-James, à la Mairie.

(3) Arch. de la Manche, série E, fonds la Paluelle. Acte passé, le 16 mai 1614, devant Michel Davy et Michel Chenevelle, tabellions, entre Jean de la Paluelle et Jean Menard, curé de Saint-James.

(4) Arch. de la Manche, série E, factum imprimé La Paluelle. Nous ne serions pas éloigné de penser que l'église Saint-Martin fut construite, ou au moins trans-

Quoi qu'il en soit, il est certain qu'au XIIIe siècle une paroisse urbaine de Saint-Martin du Belley existait à Saint-James. Raoul Guiton est qualifié, dans une charte de 1254, de « curé de Saint-Martin sur Beuvron (1) » ; et, en 1275, les religieux de l'abbaye de Montmorel fieffent à Pierre Thébaut « un tenement d'héritage situé dans la paroisse de Saint-Martin de Saint-James de Bevron (2). »

Le prieuré était alors habité par sept moines, qui vivaient sous la règle de Saint-Benoît de Fleury. Les noms des premiers prieurs ne sont pas parvenus jusqu'à nous. Le comte Ranulphe II se montra le bienfaiteur insigne des religieux auxquels il donna des propriétés considérables en Angleterre, dans le comté de Lincoln : le prieuré de Martingues, l'église Saint-André du même lieu, celle de Tous les Saints de Canteby, plusieurs terres avec le droit de prendre dans ses bois ce qui leur serait utile pour construction ou pour tout autre usage (3). Mais le prieuré ne jouit pas longtemps de ces biens, qui appartenaient à l'abbaye de Fleury dès 1159. Aussi ne les voyons-nous point figurer dans les aveux des prieurs de Saint-James.

Vers 1165, un désaccord s'éleva entre le clergé séculier de la ville et les religieux, au sujet de la perception des dîmes. Après avoir réglé le différend, l'abbé de Fleury, Arraud, écrivit cette lettre au

---

formée en église gothique, vers l'époque d'un voyage de Louis IX en Normandie. Le saint Roi avait une statue dans cette église, et son culte était en honneur à Saint-James.

(1) Raoul Guiton est appelé dans cette charte « *persona S Martini super Beuron.* » (*Cartulaire de Montmorel*, édité par M. Dubosc, archiviste de la Manche, p. 217). Or. Ducange traduit ce mot *persona* par *curio, parochus*; curé, directeur d'une paroisse ; *Olim*, personne. (Au mot *persona*).

(2) « *Quoddam tenementum situm in parochiâ Sancti Martini de Sancto Jacobo de Bevron.* » (*Cart. de Montmorel*, p. 271).

(3) M. Desroches a le premier cité cette charte qu'il rapporte au prieuré de Saint-James : « Ce seigneur [Ranulphe], dit-il, nous a laissé une charte en faveur de Saint-James de Beuvron, et, pour la conserver, nous la consignons ici. » (*Annales civ. et milit.*, p. 89). Malheureusement il n'indique point où il l'a trouvée. M. le chanoine Pigeon pense qu'elle regarde plutôt le prieuré Saint-Jacques, fondé à Bristol par Robert de Glochester, époux de Mathilde d'Avranches. (*Le Diocèse d'Avranches*, T. II, p. 329.) Mais la prise de possession, par l'abbaye de Fleury-sur-Loire, du prieuré de Martingues (voir *Histoire de l'Abbaye royale de Saint-Benoît-sur-Loire*, par l'abbé Rocher, p. 296), nous porte à croire que ce bénéfice avait d'abord été donné au prieuré de Saint-James. Du reste, M. Desroches est si affirmatif qu'il devait avoir des indications précises à cet égard.

B. Achard, évêque d'Avranches, pour le prier de confirmer sa décision :

A son vénérable seigneur et ami, Achard, évêque d'Avranches par la grâce de Dieu, Arraud, humble abbé de Saint-Benoît de Fleury, salut et dilection.

Votre sainteté n'ignore pas les maux et les dommages occasionnés à l'église Saint-Jacques et à nos frères par la discorde qui existe depuis longtemps entre eux et les prêtres séculiers. Voulant nous conformer à cette parole de l'apôtre : « Rendez le bien pour le mal, » nous avons pensé qu'il était nécessaire de nous relâcher de nos droits, afin de faire renaître la concorde et la paix. Nous avons donc cédé aux prêtres la sixième partie de la grande dîme qui se perçoit sur les fruits, et la moitié des autres dîmes, des pains de Noël, de Pâques et de la Pentecôte, biens sur lesquels ils n'ont aucun droit. De plus ils ne paieront que soixante sous sur les cent sous qui sont dûs à Guillaume Le Gros.

Nous leur faisons cette concession seulement pour leur vie, ou pour le temps qu'ils seront attachés à cette église, et nous vous prions de confirmer notre décision de votre autorité, afin que dans la suite notre prieuré ne soit plus lésé dans ses intérêts, que cette convention ne s'étende pas d'une personne à une autre personne, que les successeurs de ces prêtres ne puissent exiger à l'avenir ce que nous accordons aujourd'hui en vue de la concorde et de la paix, et qu'après la mort des prêtres qui vivent présentement ou après leur renonciation, s'ils la font, un nouveau titulaire ne puisse prétendre jouir de ces biens. Salut (1).

Cet arrangement, qui ne devait être que temporaire, paraît avoir définitivement prévalu, car les curés de Saint-James avaient encore, à la fin du XVIIe siècle, la sixième partie des grosses dîmes sur les grains.

L'archevêque de Rouen, Odon Rigaud, visita le prieuré, comme tous les autres monastères de Normandie, en 1256. Il arriva, le 6 mai, quelques jours seulement après le passage du roi Louis IX à Saint-James. Il y trouva sept moines de l'abbaye de Saint-Benoît-sur-Loire, qui n'observaient pas exactement les abstinences et les jeûnes prescrits par la règle. Mais ils s'excusèrent en disant

(1) Archives du Loiret, *Cartulaire de Saint-Benoît-sur-Loire,* p. 403, 404. Cette lettre, dont la date n'est pas indiquée, fut écrite, comme on le voit, sous l'épiscopat du bienheureux Achard, qui occupa le siège d'Avranches de 1162 à 1172. L'abbé Arraud (*Araudus, aliàs Araldus*) gouverna l'abbaye de Fleury de 1161 à 1183. Nous avons indiqué l'année 1165 comme l'une des plus probables. Voir le texte latin, Pièces Justificatives N° II.

que ces deux points, qui n'appartenaient pas à la substance de la règle, étaient laissés à leur conscience, et que le Souverain Pontife les en avait dispensés. Les revenus du prieuré étaient de 220 livres.

Il revint le samedi 5 mai 1263, après avoir visité le prieuré de Saint-Hilaire, qui était en ruines : le couvent et le manoir avaient été la proie des flammes ; les religieux les avaient abandonnés et le prieur s'était retiré à Saint-James. Ce fut là que l'archevêque passa la nuit. Le lendemain, dimanche avant l'Ascension, il célébra la messe paroissiale dans l'église Saint-Jacques et prêcha dans le cimetière. Le lundi, il visita le prieuré, où il n'y avait plus que quatre moines, avec le prieur de Saint-Hilaire, qui avait en ferme le prieuré de Saint-James. L'archevêque ayant fait observer qu'il devait y avoir sept moines à Saint-James, le prieur répondit que l'abbé de Fleury avait la permission du Pape de se réserver les revenus de certains prieurés, que pour cette raison il avait affermé celui de Saint-James et diminué le nombre des moines. Les religieux usaient d'aliments gras, de linge et de matelas. Les frères lais ne se confessaient et ne communiaient pas assez souvent. L'archevêque enjoignit au prieur de les instruire et de les inviter à s'approcher plus fréquemment des sacrements. Il défendit aux religieux de manger en ville et d'admettre les séculiers à leur table, particulièrement les femmes. Enfin il ordonna au prieur de réparer la grange qui était en fort mauvais état et de relever les maisons de Saint-Hilaire. Les revenus s'élevaient alors à la somme de 260 livres (1).

L'usage d'admettre les séculiers, particulièrement les bienfaiteurs des monastères, à la table des religieux, tendait à s'établir en Normandie et pouvait occasionner des abus, qu'il était utile de prévenir. Nous voyons Etienne de la Terregate aumôner quelques biens au prieuré de Saint-James, à la condition qu'il viendrait s'asseoir à certains jours à la table des moines. Le gendre d'Etienne de la Terregate, Ranulphe Avenel, chevalier, donne en 1234 à Hasculphe Coldabe, son beau-frère, la moitié des biens qu'il possédait à Saint-James, savoir : une place acquise d'Etienne Rainmont, une rente de douze sous sur le moulin de Hugues d'Atré, et la moitié des droits d'Etienne de la Terregate sur le moulin Hubert ; mais il a soin de réserver pour lui et ses héritiers la faculté de partager le repas des

(1) Livre des visites d'Odon Rigaud, archev. de Rouen.

religieux et l'hommage dû par Guillaume Guiton pour un tenement qu'il avait d'Etienne de la Terregate. « *Excepto convivio prioratus ejusdem ville, et excepto homagio Willemi Guiton de tenemento quod tenuit a sepedicto Stephano, que michi et heredibus meis remanent...* (1). »

Dès la fin du XIIe ou le commencement du XIIIe siècle, Saint-James eut une léproserie située à un kilomètre environ de la ville, sur la route du Mont Saint-Michel. Elle remonte peut-être au règne de Louis VIII, qui en fonda un grand nombre, ou plus probablement à celui du roi d'Angleterre, Henri II (2). La lèpre, apportée d'Orient à la suite des premières croisades, faisait alors de si grands ravages que les populations se virent dans la triste nécessité de séquestrer les malheureux atteints de cette maladie contagieuse. La léproserie « de Beuvron, » — c'était le nom qu'elle portait au Moyen-Age, — se composait d'une chapelle, sous le vocable de Saint-Ermel, de la maison des lépreux et de quelques propriétés aux alentours. Le titulaire de la chapelle était à la nomination de l'évêque d'Avranches (3).

Les ruines de l'antique oratoire dans le village de la Maladrie, et le nom des champs et des prés voisins, rappellent encore le souvenir de cet établissement charitable qui fut réuni plus tard à l'hôpital. « L'Hôtel-Dieu, dit un aveu du 8 mars 1723, possède une pièce de terre devant la chapelle Saint-Ermel, nommée la *Grande-Maladrie*, avec une portion de jardin nommée le *Jardin-aux-Ladres*, contenant le tout ensemble dix-huit vergées ou viron. — *Item*, une pièce de terre en pré, nommé le *Pré-des-Baumes*, contenant huit vergées ou viron (4). »

L'hôpital ou Maison Dieu « *domus Dei*, » comme on disait dans les siècles de foi, fut aussi établi vers cette époque. On le construisit en dehors des fortifications, à l'extrémité de la rue du Mont, qui formait un des faubourgs de la ville. Il fut d'abord desservi par des

---

(1) *Cartulaire de Montmorel*, p. 150, 151.

(2) Les léproseries d'Avranches et de Genêts, qui, selon M. Desroches, furent fondées sous le règne de Louis VIII, existaient avant 1180, comme on peut le voir dans les rôles de l'Echiquier de Normandie.

(3) *Dominus Episcopus Abrincensis habet conferre pleno jure capellaniam Leprosariæ Sancti Jacobi de Beurone.* (Arch. de l'Evêché d'Avranches.)

(4) Archives de la Manche, fonds de l'hôpital de Saint-James.

moines bénédictins, qui dédièrent la chapelle à saint Maur, d'où le nom de prieuré Saint-Maur. La nomination du prieur était encore réservée à l'évêque d'Avranches (1). D'après une tradition très ancienne, saint Louis aurait fondé l'hôpital de Saint-James. S'il en est ainsi, le pieux monarque l'a établi dès le commencement de son règne, car, en 1244, l'abbé du Mont Saint-Michel, Richard Turstin, donne au prieur et aux frères de la Maison Dieu de Saint-James un fief situé dans les paroisses de la Croix en Avranchin, de Villiers et à Plancé, qui appartenait autrefois à Réginald de la Croix, ce qui suppose que l'Hôtel-Dieu existait déjà depuis quelque temps (2).

Le XIIIe siècle fut un des plus florissants pour l'agriculture et l'industrie ; aussi voyons-nous les habitants de Saint-James faire à cette époque un commerce important de toiles et d'étoffes de laine et de coton. En 1280, ils se plaignirent au roi de France, Philippe le Hardi, de ce que le duc de Bretagne et les bourgeois de Dinan les empêchaient d'acheter, au marché de cette ville, le fil, la laine et le coton dont ils avaient besoin. L'affaire fut portée au parlement, devant lequel le duc et les bourgeois de Dinan comparurent par procureurs. Ceux-ci déclarèrent que les bourgeois de Saint-James pouvaient acheter leurs marchandises sans être inquiétés, aux deux foires qui se tenaient dans la ville le premier jeudi de carême et à la fête de la décollation de Saint Jean-Baptiste, comme aussi tous les jours de la semaine, excepté le jour du marché, pendant lequel, d'après un usage immémorial qui devait être conservé, les

---

(1) Archives du diocèse d'Avranches.

(2) Voici la charte de Richard Turstin : « *Universis presentes litteras inspecturis Ricardus humilis abbas... quod nos priori et fratribus domus Dei Santi Jacobi super Beurone concessimus et presentibus litteris confirmamus quod ipsi teneant et de cetero possideant liberè pacificè et quietè totum feodum quod habent apud villam que dicitur La Croix in Abrincatino et apud Viliers et Plance, quod feodum Reginardus de Cruce, miles, quondam tenuit de nobis. Reddendo inde nobis annuatim quinque solidos turonenses ad manerium nostrum de Ardevone, nec propter hoc aliquid aliud facere debent nobis. Actum anno M° CC° quadragesimo quarto.* (Continuation du *Cartulaire*, N° 80.) Cette charte est rappelée, en 1300, dans l'inventaire, N° 34, sous ce titre : *Littera domus Dei de Sancto Jacobo de Beuvron, M° CCC°*.

étrangers ne pouvaient acheter ni fil, ni laine, ni coton, avant les habitants de Dinan (1).

Il y avait, dans la vallée du Beuvron, plusieurs moulins à foulon qui appartenaient au roi ou à des particuliers.

Le marché avait lieu, comme maintenant, le lundi (2). Il se tenait auprès de l'église Saint-Jacques, vers le côté nord-est, dans les dépendances du prieuré, sur une place qui a laissé son nom à une pièce de terre appelée, au XVIIe siècle, « la pièce des halles (3). »

Nous pensons aussi que la foire du mois de septembre est celle que Guillaume le Conquérant établit à Saint-James. Son nom seul de foire Saint-Macé est une preuve de son antiquité (4).

Nous connaissons les noms de quelques rues de Saint-James, à cette époque. Les chartes citent, à l'intérieur de la ville, la grande rue, près l'église Saint-Martin, la rue et la place au Marcheys, la rue Pendue, la rue des Halles, la venelle du Châtel, la rue de Fougères, qui se dirigeait vers la porte du même nom. Et en dehors des remparts, la rue du Mont, la rue du Tay, la rue Arse ou Brûlée, nom qu'elle a conservé probablement depuis la prise de Saint-James par Raoul de Fougères, qui n'épargna pas les faubourgs ; la rue ès Guitons, qui conduisait au manoir de la Haie de Terre, la rue de Méliande, la rue de la Gomondière, la rue du Meseray, enfin la rue de Beuvron, qui se dirigeait probablement vers la rivière. Les chartes des XIIe et XIIIe siècles rappellent aussi le chemin du roi qui condui-

---

(1) Voir les *Olim*, T. II, p. 158.

(2) Une charte de 1380, que nous publierons, prouve que le lundi était, à cette époque, le jour du marché.

(3) Archives de la Manche, fonds La Paluelle. « Madame de Carbonnel, lisons-nous dans un document de 1702, prouve par un titre de la baronie de la Paluelle que la pièce des Halles était autrefois une place, sur laquelle il y avait anciennement des halles. Elle prouvera même par témoins qu'on y a vu un chemin pour aller à la ville et à l'église de Saint-Jacques. » Nous voyons, en effet, dans un acte du 16 décembre 1566 que « noble homme Michel de la Paluelle, S[r] aud. lieu et damoiselle sa femme et espouze fieffent à Robert et Guillaume, ditz Goupils, un jardin nommé le grand Jardin des Halles, assis en la ville et encloison de Sainct-Jame, entre lesd. halles devant et devers Me Jacques Bernier et lesd. Goupils, bute d'un bout la rue des Halles et d'autre au mur de closture de lad. ville. » Michel de la Paluelle avait acheté ce jardin de Jean Pinel. (Arch. *id.*)

(4) Au Moyen-Age, on disait Macé pour Mathieu ; nous en avons de nombreux exemples dans les chartes des XIIIe et XIVe siècles : « Ce fut fet l'an de grace mil et trois cenz, le dyemance d'apres la feste Saint Mascé, apostre. *(Cartul. de Montmorel*, p. 229.)

sait de Saint-James à Avranches. « ... *Et butat ad cheminium domini Regis, quo itur de Sancto Jacobo de Beuron apud Abrincas* (1). »

Les principales familles de Saint-James étaient celles de Soligny, qui avait son château féodal à la Heaule, en Saint-Sénier-de-Beuvron, de Guiton et de la Paluelle, dont les manoirs existent encore à la Haie de Terre et à la Vieille-Paluelle.

Les barons de la Heaule descendaient par Othoël, fils naturel de Hugues le Loup, de Guillaume le Conquérant. Ils étaient par conséquent parents des ducs de Normandie, rois d'Angleterre. Le premier baron de la Heaule, Radulphe de Soligny, mourut en 1142 et fut inhumé dans l'église de l'abbaye de Savigny, nouvellement bâtie. Il laissait trois fils, Jean Ier, baron de la Heaule, Guy, baron des Biards, et Robert, seigneur de Terregate.

Jean de Soligny fut un des personnages les plus illustres du pays, non seulement par ses largesses, mais par la confiance que lui témoigna le roi Henri II (2). Il fonda l'abbaye de Montmorel, comme son oncle avait fondé, quelques années auparavant, celle de la Luzerne, et donna au monastère de nombreuses propriétés, entre autres le fief de Longue-Touche, par corruption Landetouche, dans la paroisse de Saint-Benoît de Beuvron, celui de Vaucelles, la dîme de ses moulins de l'Avranchin, de son revenu dans le château de Saint-James et dans la vallée du Beuvron, excepté la dîme du moulin de Morvieu (3). Il donna aussi au chapitre d'Avranches, du

---

(1) Chartes du Livre Vert du chapitre d'Avranches, citées par M. Desroches. (*Hist. du Mont Saint-Michel*, T. II, p. 90.)

(2) Jean de Soligny était souvent à la cour de Henri II. Voir *Magni rotuli Scaccarii Normanniæ de anno domini 1184 fragmentum*, édité par M. Léop. Delisle, p. 35.

(3) « *Et Longam Tuscam et terram de Vacellis et decimam molendinorum nostrorum in Abrincinio et decimam censuum in castello Sancti Jacobi et in valle Beronis, excepta decima molendini de Morvioc*... (*Cart. de Montmorel*, p. 3).

Il est probable, quoi qu'en dise le *Gallia*, que les premiers religieux de Montmorel s'établirent d'abord à Longue-Touche, qu'ils abandonnèrent à cause de la disette d'eau, pour aller s'établir au confluent du Beuvron et de l'Ardée. C'est l'opinion du *Neustria Pia* qui s'exprime ainsi : « *Abbatiæ autem fundamenta prius posita fuerant in quâdam villâ nomine Longue-Touche (quæ adhuc cernuntur) ; sed, mutato concilio, Mon-Morellum, ob aquarum utilitatem, translatum est ædificium, nunc que.*

consentement de son fils Hasculphe, une rente sur le moulin du Pré, situé en face de sa demeure, dans la vallée du Beuvron (1).

Henri II lui confia la garde du comté de Dol et maria Yseult, fille du comte défunt, à Hasculphe de Soligny, qui devint ainsi un des plus puissants seigneurs de Bretagne.

Jean de Soligny accompagna Richard Cœur-de-Lion et Philippe-Auguste à la troisième croisade, en 1290. Nous ne savons s'il revit son château de la Heaule. L'obituaire de Montmorel marque seulement sans indiquer l'année, le 29 avril, comme le jour de sa mort (2).

Hasculphe de Soligny se retira en Angleterre au moment de la réunion de la Normandie à la couronne de France, et ses propriétés normandes furent confisquées. Nous voyons déjà, par le rôle des rentes du Mont Saint-Michel dans la vallée du Beuvron, que, en 1270, le moulin du Pré appartenait au roi.

Mais une charte de 1355, de l'abbaye de Montmorel, nous apprend que les héritiers de Jean de Soligny avaient été dépouillés de leurs biens « par cause de ce qu'ils se forfirent des forfaitures d'Engleterre, et non autrement (3). »

---

(1) ... *Et constituit ut de redditu molendini quod est ante domum suam de Bevron, in loco qui dicitur Pratum...* (Livre Vert du chapitre d'Avranches, charte XLIX).

(2) « *Obiit Johannes de Sublingneio, benefactor in multis.* » (*Cart. de Montmorel*, édité par M. Dubosc, p. 299). Le nom des seigneurs de la Heaule est écrit Subligny, Suligny et Soligny. Nous avons adopté cette dernière manière de l'écrire, parce qu'elle est le plus communément employée dans les chartes.

(3) *Cartul. de Montmorel*, p. 130. Dans un aveu rendu au roi, en 1413, l'abbé Guillaume s'exprime ainsi : « *Item* tenons soubz umbre de la dicte féaultée quatorze livres de rente par chacun an, que nous prenons et appercevons o le Rey, nostre dit seigneur, en la recepte de la châtellerie de Saint-Jame de Bevron, moictié à la feste Saint Michel, en septembre, et moictié à Pasques nostre Seigneur, des dons de feux mes seigneurs Jehan de Suligny et Hascouit de Suligny, chevaliers, donc *le Roy est héritier*, et trente soulz à Pasques, par chacun an, pour la diesme de la terre dud. messire Hascouit, et vingt quatre ruches d'aveine, par chacun an, pour la diesme de l'aveinage de la terre dud. Hascouit, en augmentant nostre dit moustier, et pour le salut des âmes d'eux et de leurs predecessours... » (*Cart. de Montmorel, id.*, p. 36).

Le manuscrit de Dorières *(penès nos)* dit « que le dernier baron de la Heaule tomba en forfaiture, et que tous ses biens furent confisqués et réuny au domaine d'Avranches avec la juridiction de tous les biens relevant de la dite baronie, les fouages et monéages, prétendant que la chatellenie de Saint-James était exempte (la *coutume de Normandie* le dit aussy) et avoir tué le maltôtier qui étoit venu de la part du roy faire le recouvrement dudit droit. » Le souvenir des barons de la Heaule s'est conservé dans le pays. Les gens des environs de la Heaule racontent

Les armes de Soligny étaient, suivant Dumoulin, *parti d'argent et de gueules à deux rays d'argent de l'un en l'autre.*

D'après le manuscrit de Dorières, la baronie de la Heaule comprenait presque toute la châtellenie de Saint-James. Son château féodal, dont il restait encore quelques vestiges à la fin du XVIIe siècle, a complètement disparu (1).

La famille Guiton habitait le manoir ès Guitons, leur principal fief. Nous en avons parlé en décrivant la Haie de Terre. « Cette puissante famille se retrouve, dès le XIe siècle, en Italie et en particulier en Angleterre et en Normandie. Elle est citée dans Oldéric Vital et dans le *Monasticum Anglicanum*. Robert Guiton accompagna le duc Robert en Palestine. Les moines du Mont Saint-Michel investirent Geoffroy Guiton du grand fief du Mont Ruault, en 1152 (2). » Raoul Guiton est mentionné, en 1073, dans les grands rôles de l'Echiquier (3). Ce fut probablement le même qui acheta de Hamon de Beauvoir, vers 1180, la terre de Peloing (Plomb), pour 140 livres et 100 sous tournois (4). En 1203, deux Robert Guiton suivirent le roi Jean en Angleterre et leur terre de la Guitonnière, près Mortain, fut donnée par Philippe-Auguste aux religieux de l'Abbaye-Blanche.

Aux assises d'Avranches, en 1216, reparaît un Raoul Guiton, peut-être le fils du précédent ; nous le voyons percevoir, en 1232, dix livres tournois sur l'église de Ducey. En 1256, un Guiton, « bourgeois de Saint-James de Beuvron, » qui porte encore le nom de Raoul, « *Radulphus Guiton, burgensis de Sancto Jacobo super Bevron* (5), » aumône aux religieux de l'abbaye de Montmorel douze

---

encore que le dernier seigneur s'enfuit par un souterrain de son château et parvint à tromper ceux qui le poursuivaient en montant un cheval ferré à rebours. C'est aussi la légende des seigneurs de la Haye-Pesnel.

« Plusieurs branches de cette famille, dit M. de Gerville (*Anciens Chât. du dép. de la Manche*, art. *Subligny*), ont subsisté en Angleterre dans les comtés de Cornwal, Devon et Sommerset. Collinson, qui en parle dans son histoire du comté de Sommerset, les fait venir de Bretagne ; cette erreur est très excusable à cause du mariage de Hasculphe II avec l'héritière de Dol et de Combourg. »

(1) Ms de Dorières. La Heaule est situé à droite du chemin de St-James à St-Sénier.

(2) *Le Diocèse d'Avranches*, T. II, p. 439.

(3) *Mémoires de la Société des Antiq. de Norm.*, T. XV, p. 66.

(4) Arch. du dép. de la Manche, série H. La charte a été analysée par M. Desroches, *Annales civ. et mil.*, p. 187.

(5) *Cartul. de l'abbaye de Montmorel*, p. 217. — M. Desroches (*Annales civ. et mil. du pays d'Avranches*, p. 271).

sous du Mans, sur la maison d'Etienne du Gué, et semblable somme sur la maison de Hubert de Mirande, de Saint-Aubin-de-Terregate. Il confirme en même temps le don de huit quartiers, moins une ruche, de froment que leur avait déjà fait son frère Raoul, curé de Saint-Martin du Belley (1).

Enfin, en 1286, Guillaume Guiton, clerc, et Jean Guiton, son frère, eurent un différend avec l'abbé du Mont Saint-Michel qui avait défendu aux hommes du fief de Plomb d'aller moudre à leur moulin de Saint-James, de leur faire des corvées et de plaider devant eux. En vain firent-ils valoir, pour prouver leur droit, un usage qui remontait au-delà de cent ans ; ils durent promettre de payer soixante sous de rente pour jouir de ces priviléges à l'avenir (2).

Dans la même direction que la Haie de Terre, et presque sur les bords de la petite rivière de la Dierge, se trouve le manoir de la Vieille Paluelle, berceau de la famille la Paluelle. Cette vavassorie remonte au-delà du XIIIe siècle, puisque depuis saint Louis on n'a institué que des fiefs (3). Guillaume de la Paluelle, qui vivait vers 1270, assignait à sa famille une origine antérieure à l'établissement de la monarchie française. « Si les eaux, disait-il à Robert Doessey, capitaine de Saint-James, n'avoient pas au temps de jadis submergé le manoir, lieu et sieurie de ses pères, il prouverait qu'il est de noblesse gauloise, ce dont le dit sieur Cheftaine se contenta, ains étant preux et bon homme d'armes, ayant servi ès bandes de par délà (4). »

Ce Guillaume de la Paluelle est rappelé dans deux titres, l'un de 1292, l'autre de 1296, qui nous font connaître quelques familles de Saint-James. « L'an mil II[cc] nonante et deulx a la resqueste de Robert Hay, bourgeoys de Sainct-Jame, par vertu d'une obligation que portoit ledit Hay sur Thébault le junnel contenante cessante livre, fut juré et aprisé ung clos qui sied en la dite paroisse de Sainct-Jame, en fieu de la Paluelle, jouxte le Reclus, contre la terre

(1) *Cartul. de l'abbaye de Montmorel*, p. 217.

(2) Archives de la Manche. Cette charte a été imprimée par M. Desroches (*Annal. civ. et mil.*, p. 188).

(3) d'Hozier, p. 227.

(4) M. Desroches (*Hist. du Mont Saint-Michel*, T. I, p. 124) indique comme source le chartrier de M. Guiton.

Johan le Cordierre, d'une partie, et la terre aux hers Guillaume de la Paluelle, d'autre, et six sols dix deniers tournois que ledit Thébault avoit chacun an o Gieffroy Rouland sur une place qui sied contre la rue du Reclus. »

« L'an mil IIcc IIIIxx et XVI, par devant Pierre Tardif, recongneürent Johan Toubon et Johanne, sa fame, o l'autorité de luy, qu'ilz avoient baillé en eschange à Robert Hay, bourgeoys de St Jame, XXVII sols tournoys de rente demourans de quarante, lesquielx devant diz Johan et Johanne avoient chacun an o ledit Robert, a la feste St Michel, sur le clos de la Paluelle, qui fut Thébault le junnel, assis en la dicte paroisse contre les Pallières aux hers Guillaume de la Paluelle, d'une part, et le clos Johan Le Cordierre d'autre (1). »

Les fiefs des Granges et de la Villette (2) sont encore rappelés dans un titre de 1290.

Les noms des propriétaires du val du Beuvron, qui devaient payer des redevances au Mont Saint-Michel, ont été conservés dans le rôle des rentes de l'abbaye pour l'année 1270, dont nous avons déjà parlé. Nous publions ce document, d'un intérêt local incontestable :

Guillaume l'Aumônier devait deux sols pour le jardin, qui est devant le moulin du Déluge. — Mathieu Morel, pour le fief de la Motte, deux sols. — Colin Breton, dix deniers pour le four. — Geoffroy Rubin, pour une maison, deux sols, six deniers. — Jeanne, fille de Jean Bruault (Brault), pour son hébergement, deux sols. — Jean Laisné, pour son hébergement, deux sols. — Jean Laisné, pour le moulin du Bourg, cinq sols, quatre deniers. — Guillaume Guiton, pour le moulin de Pierre, deux sols, huit deniers. — Robin Lemoine, pour le moulin de Bruslé, trente-deux deniers. — Michel Prevost, pour le moulin du Déluge, trente-deux deniers. — Pierre du Jourdain, pour le moulin de Juëtte,

---

(1) Desroches, *Annal. civ. et mil.*, p. 268. C'est à tort que M. Desroches (*Hist. du Mont Saint-Michel*, T. II, p. 35), et après lui M. Le Héricher (*Avranchin mon. et hist.*, T. II, p. 551), font naître à Saint-James un Pierre de la Paluelle, qui aurait été patriarche de Jérusalem, au XIVe siècle. Le patriarche de Jérusalem qui vivait à cette époque s'appelait Pierre de la Palu et appartenait à la famille du même nom, originaire de Bresse. Il mourut à Paris, vers 1342, et fut inhumé dans l'église des Dominicains, où l'on voyait son tombeau que Jean de la Palu fit réparer en 1634. (Voir Dict. de Moréri, art. Palu).

(2) Les noms des Villettes et de la Villette, *villula*, indiquent une origine romaine.

cinq sols, quatre deniers. — Notre sire, le Roi de France, par ses prévots de Saint-James de Bevron, pour le moulin du Pré, cinq sols, quatre deniers. — Nicolas Leduc, pour son hébergement, neuf deniers, une obole. — Guillaume Hillequin, pour son hébergement, dix-neuf deniers. — Guillaume de la Motte, deux sols pour son hébergement. — Gautier d'Agon, pour son hébergement, douze deniers. — Michel Prevost, pour son hébergement, trois sols. — Le seigneur Gauthier d'Atré, pour un hébergement, deux sols. — Gauthier Repaul, pour son hébergement, seize deniers. — Jean Langlais, pour un hébergement, vingt-un deniers. — Guillaume d'Agon, pour un hébergement, douze deniers. — Jean Loisel, pour un hébergement, douze deniers. — Eudes Pichon, pour son hébergement, trois sols, quatre deniers. — Gauthier Moaudon, pour son hébergement, sept deniers. — Robert Hay, pour son hébergement, trois sols et l'obligation de résider. — Geoffroy Guiton, Guillaume Guiton, Radulphe Le Coq, pour leurs propriétés dans la vallée du Bevron, vingt-six sols. Somme des rentes : soixante-un sols, dix deniers.

Et ceux des tenanciers de la vallée du Bevron qui auraient treize brebis sur leur fief, doivent payer dix-huit deniers ; s'ils n'en ont pas treize, ils ne doivent qu'un denier pour chacune, et s'ils en ont cent, ils ne paient que dix-huit deniers (1).

CHAPITRE CINQUIÈME

ROLE MILITAIRE DE LA VILLE DE SAINT-JAMES, AU XIVe SIÈCLE, PENDANT LA PREMIÈRE MOITIÉ DE LA GUERRE DE CENT ANS (1336-1400).

La guerre de cent ans, dont le prétexte fut une rivalité de famille et la cause réelle une inimitié de race, se compliqua de la guerre de Bretagne, née d'une compétition au trône ducal entre Charles de Blois soutenu par Philippe de Valois, et Jean de Montfort appuyé par le roi d'Angleterre. Dès lors, il était facile de prévoir que les provinces de l'Ouest de la France, et principalement la Basse-Normandie, deviendraient tôt ou tard le théâtre des hostilités. Du reste,

(1) Arch. de la Manche, série H. Abbaye du Mont Saint-Michel. Voir Pièces Justificatives, No VIII.

le roi de Navarre, Charles le Mauvais, qui possédait les comtés d'Evreux et de Mortain et la plupart des villes et forteresses du Cotentin et de l'Avranchin (1), en prenant une part active dans la lutte, devait nécessairement attirer sur ce pays tous les fléaux de la guerre. La ville de Saint-James, par sa situation sur la frontière de Bretagne, était donc appelée à jouer un rôle militaire important, pendant les XIVe et XVe siècles.

Dès l'année de la descente des ennemis à la Hougue et de la défaite de Crécy (1346), Renaud de Gobehen, envoyé par Edouard III avec deux bannières pour augmenter les forces anglaises en Bretagne, donna un rude assaut à la ville de Saint-James, après avoir brûlé sur son passage les faubourgs d'Avranches et ruiné le manoir et le bourg de Ducey. Mais il ne put la prendre, et ce fut en vain qu'il revint l'assiéger l'année suivante. Raoul Guiton la défendit victorieusement contre cette nouvelle attaque.

Philippe le Valois reconnut les services de ce vaillant capitaine en des termes qui honorent sa mémoire : « Raoul Guiton, escuier, a gouverné le fort de Saint-Jacques de Beuron bien et loyaument, et l'a tenu françois a grants coûts et frais tant par deux peines de siége que les Anglois mirent devant comme autrement... en juing 1348 (2). » Raoul Guiton mourut peu de temps après et fut inhumé dans l'église Saint-Jacques. Sur sa tombe on lisait ces mots :

---

(1) En vertu du traité de Mantes, conclu le 22 février 1354, Charles le Mauvais possédait le clos du Cotentin, les vicomtés de Valognes, de Coutances et de Carentan, avec toutes leurs dépendances. Le château de Cherbourg, si important pour assurer les communications avec la mer, était compris dans la concession. Du chef de Jeanne de France, sa mère, fille unique de Louis le Hutin, le roi de Navarre tenait en outre le comté de Mortain avec Avranches et Gavray. A la date du traité de Valognes, 10 septembre 1355, des garnisons navarraises occupaient Cherbourg, Gavray, Mortain, Avranches et Carentan. Un article du traité réservait seulement au roi de France la nomination du châtelain de ces cinq places. (M. S. Luce, *Hist. de du Guesclin*, p. 257.)

(2) M. de Gerville, qui cite ce texte (*Anciens Châteaux du département de la Manche*, art. Saint-James), renvoie au *Trésor des Chartes*, N° 404. M. Desroches, qui le cite également (*Hist. du Mont Saint-Michel*, T. II, p. 57), renvoie aussi au *Trésor des Chartes*, T. II, p. 299 ; il dit ailleurs (*Annal. civ. et milit.*, p. 322) : « Une charte du roi Philippe nous apprend que Raoul Guiton, écuyer, avait soutenu un siège long et meurtrier contre les Anglais, en 1348. » Nous n'avons pu contrôler ces indications. Le *Trésor des Chartes*, dont M. Desroches parle si souvent, est un recueil de pièces manuscrites en trois volumes, possédé par M. Guiton, recueil qui avait probablement appartenu autrefois aux archives de l'Etat.

« Cy gist Raoul Guiton, esc. capitaine de céans pour le Roy, nostre sire, qui trespassa, le XIV juing, l'an de grace 1349. Priez Dieu pour l'âme de ly (1). »

Il est probable qu'il eut pour successeur Robert de Wargnies, plus tard bailli et capitaine de Caen (2), et un des plus braves chevaliers de ce temps-là.

Le 10 mars 1353, Jean le Bon et Edouard III conclurent une trêve, qui devait expirer le 1er août suivant. On crut de part et d'autre que les hostilités allaient recommencer. Le bailli du Cotentin, Adam de Dammartin, envoya Guillaume des Moulins et Colin Chesnel vers les frontières de Bretagne, à Pontorson ou à Saint-James, s'enquérir de la situation et des projets des ennemis. Le 2 août, le maréchal de France, Arnoul, sire d'Audrehem, fut nommé lieutenant du roi dans cette région et s'établit à Pontorson et à Saint-James pour diriger les opérations militaires en Bretagne. Rappelé en Artois, au commencement de 1355, il fut remplacé par Jean, sire de Hangest, auquel on donna cinq cents hommes d'armes et quatre cents archers. C'est alors que du Guesclin apparaît dans l'histoire de notre pays. Vers 1350, il avait pris du service pour le roi de France, et s'était fixé aux environs de Pontorson. Il se distingua d'abord dans plusieurs expéditions en Bretagne, sous le maréchal Arnoul d'Audrehem ; puis il s'attacha à la fortune du capitaine de Pontorson,

(1) M. Desroches (*Hist. du Mont Saint-Michel*, T. II, p. 57), et M. Guiton (*Notice généalogique de la famille Guiton*, insérée dans les *Annales hist., nobil.*, etc., T. I, 2e série), donnent encore cette épitaphe sans indiquer leur source. Toutefois il faut faire observer que si Raoul Guiton, capitaine de Saint-James, est mort en 1349, il y eut après lui un autre Raoul Guiton, peut-être son fils, qui fut « en son vivant receveur des deniers ordonnés pour la fortification et réparation de la ville, » qu'il ne faut pas confondre avec le capitaine, comme le fait M. Desroches. (*Annal. civ. et mil.*, p. 322).

(2) Nous lisons, en effet, dans un mandement de Charles V, en date du 17 oct. 1377 (*Mand. de Charles V, 1364-1380*, publiés par M. Léop. Delisle), que Robert de Wargnies « avait servi ou fait des guerres noz prédécesseurs et nous, en plusieurs et diverses parties de nostre royaume, et aussi en plusieurs offices a lui commis, tant d'avoir esté capitaine de la bastide de devant Guynes, après de Saint-Jame de Bevron, bailli de Caen, comme chastellain et capitaine de nostre chastel et ville dud. lieu de Caen. » Or, dès le 11 juillet 1357, Robert de Wargnies est cité dans une ordonnance comme « chevalier et bailli de Caen, capitaine de lad. ville. » (M. Léop. Delisle, *Hist. du château de Saint-Sauveur*, p. 109, note). D'où il faut nécessairement conclure qu'il était capitaine de Saint-James avant 1355, puisque Jean Paynel remplissait les fonctions de capitaine dans cette ville cette année et les années suivantes.

Pierre de Villiers, et continua de faire, avec lui, aux Anglais une guerre d'embuscade dans toute la contrée de Saint-James, Fougères et Dinan.

Un de ses compagnons d'armes, Jean Paynel (1), qui avait combattu à ses côtés à Montmuran, le 10 avril 1354, fut nommé l'année suivante capitaine de Saint-James, et remplit ces fonctions jusqu'au mois d'août 1356, qu'il partit probablement avec le sire de Hangest rejoindre le gros de l'armée française à Poitiers.

Le commandement de la ville fut confié, pendant son absence, à Pierre de Villiers, qui devint alors capitaine de Pontorson et de Saint-James. Il avait sous ses ordres treize chevaliers, cent trente-six écuyers, trente archers à cheval et soixante-onze à pied (2). Peu de jours après, Saint-James tombait au pouvoir de l'ennemi. Le duc de Lancastre, débarqué à la Hougue, au mois de juin 1356, avec cinq cents hommes d'armes, huit cents archers et un renfort de cent lances, alla d'abord faire lever le siège de Pont-Audemer ; puis il retourna en Basse-Normandie, et, après avoir essayé inutilement de rejoindre le prince de Galles sur la Loire, il revint par le Maine et attaqua plusieurs places dégarnies de troupes, entre autres Domfront, Messei, Avranches (3) et Saint-James, dont il

---

(1) Jean Paynel était le frère de Nicole, dit Hutin, qui fit la campagne contre les Jacques, et de Guillaume Paynel, sire de Hambye. Il était seigneur de Marcé et d'Orange, fief situé à Vieuvy-sur-Coucsnon (Ille-et-Vilaine).

(2) « Mons. de Villiers, chevalier, capitaine de Pontorson et de Saint-Jame de Beveron, XIII chevaliers, CXXXVI escuyers, XXX archers à cheval, LXXI a pié, du 1er août 1356 au 3 mars suivant ; pour l'estat de sa personne a IIe escus par mois... » M. Desroches cite encore ce texte (*Annal. relig.*, p. 59), d'après le *Trésor des Chartes* de M. Guiton. M. de Gerville (*Anc. Chât. de la Manche*, art. Saint-James) semble indiquer un compte des gages des gens d'armes, qui servirent en Basse-Normandie sous Monseig. le duc de Normandie. M. S. Luce (*Hist. de Bertrand du Guesclin*, p. 205, note) donne les dates du 7 août au 3 mars, et il ajoute : « Ces dates, qui semblent trop précises pour n'avoir pas été fournies par des documents originaux, sont empruntées à une notice imprimée sur du Guesclin, trouvée dans les papiers de d'Hozier, Bibl. Nat., Titres originaux, au mot du Guesclin. »

(3) Il est difficile de s'expliquer la prise d'Avranches, qui était alors au pouvoir du roi de Navarre, allié de l'Angleterre. Cependant, ce fait est ainsi consigné dans la *Chronique du Mont Saint-Michel*, en l'année 1356 : « Et alla (Philippe de Navarre) parler au duc de Lancastre, qui estoit au siège devant Renez, le requerant que il luy rendist le chastel et la ville d'Avrenches que ses gens avaient prins sur ung chevalier de Navarre, lequel chastel fut rendu audit Messire Philippe. » (*Chronique du Mont Saint-Michel*, publiée par M. S. Luce, p. 5).

s'empara facilement. Cette chevauchée du duc de Lancastre eut lieu pendant la seconde moitié du mois de septembre (1). Pontorson, défendu par Pierre de Villiers et du Guesclin, résista à l'ennemi.

Toutefois, les Anglais ne furent pas longtemps maîtres de Saint-James. Nous y retrouvons Jean Paynel, dès le commencement de 1357, avec quatre chevaliers, trente-deux écuyers, trente-neuf arbalétriers armés à pied et neuf archers à cheval (2). Le roi le nomma avec quelques seigneurs pour faire observer en Normandie la trêve conclue à Bordeaux, le 23 mars 1357, sur la demande du pape Innocent IV, entre la France et l'Angleterre (3).

C'était une tâche difficile à remplir dans la situation lamentable où se trouvait le pays, après le désastre de Poitiers. L'autorité royale, sans prestige et sans force, était incapable de réprimer les désordres et d'assurer la sécurité publique. Aussi, la trêve fut-elle mal gardée de part et d'autre. Des bandes anglaises, navarraises et françaises, composées d'aventuriers et même de gens d'armes appartenant aux garnisons des villes, rançonnaient tour à tour les malheureux habitants des campagnes qui n'avaient pu se réfugier dans les forteresses. Les chroniqueurs du temps font un tableau navrant des vexations et des cruautés des compagnies (4). Elles devinrent si redoutables que les villes elles-mêmes durent se fortifier, pour se mettre à l'abri de leurs attaques. « Quand ces

---

(1) Ce fut vers le 16 septembre que l'armée française arrêta le duc de Lancastre aux Ponts-de-Cé, sur la Loire, et l'empêcha de faire sa jonction avec le prince Noir, qui remporta trois jours après la victoire de Poitiers. Dès le commencement d'octobre, Lancastre mettait le siège devant la ville de Rennes. Ce fut donc dans l'intervalle du 16 septembre au 10 octobre qu'il s'empara de Saint-James, en se rendant en Bretagne. Mais nous devons encore faire remarquer ici que nous admettons le fait de la prise de Saint-James sur l'autorité de MM. de Gerville (*Anc. Chât.*, art. Saint-James) et Desroches (*Hist. du Mont Saint-Michel*, T. II, p. 58). Nous ne l'avons trouvé consigné dans aucun auteur du temps. Ce ne serait pas une raison de penser qu'il n'ait pas eu lieu, car M. S. Luce constate lui-même que le chroniqueur du Mont Saint-Michel est le seul qui ait rapporté la prise d'Avranches par le duc de Lancastre. (*Chron. du Mont Saint-Michel*, T. I, p. 5, note 7.)

(2) M. Desroches donne ce renseignement (*Annal relig.*, p. 59), d'après le *Trésor des Chartes*, de M. Guiton.

(3) Les autres seigneurs désignés par le roi étaient ceux de Hambye, d'Argouges, Henri de Thieville, Robert de Clermont, le Baudrain de la Heuse et le bailli de Caux. (M. S. Luce, *Hist. de du Guesclin*, p. 239, 240.)

(4) Voir sur ce sujet le chapitre X, intitulé les *Compagnies*, de l'Histoire si remarquable de du Guesclin, par M. S. Luce

bandits, raconte Froissart, avaient avisé un châtel ou une forteresse, si forte qu'elle fût, ils ne doutaient point de l'avoir et chevauchaient bien souvent sur une nuit trente lieues, et venaient sur un pays qui n'étoit en nul doute... et prenoient à la fois sur l'ajournement (au point du jour) les chevaliers et les dames en leurs lits, et puis les boutoient hors de leurs maisons (1). »

Ainsi, le fameux Bascon de Mareuil, qui faisait partie de la garnison d'Avranches, était la terreur de la contrée. Le 17 février 1358, il s'avança jusque sous les murs de Pontorson, mit le feu aux palissades et faillit s'emparer de la ville (2).

Un autre Anglais, Jacques Tireton, se distinguait aussi par sa rapacité. Il avait d'abord été pris par Guillaume Michelion, capitaine du château de Sacey, « lors bon et fidèle françois, » qui, après l'avoir retenu captif pendant un an, lui donna la liberté, moyennant rançon. Tireton se maria dans le pays, parut quitter le parti anglais et embrasser la cause française ; mais il revint bientôt « à sa première nature et s'en alla demeurer en la ville d'Avranches avec les Navarroys. » C'était là qu'il préparait avec ses compagnons des courses sur le plat pays, qui lui rapportaient souvent de gros bénéfices. Deux fois il avait fait prisonnier un des plus riches bourgeois de Saint-James, Guillaume Le Bouc, dont on connaissait le patriotisme éprouvé, et, après lui avoir fait subir toutes sortes de mauvais traitements, il avait exigé de lui une si forte somme d'argent que sa famille avait été obligée, pour le racheter, de vendre la plus grande partie de sa fortune. Guillaume Le Bouc n'attendait que le moment de se venger de son bourreau : l'occasion favorable ne tarda pas à se présenter.

Pendant l'automne de 1359, malgré le traité conclu, le 21 août précédent, entre le Dauphin et Charles le Mauvais, Jacques Tireton forma le projet « d'aller piller en la terre de Fougères » qui appartenait au duc d'Alençon. A peine Guillaume Le Bouc en est-il averti qu'il se concerte avec Guillaume de Romilly, Nicolas Menard, Jean de Surlair (3) et quelques autres amis dévoués, pour prendre une re-

(1) Froissart, *Chron.* Livre II, ch. LXXIV.

(2) M. Desroches (*Annal. civ. et milit.*, p. 281) publie une charte du Mont Saint-Michel, qui contient des détails curieux sur un séjour de Bascon de Mareuil à Avranches, en 1363.

(3) La famille de Surlair était de Saint-Laurent-de-Terregate, où est encore leur fief. Au XIIIe siècle, Robert de Surlair et sa femme Jeanne donnent cinq sols de

vanche terrible. Ils guettent la bande à son passage aux environs de Saint-James, l'attaquent avec fureur, tuent Jacques Tireton avec quatre ou cinq de ses compagnons et mettent les autres en fuite. Guillaume Le Bouc et ses amis reçurent, à leur retour, les félicitations de leurs concitoyens ; mais parce que Jacques Tireton avait été quelque temps Français et que le traité de Provins n'avait pas encore été rompu, ils demandèrent des lettres de rémission, que le Dauphin s'empressa de leur accorder, au mois de mars suivant (1).

Les garnisons françaises elles-mêmes pressuraient les habitants des campagnes, soit en pillant leurs maisons, soit en leur faisant payer des contributions excessives, pour une protection qu'elles ne pouvaient leur donner. Le Dauphin, dans une lettre adressée, en 1356, aux capitaines de Pontorson, de Saint-James et au bailli du Cotentin, se plaint des exactions que les soldats de leur garnison avaient exercées sur les hommes de l'abbaye du Mont Saint-Michel, dont les manoirs et les terres ont été tellement ravagés par les Navarrais d'Avranches que les religieux « n'ont bonnement de quoy vivre. » Quoiqu'ils en soient réduits, ajoute-t-il, à garder eux-mêmes leur forteresse, puisque les habitants du Mont Saint-Michel ont quitté la ville pour se réfugier ailleurs, vous avez contraint et contraignez encore, comme les autres capitaines vos prédécesseurs, les tenanciers des religieux en leurs terres d'Ardevon, de Huisnes, des Pas et de Beauvoir, à venir faire le guet dans les villes de Pontorson et de Saint-James, et à vous payer plusieurs autres redevances qu'ils ne vous doivent pas. Et ainsi ces hommes, ruinés par les ennemis et par les gens des garnisons de Pontorson, de Saint-James et des forteresses de Montaigu et de Sacey « qui ont fourcé et pillé sur eux, pillent et fourcent de jour en jour, » ne peuvent acquitter les rentes qu'ils doivent aux religieux (2). De pareils faits se

---

rente à l'abbaye de Montmorel, sur la masure de Chalam dans la paroisse de Saint-Laurent (*Cart. de Montmorel*, p. 265). Jean de Surlair et Guillaume de Romilly avaient abandonné leurs manoirs et leurs terres, qui avaient probablement été pillés par les Navarrais d'Avranches ou de Mortain, pour se renfermer à Saint-James avec leurs familles.

(1) Arch. Nat., JJ 87, p. 115, *recto*. — Voir Pièces Justificatives, N° IX.

(2) Arch. de la Manche, série H. Abbaye du Mont Saint-Michel. Cette charte intéressante a été publiée par M. Desroches (*Annal. civ. et mil.*, p. 382).

produisaient journellement aux environs de Saint-James. Nous en donnerons bientôt des exemples.

Mais outre ce fléau des compagnies, les campagnes eurent encore à souffrir des « brigands ou tuchins, » qui commettaient peut-être plus de crimes et de pillages que les gens d'armes proprement dits.

Une bande, sous la conduite d'un nommé Bissaires, occupait le pays entre Saint-James et Avranches. Un jour, vers la fin de l'année de 1356, ces brigands rencontrèrent Jehan de Beaumont, qui était sorti de la ville d'Avranches pour « aller faire son labour. » Ils le saisirent, sous prétexte qu'il s'était rallié aux Navarrais, et l'emmenèrent prisonnier à Saint-James, avec l'espoir d'en tirer une forte rançon. Le capitaine, Jean Paynel, le fit passer devant un conseil composé de plusieurs chevaliers et du bailli du Cotentin, afin de statuer sur son sort et de savoir s'il était obligé de payer la rançon « que le dit brigand et ses compagnons » voulaient exiger. Après avoir instruit la cause, tous déclarèrent qu'il n'y était pas tenu, mais qu'il resterait en prison jusqu'à ce qu'il eût obtenu du Dauphin des lettres de grâce qui ne se firent pas attendre (1).

Pendant ces tristes années, les champs restèrent presque sans culture, les communications furent interrompues et le commerce anéanti. C'était à peine si l'on osait faire un voyage de quelques lieues sans s'être muni d'un ou même de plusieurs sauf-conduits, qui n'empêchaient pas d'être pris par les bandes ou détroussé par les brigands. Les moines du Mont Saint-Michel écrivaient au Dauphin, en 1359, qu'ils n'osaient apporter « par devers lui les originaux de leurs lettres, pour la doubte et le péril des présentes guerres (2) ; » et nous voyons par une autre pièce, du 18 janvier de l'année précédente, qu'on ne pouvait aller sans danger de Saint-James à la forteresse de Montaigu (3).

Le bailli du Cotentin, Thomas Pinchon, — ce fait est intéressant

(1) Lettres de rémission à Jehan de Beaumont « nez et nourriz en la ville d'Avranches... Etant demeuré par simplesse et ignorance, quant elle fu occupée des ennemis et n'osant en partir, bien qu'il n'ait jamais fait partie d'une chevauchée des ennemis, étant sorti pour aler faire son labour, il fut pris par un brigant nommé Bissaires et ses compagnons... » (Arch. Nat. JJ 85, N° 15).

(2) Arch. de la Manche, série H, abbaye du Mont Saint-Michel.

(3) « ... Et au cas ou l'en ne porroit aler aud. lieu de Montagu pour faire les dis adjournements... » (Arch. Nat., Sect. jud., X2a 6, f°s 391, V° à 393). Pièce publiée par M. S. Luce (*Hist. de du Guesclin*, Pièces Justificatives, N° XI).

à signaler, — avait abandonné la ville de Coutances menacée par les Navarrais, et s'était retiré à Saint-James, où il se croyait plus en sûreté. Le roi lui avait même confié la garde du château, qu'il occupait avec sa famille et ses officiers. Nous avons une charte, du mois de septembre 1357, en faveur de son clerc, Jean Duval, qui l'avait suivi à Saint-James. Le Dauphin « considérant que tous les biens, rentes, maisons et autres possessions que ledit Jehan avoit eu en Coustentin de son héritage, il lui a convenu laissier et guerpir pour la venue et opposition de nos anemiz, qui tiennent le païz, et pour sa loyaulté et serment tenir et garder envers notre dit seigneur et nous, » lui donne « une maison ruineuse avecques ses appartenances, estant et seyant dedans les murs de nostre ville de S. Jame de Beuron, de la value de cinq livres de rente... laquelle maison nous est venue et appartient de la bastardie de feu Pierre Vassal (1). »

Dans les circonstances critiques où se trouvait le pays, le premier soin du capitaine Jean Paynel fut de réparer les murailles et de mettre la place en état de résister à une attaque. Mais les anciennes fortifications lui paraissant insuffisantes pour arrêter longtemps l'ennemi, il conçut le dessein de faire des ouvrages avancés, qui devaient former une première ligne de défense difficile à franchir. Il élargit les fossés de l'isthme et construisit les trois boulevards dont nous avons parlé (2), précédés de douves profondes, afin de protéger les portes de Fougères et d'Avranches et la partie de l'enceinte vers le couchant. Ces travaux, qui demandèrent beaucoup de temps et d'argent, n'étaient pas encore terminés en 1362.

Au commencement de 1361, les habitants et les bourgeois de Saint-James représentèrent « que pour les grands frais, mises et dépenses qu'ils ont faits au temps passé, tant à cause des guerres que de la fortification, emparement, nouveaux édifiements, fossés et autres ouvrages entrepris pour la fortification de la ville, et aussi pour l'estat d'icelle ville maintenir et gouverner, » ils avaient contracté des emprunts considérables qu'ils ne pourraient acquitter s'ils étaient obligés de payer l'imposition levée pour la rançon du roi (3). Le 6 mai, le roi Jean leur répondit que, vu les dépenses

(1) Arch. Nat. JJ 87, No 13.

(2) Voir *supra*, p. 24, 25 et 26.

(3) On leva une aide de douze deniers (un sou) par livre sur toutes denrées.

extraordinaires qu'ils avaient faites et celles qu'ils devaient s'imposer, et aussi en considération du dévouement qu'ils avaient eu « au temps passé, qu'ils ont à présent et espérons qu'ils auront au temps à venir envers Nous et la Couronne de France, » il leur accordait, pour un an, deux deniers de l'imposition mise sur les vins et autres marchandises dans la ville et banlieue de Saint-James (1).

En 1362, ils adressèrent une nouvelle supplique dans laquelle ils exposèrent que « de présent et nécessairement il leur fallait faire grans mises, despens, tant pour la fortification que pour la aidier a garder, » et qu'il leur serait impossible d'achever les travaux, si on ne leur laissait « deux deniers des douze deus par livre, qui ont et auront cours en la dite ville, pour cause de la délivrance du roi (2). » Leur demande reçut encore un accueil favorable.

Il faut bien dire que Jean Paynel fut admirablement secondé dans son entreprise par des hommes dévoués et par la population tout entière, qui dernièrement encore avait donné une preuve éclatante de son patriotisme.

Malgré sa haute situation de grand bailli du Cotentin et de châtelain de Saint-James, Thomas Pinchon n'en était pas moins devenu suspect aux habitants de cette ville, à cause de son mariage avec la sœur de Colin et de Guillaume Avenel, créatures des Anglo-Navarrais d'Avranches, et de sa négligence à garder le château. N'était-il pas à craindre que sa femme n'eût assez d'influence pour lui faire trahir la cause française et ne parvint à introduire les ennemis dans la place ? Jean Paynel lui fit à ce sujet des représentations qui furent appuyées par Etienne Guiton, Olivier de Cresne, Jean de Romilly, chevalier, Geoffroy et Guillaume de Romilly, Guillaume de Ronnel, Guillaume Tahourdin et Guillaume des Pins. Ils le pressèrent de prendre « des gens d'armes, escuiers, gens de pied et bourgeois pour la garde du château ; » mais il n'en voulut rien faire. Ce refus

---

et marchandises vendues dans les pays au nord de la Loire, sauf le sel taxé au cinquième de sa valeur, et les vins et autres breuvages taxés au treizième.

(1) Bibl. Nat. Chartes Royales, T. IV, N° 133.

(2) Arch. Nat. K 48, N° 29. — Voir Pièces Justificatives, N° IX. — Raoul Guiton, dit Aquarie, avait été nommé « receveur des deniers ordonnés pour la reparation et la fortification de la ville. » (Arch. Nat., JJ 110, pièce 128, f°s 79 et 80).

les confirma dans leurs soupçons et augmenta leur mécontentement à ce point qu'au mois de juillet 1358, lorsque le Dauphin et Charles le Mauvais entrèrent en lutte ouverte, une émeute éclata aussitôt à Saint-James. Les habitants, ayant à leur tête Jean Paynel, Etienne Guiton et Olivier de Cresne, entrèrent de force dans le château et en chassèrent Thomas Pinchon, sa femme et ses gens. Ils s'y établirent et s'engagèrent par devant messires Henri de Thiéville et Henri de Colombières, commissaires nommés pour visiter les forteresses des baillages de Caen et du Cotentin, « de bien et loyaument garder et deffendre le dit chastel au nom du Régent. » Les commissaires promirent aux habitants de leur faire remettre toute peine ou amende, « si aucune y echeoit; » ce qu'ils obtinrent facilement, car, dès le mois d'août suivant, le Dauphin signait des lettres de rémission en faveur de Jean Paynel et de ses vaillants compagnons (1), et chargeait expressément les habitants de la garde (2) et de la dé-

(1) Arch. Nat., JJ 87, N° 61. — Voir Pièces Justificatives, N° X.

(2) Il ressort de l'ensemble des événements que nous venons de rapporter, qu'il y avait alors à Saint-James une milice bourgeoise composée d'archers et d'arbalétriers. Un fait, en apparence insignifiant, raconté dans une lettre de rémission, du mois de janvier 1360, (nouv. style) prouve que le jeu de l'arc était en usage dans la population, et ce fait acquiert par là même une valeur historique qu'il importe de faire remarquer. M. S. Luce, dans un travail fort intéressant sur « *les Jeux populaires dans l'ancienne France et notamment au XIVe siècle,* » (voir *Correspondant,* n° du 25 nov. 1889) rappelle qu'Edouard III avait astreint ses sujets par une ordonnance de 1337, renouvelée plusieurs fois pendant son règne, à ne se divertir à aucun jeu qu'à celui de l'arc à la main et du tir de flèches, et que ce fut à la supériorité de l'infanterie anglaise, composée principalement d'archers formés dans ces jeux populaires, qu'on doit attribuer les défaites de Crécy et de Poitiers. Charles V, instruit par ces dures leçons, publia, au commencement de l'année 1369, une ordonnance par laquelle il enjoignit à ses sujets de s'exercer au tir de l'arc et de l'arbalète. Mais ces jeux, ajoute M. S. Luce, étaient en usage dans les provinces situées au nord de la Loire, et l'ordonnance de Charles V n'eut pour effet que de consacrer des habitudes prises depuis longtemps. Il cite l'exemple de deux valets de ferme du Tanu, (cant. de La Haye-Pesnel, arrond. d'Avranches) qui étaient munis d'arcs et de « saiettes » ou flèches « dont ils s'ebattaient à traire » en gardant leurs troupeaux dans les champs. Le curieux document que nous publions en est une nouvelle preuve :

« Savoir faisons que de la partie des amis charnelz de Perrot Sanson, autrement dit Fayel, de l'aage de dix-sept ans ou environ, nous a este exposé que comme le soir de la feste Notre-Dame en septembre derrainement passée, le dit Perrot et Jehannot Coque Dieu, de l'aage de quinze ans ou environ, comme bons amis, compaignons d'enfance et voisins qu'ils estoient, par bonne amour et compagnée, pour eulx jouer eussent fait une verge, un javelot, et ce jour mesmes feussent alez devant les moulins fouleurs de Saint-Jame de Beuron pour essayer le dit javelot,

fense du château, « selon les lettres et ordonnances que par nos lettres avons ordonné. »

Le bailli du Cotentin se retira alors au Mont Saint-Michel dont il fit sa résidence habituelle. Mais il voulut venger son honneur qui venait de recevoir une si cruelle atteinte. Aidé de ses frères, Nicolas Pinchon, son lieutenant, Ravain Pinchon, vicomte de Coutances, et surtout de Guillaume, conseiller du Roi, à Paris, qui avaient pris sa cause en main, il intenta un procès devant le Parlement à Jean Paynel, Etienne Guiton et Olivier de Cresne, qu'il accusait d'être les principaux instigateurs de la révolte. Les autres chevaliers et bourgeois furent aussi impliqués dans ce procès. Olivier de Cresne et Etienne Guiton comparurent et déposèrent devant le Parlement, le 14 décembre 1358 (1). La sentence n'était pas encore rendue le 24 janvier 1360, car le régent nommait à cette époque Jacques la Vache, Jean de Charny, Pierre d'Orgemont et Guillaume Bescot, conseillers du roi, pour juger cette affaire, dont nous ignorons l'issue (2).

L'année qui suivit ce mouvement populaire à Saint-James, vers

---

lesquiex venus au lieu, le dit Perrot prist le dit javelot pour geter vers un arbre, qui est devant les diz moulins. Et en le voulant geter dist par plusieurs foiz au dit Jehannot, qui estoit a l'opposite de lui devers le dit arbre en esperance de prendre le dit javelot pour s'en jouer, quand le dit Perrot l'auroit jeté, et de le jeter après : « Ruse toi et fuy d'ilcuc. » Lequel Jehannot repondit : « Gete hardiement ; lequel Perrot lors gieta le dit javelot vers le dit arbre, et feri et hurta a une ou plusieurs des branches du dit arbre qui firent tourner et ressortir le dit javelot vers le dit Jehannot et li entra dans l'ueil, dont le dit Perrot fut moult courroucié et doulent, et tantost se traist par devers le dit Jehannot et li traist le dit javelot de l'ueil, le dit Jehannot disant au dit Perrot : « Fuy-t-en, je suis mort. » Et depuis le dit Jehannot en pardonnant au dit Perrot de bon cuer et de bonne volenté le dit fait le manda par plusieurs foiz qu'il allast le veoir et visiter ; mais le dit Perrot pour doubte qu'il peust estre suis et approchiez par justice, pris et detenuz prisonnier pour le dit fait, n'y osa aler, mais s'est absenté du pais. Pour occasion duquel fait ainsi avenu par cas de meschief le dit Jehannot dedans cinq jours apres ala de vie a trespassement.

» Si nous ont supplié les diz amis que sur ce voulissions faire au dit Perrot notre grace et user de misericorde envers luy, mesmement comme les amys du mort n'en facent aucune poursuite contre lui, si comme ils dient. Pourquoi nous, etc.....

» Donné a Paris l'an de grace MCCC cinquante et neuf, au mois de janvier. Signé par Mons. le Regent a la relation du conseil ou estoient Mess. l'archeveque de Sens et vous. » (Arch. Nat., JJ 87, p. 151 V° et 152).

(1) Arch. Nat. Sect. jud. X 2ª 6, f°s 399, 404, 405.

(2) *Id. Id.* X 2ª 6, f° 407 V°.

le mois d'août ou septembre 1359, du Guesclin, revenu du siège de Melun, où il avait fait, sous les yeux du Dauphin, des prodiges de valeur qui suffiraient à rendre son nom légendaire, livra aux Anglais, dans les environs de Saint-James, un combat dont nous empruntons le récit à son savant historien : « Un jour que Guillaume de Windsor se rend de Ploërmel à Domfront (1), Bertrand est informé de la présence du chevalier anglais dans le voisinage des forteresses confiées à sa garde. Il court aussitôt se poster avec une cinquantaine de ses compagnons d'élite dans le voisinage de la forteresse française de Saint-James de Beuvron, et là il attend au passage l'envoyé du roi d'Angleterre. Guillaume de Windsor vient tomber dans le piège. Confiant dans la force de son escorte, il voyage sans crainte, quand soudain il se voit assailli de toutes parts au cri de : Notre-Dame Guesclin ! Toutefois, il fait bonne contenance et se met en devoir de tenir tête aux agresseurs. Mais le capitaine de Pontorson a autour de lui les braves des braves, ses plus proches parents et ses meilleurs amis, les frères Mauny et Beaumont, ses cousins, Fraslin de Husson, son beau-frère, Jean Goyon qui, quatre ans plus tard, portera sa bannière à Cocherel, Thibaud de la Rivière qui apportera à Charles V la nouvelle de cette victoire, Nicole Paynel, Raoul Tesson, Even Charuel, Olivier de Porcou, Jean le Bouteiller, Bertrand de Saint-Pern, Lorgeril, tout son bataillon sacré enfin. Le moyen de résister à de tels adversaires, alors surtout que du Guesclin les commande et les anime par son exemple ! Jean Ruffier, notamment, Guillaume de la Chapelle, Olivier de Porcon, Roland de la Chesnaye, Jean Hongar, Thibaud de la Rivière, Olivier de Maillechat, font des prodiges de valeur. Le désordre ne tarde pas à se mettre dans les rangs des Anglais. Les mieux montés se sauvent de toute la vitesse de leurs chevaux. Les autres sont tués ou faits prisonniers, et Bertrand ramène Guillaume de Windsor à Pontorson comme un trophée de sa victoire. L'affaire de Saint-James a le plus grand retentissement... La capture de Guillaume de Windsor n'est pas seulement une dé-

(1) Le duc de Lancastre avait confié à ses lieutenants la garde des forteresses qu'il avait prises dans le Maine, en 1356 ; mais il se plaignit bientôt de ces capitaines qui l'empêchaient de lever des contributions sur un pays qu'ils ruinaient eux-mêmes. Le roi d'Angleterre avait envoyé Guillaume de Windsor, au printemps de 1359, pour les surveiller.

convenue pour le duc de Lancastre : c'est aussi un grave échec pour la cause anglaise sur le continent (1). »

Toutefois, du Guesclin ne fut pas aussi heureux pendant une expédition qu'il fit dans le Maine, à la fin de 1360, ou dès les premiers jours de 1361. Il tomba à son tour dans une embuscade, au pont de Juigné, et fut fait prisonnier, malgré des efforts désespérés, par l'anglais Hugh de Calverly. Pour recouvrer sa liberté, il fallut promettre une rançon de trente mille écus, somme énorme pour le temps. Sans perdre un instant, Bertrand laisse comme ôtage son frère Guillaume et accourt à Paris. Le roi Jean l'accueille avec empressement et lui promet six mille royaux, qui devaient être prélevés, partie sur les possessions du duc d'Orléans à Pontorson et dans le Cotentin, partie sur la ville et châtellenie de Saint-James de Beuvron et sur toute la terre de l'abbé du Mont Saint-Michel (2). Le mandement du roi est du 15 juin 1361, et du Guesclin recevait cette somme dans le courant de l'année suivante « par la main de Guillaume de la Fresnaye, receveur général des aides au diocèse d'Avranches (3). »

Il était juste que la ville de Saint-James contribuât à racheter la

---

(1) M. S. Luce, *Hist. de B. du Guesclin*, p. 308, 309, 310. — L'historien de Bretagne, d'Argentré, qui a raconté le combat de Saint-James dans tous ses détails, donne la liste des compagnons de du Guesclin, au nombre de cinquante-quatre. Il le faisait d'autant plus volontiers que deux de ses ancêtres maternels, Simon de Littré et Bertrand d'Angoulevent, combattirent dans cette circonstance mémorable aux côtés de du Guesclin.

D'Argentré, Lobineau et les autres historiens racontent qu'un peu plus tard du Guesclin battit, dans les landes de Combourg, avec le secours des garnisons de Saint-James, de Dol et du Mont Saint-Michel, un détachement d'Anglais commandé par Jean Felleton, Lagrée et messire Guillaume Ysannay. Mais M. S. Luce n'accepte pas plus ce fait que l'histoire, également racontée par tous les historiens, de la trahison d'une des lavandières de Tiphaine Raguenel, qui devait livrer le château de Pontorson à Jean Felleton. « Nous avouons, dit-il, qu'il nous a été impossible, malgré tous nos efforts plusieurs fois réitérés, de donner à ces deux faits la moindre consistance historique. » (*Hist. de B. du Guesclin*, p. 311, notes).

(2) Bibl. Nat., dép. des Mss. Titres originaux, au mot du Guesclin. Cette pièce a été publiée par M. S. Luce (*Hist. de B. du Guesclin*, Pièces Just., N° XXIV).

Philippe d'Orléans, frère du roi Jean le Bon, possédait en usufruit le comté de Beaumont-le-Roger et la châtellenie de Pontorson, comme assiette de cinq mille livres de rente qui formaient la dot de sa femme, Blanche de France, fille de Charles IV dit le Bel, et de Jeanne d'Evreux.

(3) Bibl. Nat., dép. des Mss. Titres originaux, au mot du Guesclin. M. S. Luce a encore publié cette pièce (*id.*, *id.* N° XXIX).

liberté du héros auquel elle devait peut-être son indépendance, et c'est un honneur pour elle d'avoir acquitté cette dette de reconnaissance « par la main » d'un de ses enfants, le receveur général Guillaume de la Fresnaye, dont nous retrouvons la famille à Saint-James, au XIVe siècle et dans les siècles suivants.

La ville et la châtellenie de Saint-James, qui avaient été jusque-là sous l'autorité directe du roi, furent alors données à Jean de Hangest que nous connaissons déjà. Après la bataille de Poitiers, il avait été nommé « capitaine général ès parties de Poitou et de Saintonge. » Peu de temps après, il fut envoyé en Champagne et en Brie contre les Anglais, et contribua, en 1358, à la défaite des paysans révoltés. Ce fut probablement en récompense de ces services qu'il reçut, dans le courant de l'année 1359, le gouvernement de Saint-James. Le 8 février 1360, le Dauphin écrivait aux religieux du Mont Saint-Michel que « naguères il avait tourné et assis à son amé et féal chevallier et conseiller, le sire de Hangest, à sa vie, le chatel, ville et chatellenie de Saint-Jame de Beuron, avecque ses appartenances (1). » Aussi voyons-nous le sire de Hangest prendre le titre de sire de Saint-James de Beuvron, aux assises tenues dans cette ville, le mardi de l'Epiphanie, par le bailli de Saint-James, Robert Céresel, assisté du vicomte Guillaume de la Servelle et de nobles hommes Fraslin de Mallemains (2), Robert du Pont-Bellenger, Guillaume de Saint-Hilaire (3) et Roger de Combray, chevaliers,

---

(1) Dans une autre pièce du mois de janvier 1359, le Dauphin s'exprime de la même manière : « Et pour ce que nagaires nous avons baillé et assigné a notre ami et féal chevalier et conseiller, le sire de Hangest, le chastel et la chastellerie de Saint-Jame de Beuron, a tenir tant en haute justice que autrement, sanz riens y retenir fors les hommages, durant la vie de nostre dit conseiller... » (Arch. Nat., JJ 87, p. 151 V° et 152).

(2) Bertrand du Guesclin était parent, par sa mère Jeanne Mallemains, de Fraslin de Mallemains.

(3) Guillaume de Saint-Hilaire était sire de la forteresse de Montaigu, dont du Guesclin était le capitaine. Un jour qu'il accompagnait celui-ci dans une chevauchée contre les Anglais, aux environs de Bazouges-la-Pérouse, il rencontra, avec Olivier de Porcon et Jean Hougar, les deux inséparables compagnons de du Guesclin, un chevalier anglais, Jean Berkeley prisonnier de Jean le Chaponnois, se rendant de la ville d'Alençon à Rennes pour obtenir de ses parents et de ses amis, qui étaient dans l'armée du duc de Lancastre, la somme d'argent nécessaire pour payer sa rançon. Ils l'arrêtèrent, malgré ses protestations et ses lettres de sauf-conduit, et l'emmenèrent à Montaigu. Mais Jean le Chaponnois, menacé de perdre

pairs jurés (1). Mais il ne posséda pas longtemps le gouvernement de Saint-James. Presque aussitôt après le traité de Brétigny, il partit en Angleterre avec les princes du sang, comme ôtage à la place du roi, et résigna alors des fonctions qu'il ne pouvait plus remplir.

Les habitants de Saint-James, qui n'avaient peut-être pas à se féliciter de son administration, s'empressèrent d'adresser une supplique au Dauphin pour le prier de les garder désormais sous sa juridiction immédiate. Les raisons décisives qu'ils firent valoir empruntaient aux circonstances une gravité exceptionnelle.

La ville et chatellenie de Saint-James, disaient-ils, ne doivent relever que du roi, puisqu'elles sont « du domaine et assiette d'icelles. » De plus, par leur situation sur la frontière de la Bretagne et du Maine, entourées de plusieurs places, châteaux et forteresses occupés par les Anglais et les Navarrais, elles sont « porte et aussi comme clef et entrée du duché de Normandie, par devers les parties et païs dessus diz. » Enfin, ajoutaient-ils, il y a à Saint-James, et dans l'étendue de la châtellenie plusieurs fiefs nobles où l'on exerce le droit de haute justice, au nom du roi, la moyenne et la basse justice, au nom de plusieurs seigneurs. Or, ces fiefs ont été unis à la Couronne depuis si longtemps et en vertu de tels privilèges accordés par les rois de France et les ducs de Normandie, qu'ils n'en peuvent être désunis. — La ville et la châtellenie ont été annexées, il est vrai, pendant quelque temps au duché de Bretagne ; mais on ne tarda pas à les incorporer de nouveau au domaine royal, précisément à cause de ces privilèges, et aussi

---

15,000 livres tournois que son prisonnier lui avait promis, intenta un procès à Guillaume de Saint-Hilaire et à ses complices. Il s'adressa d'abord au capitaine de Saint-James, Jean Paynel et au bailli du Cotentin. Jean Paynel enjoignit aux chevaliers de garder le seigneur anglais à Montaigu, jusqu'à plus ample information. Malgré ses ordres, le prisonnier disparut. Le Dauphin fit ajourner les chevaliers par devers lui « et au cas que l'en ne pourroit aler au dit lieu de Montagu bonnement et sans péril, on feroit les adjournements au siège royal d'ou ce lieu ressortit. » Guillaume de Saint-Hilaire et ses complices ne se présentèrent point, malgré quatre intimations, et furent condamnés par le Parlement à restituer le prisonnier ou le prix de la rançon, et à payer une forte amende pour « rebellions, contumace et désobeissance » sous peine de saisie de leurs biens en la main du roi. (Arch. Nat. Sect. jud. X 2ª 6, f°s 391 V° à 393). Charte publiée par M. S. Luce, *Hist. de du Guesclin*, Pièces Justif. N° XI.

(1) Arch. Nat. JJ 105, f° 257, p. 507.

afin d'assurer la sécurité du pays menacée ; et si elles devaient encore en être séparées « plusieurs grands inconvénients, discensions et dommages irréparables s'en pourraient en suir, au préjudice du roi, des suppliants et du pays, tant en temps de guerre, que ès revenus et profits desdites ville et chatellenie en moult manières. »

Pour tous ces motifs et « pour la grande affection et vraie amour qu'ils ont et veulent toujours avoir au Roi et au Dauphin, et pour vivre en paix, être défendus et protégés, comme l'ont été leurs ancêtres, contre toute attaque injuste, » les habitants de Saint-James demandaient à demeurer sous l'autorité royale, sans qu'on pût désormais leur en imposer une autre.

Le Dauphin examina ces raisons, et, après « mûre délibération du grand Conseil et de la Chambre des Comptes, » déclara, par lettres du mois d'avril 1361, « retenir, réserver et annexer au domaine royal les bourgeois, les habitants et leurs successeurs, la ville et chatellenie avec leurs fiefs, arrière-fiefs, vavassories, droits de bourgeoisie et autres tenures, usage et libertés. » Il affirma de nouveau ses droits de souveraineté sur la ville et ordonna qu'elle fût désormais gouvernée, comme par le passé, par des vicomtes et baillis royaux, « sans jamais estre mises hors de nostre main et obéissance, ne baillées ou tournées en assiette à vie, à temps ou à héritage à quelque personne que ce soit (1). »

Il paraîtrait cependant que le Dauphin aurait donné peu de temps après la ville de Saint-James à du Guesclin, qui s'exprime ainsi dans l'acte d'acceptation du duché de Longueville, en 1364 : « ... Et aussi li delaissons [au roi] du tout les dons qu'il nous a faits de Saint-James de Beuron et de Coutances (2). »

Briant de Doul, qui avait succédé à Jean Paynel, eut à défendre la ville contre les Navarrais. Dès la fin de 1361, l'ouverture de la succession au duché de Bourgogne avait été l'occasion de nouvelles difficultés entre Jean le Bon et Charles le Mauvais. La prise de Mantes et de Meulan, en avril 1364, fut le signal de la guerre. Le 16 mai suivant, du Guesclin inaugurait le règne de Charles V

(1) Secousse, *Ordonnances des Rois de France,* T. II, p. 490. Voir Pièces Justificatives. N° XII.

(2) Arch. Nat., J 381.

par la brillante victoire de Cocherel sur le captal de Buch qu'il fit prisonnier. Le fameux Bascon de Mareuil périt dans la bataille.

Louis de Navarre (1), qui avait pris, à la mort de son frère, le gouvernement de la Normandie, essaya de réparer ce grave échec du parti navarrais. Il leva, dans la vicomté d'Avranches, une contribution extraordinaire d'un franc par feu, qui devait servir à équiper des gens d'armes pour la défense du pays (2), lança ses troupes sur les campagnes des environs d'Avranches, fit occuper l'abbaye de Montmorel et s'y établit fortement. Il est vrai que du Guesclin, revenu à Pontorson après sa campagne dans la Haute-Normandie, reprit bientôt cette position (3) ; mais ce nouvel échec n'empêcha pas Louis de Navarre de se présenter, dans les derniers jours de 1364, sous les murs de Saint-James, et d'occuper pendant un mois les alentours de la place, dans l'intention de la surprendre.

Le capitaine Briant de Doul sut, à force d'activité et d'énergie, faire échouer ces projets. Il s'empressa d'enrôler des gens d'armes, archers, arbalétriers, préleva de son autorité, sur les impositions de la ville, la somme nécessaire à la solde et à l'entretien de la garnison, et se mit bientôt en mesure de tenir tête à l'ennemi (4).

---

(1) Philippe de Navarre mourut le 29 août 1363. — Louis de Navarre, comte de Beaumont-le-Roger, seigneur d'Anet, était le troisième fils de Philippe, comte d'Evreux, roi de Navarre.

(2) Eustache d'Aubrecicourt, « lieutenant de Monseigneur, reçoit de l'ayde d'un franc pour feu levée en la vicomté d'Avranches pour convertir en gens d'armes pour la deffense du pays par mandement de Mons. Loys de Navarre, du 9 décembre 1364, VIIIc IIIIxx XIII francs. » (Extrait du compte des terres, rentes, revenus et recettes extraordinaires du roi de Navarre en France et en Normandie, cité par M. Desroches, *Annal. civ. et mil.*, p. 288).

(3) L'occupation du monastère de Montmorel par les Navarrais eut lieu sous le gouvernement de l'abbé Robert II de Brécé. Ce fait est ainsi raconté dans le *Gallia* : « ....*Cujus proinde abbatis* [*Roberti*] *tempore, anno 1364, cum hostiles copiæ (Navarriæ aut Angliæ) Montem Morellum invassisent sese que ibi valassent, illas inde Bertrandus du Guesclin expulit, ratus que canonicos invadentibus haud obstitisse, multavit eos quadraginta libris; quibus tamen, cum comperisset per vim hostes domum occupasse eos liberavit.* » La charte par laquelle du Guesclin fit remise au monastère de cette amende est datée du 27 juillet 1364, à Pontorson. Ce curieux document a été conservé dans le manuscrit du chan. Guérin. (*Acta Sanctæ Ecclesiæ Abrincensis*, p. 352).

(4) Charles V donna à Briant de Doul cette lettre de décharge, datée du 8 mars 1365 (nouveau style). « Charles par la grâce de Dieu, roy de France. A nos amez et feaulx gens de nos comptes à Paris, salut et dilecion. — Comme notre amé et féal chevalier Briant de Doul, nagaires capitaine de notre ville de Saint-Jame de Beu-

Cette attitude résolue découragea les Navarrais, qui se retirèrent sans entreprendre le siège de la ville.

Briant de Doul fut remplacé, au commencement de 1365, par Fraslin Avenel, qui resta peu de temps capitaine de Saint-James (1).

La situation, comme on le voit, ne s'était guère améliorée. Cependant le nouveau traité de paix conclu avec le roi de Navarre fit espérer des jours moins mauvais. Hélas ! les compagnies étaient là, toujours prêtes à piller ce que la guerre elle-même avait épargné. Du Guesclin avait pris à tâche, après le traité de Brétigny, de les disperser dans le Maine et la Basse-Normandie ; mais elles s'étaient bientôt reformées aussi nombreuses, aussi terribles, pour pressurer longtemps encore le pauvre peuple des campagnes.

Les bandes de l'Avranchin s'organisaient précisément sur les marches normandes. Au mois de novembre 1366, Guillaume Le Merle se transporte de Caen à Vire, d'où il envoie demander aux capitaines de Pontorson, de Saint-James, du Mont Saint-Michel et de Fougères « l'estat de plusieurs gens qui par manière de compagnie s'y sont assemblés et assemblent en icelles parties, pour faire dommages au pais et sujets du Roi notre seigneur (2). » Vers le commencement de 1368, des Bretons, sous la conduite d'Eustache de la Houssaye, ravagent cette contrée, « et ils y furent si longuement et par tant de fois, qu'il n'estoit nul qui osast aler ni venir au marché de la ville d'Avranches (3). » Enfin, l'année suivante, 1369, un

---

ron, pour faire paiement aux gens d'armes, archers et arbaletriers qu'il prit, environ Noel derrain passé, pour la garde et defense de la dite ville, pour resister à la malevolence de Loys de Navarre et de ses gens, noz ennemis, qui, l'espace d'un mois, ont esté environ la dite ville de Saint-Jame, ait print de fait des fermiers des imposicions ayant cours en la dite ville pour la provision de notre royaume la somme de deux cenz franz d'or ; et pour ce que nous voulons le dit chevalier en estre dechargé, Nous vous mandons et commandons expressement que vous allouez es comptes de celuy ou ceulx a qui il appartiendra les diz IIᶜ francs sans en demander ne avoir autre quittance ou declaration, fors ces presentes tant seulement, car ainsi le voulons nous estre fait, non obstant quelconque ordonnance ou defenses faites ou a faire a ce contraires. Donné à Paris, le VIIIᵉ jour de mars, l'an de grâce mil CCC soixante quatre, premier de notre regne. » (Arch. Nat., K 48, N° 45).

(1) Quelques auteurs, qui ont copié M. de Gerville (*Anc. Chât.*, art. S. James), indiquent Fraslin Avenel comme capitaine de la place, en 1367. Il devait occuper ce poste avant cette époque, car nous allons voir Pierre Bardoul capitaine de Saint-James, dès le 1ᵉʳ janvier de cette année.

(2) Quittance du 26 novembre 1366. (*Hist. du château de Saint-Sauveur*, p. 144).

(3) Lettre du roi de Navarre, citée par M. Léop. Delisle, *id.*, p. 145, note.

religieux du Mont Saint-Michel, qui se rendait à la Chapelle-Hamelin, pour percevoir une rente due au monastère, fut tellement effrayé à la vue « des ennemis qui couroient et chevauchoient sur le pays, » que dans sa fuite précipitée il perdit les titres qu'il portait avec lui (1). Ces faits révèlent suffisamment l'état du pays.

Un chevalier breton, probablement un des compagnons de du Guesclin, Pierre Bardoul, était alors capitaine de Saint-James (2).

Le 26 juin 1367, le roi écrivait de Paris à son « amé huissier d'armes, Estienne du Moustier, general esleu sur le fait des aides aians cours pour la provision et deffense du Royaume ès dioceses d'Evreux, Lisieux, Séez, Baieux, Coustances et Avrenches, et au receveur general des aides » de payer les gages de son « amé Pierre Bardoul, chevalier, capitaine de Saint-Jame de Bevron, qui avaient été fixés à quatre cens francs d'or, pour un an, » à compter du 1er janvier précédent (3).

A cause des charges excessives de la guerre; le roi avait ordonné de suspendre pendant quelque temps le paiement des capitaines des villes et des châteaux du royaume ; mais cette défense fut levée, le 8 novembre 1371, en faveur du capitaine de Saint-James (4). Nous avons encore deux autres mandements de Charles V sur le même sujet, l'un daté du bois de Vincennes, le 18 novembre

---

(1) M. Desroches (*Annal. rel.*, p. 59) cite ce texte d'après une charte du Mont Saint-Michel aux Archives de la Manche : « Un des diz religieux aloit pour requiere execution de la dicte rente, par vertu de certaines lettres obligatoires en quoy le dit s'en estoit obligé es diz religieux pour luy et pour ses hoirs ; il s'en estoit fouy par pours d'ennemis qui couroient et chevauchoient sur le pais, et avoit perdu les dictes lettres. »

(2) La famille Bardoul, originaire du Plessis-Bardoul, auprès de Rennes, était dans le pays depuis quelque temps. Vers le milieu de 1358, Foulques Bardoul avait été élevé sur le siège épiscopal d'Avranches, qu'il n'occupa que quelques mois. Cette année-là même, Jean Bardoul, écuyer, fils de André Bardoul, chevalier, paraît « aux plaids du châtel » de Saint-James, dans une discussion avec Hamon Chaucebeuf. (Arch. de la Manche). Jean III de Romilly se maria, en 1406, avec Marguerite Bardoul, fille de Jean Bardoul et petite-fille de Pierre Bardoul, seigneur de Treit, chevalier. (Laboureur, *Généalogie de la maison de Budes*, p. 82).

(3) *Mandements de Charles V*, publiés par M. Léop. Delisle, No 397. Cette date du 1er janvier 1367 est probablement celle de la prise de possession de la capitainerie de Saint-James par Pierre Bardoul.

(4) *Id.*, *id.*, No 830.

1377 (1), l'autre de Saint-Denis, le 7 février 1378 (2). Les gages de la capitainerie n'étaient plus que de trois cents francs d'or.

Le 28 juin 1372, Charles V remit « aux bourgeois et habitants de la ville de Saint-Jame de Bevron, ville fermée, deux deniers de l'imposition des douze deniers par livre ayant cours dans ladite ville (3). » C'était un bien faible dégrèvement des impôts et des taxes qu'on leur demanda pour les frais de guerre, et principalement pour le recouvrement de Saint-Sauveur-le-Vicomte.

Les Anglais, depuis longtemps maîtres de cette place, faisaient des incursions sur le pays qu'ils rançonnaient sans merci. Dernièrement encore, le 9 mai 1372, ils s'étaient emparés du fort de Tombelaine, presque aussitôt repris par Le Bègue de Fayel. Les populations de la Basse-Normandie, lasses de souffrir, envoyèrent une ambassade au roi pour lui exposer la triste situation du pays et le prier de chasser les Anglais du château de Saint-Sauveur (4). L'expédition fut résolue à la fin de l'année, et les opérations du siège commencèrent au mois de février 1373. Elles étaient conduites par l'amiral Jean de Vienne et l'évêque de Coutances, Silvestre de la Servelle, que Saint-James a eu l'honneur de donner à la France et à l'Eglise. Mais il fallait des hommes et beaucoup d'argent.

On leva à plusieurs reprises des subsides considérables qui ne suffirent pas. Les Etats furent convoqués, à Bayeux, le mardi après Pâques, pour en réclamer de nouveaux. Pierre Broquet, « messagier, » fut envoyé à Saint-James « porter lettres closes du Roy (5) » invitant les bourgeois de la ville à se faire représenter à l'assemblée. La réunion n'eut lieu que le dimanche 29 avril. Nous ignorons ce

---

(1) *Mandements de Charles V*, N° 1515. Charles V, en parlant de Pierre Bardoul, s'exprime ainsi : « Lequel nous avons pieça (depuis longtemps) ordonné garde et capitaine de la ville et chastel de Saint-Jame de Bevron... »

(2) *Id.*, *id.*, N° 1828.

(3) *Id.*, *id.*, N° 897.

(4) Le 12 septembre 1372, l'ancien capitaine de Saint-James, Robert de Wargnies, alors châtelain et capitaine de Caen, taxe les villes de Saint-James, du Mont Saint-Michel et le diocèse d'Avranches à la somme de quatre-vingts francs, pour contribuer à payer l'indemnité des députés envoyés vers le Roy, au sujet du recouvrement de Saint-Sauveur. (M. Léop. Delisle, *Hist. de Saint-Sauveur*, Preuves, p. 205).

(5) Comptes d'Yvon Huart, publiés par M. Léop. Delisle, (*Histoire du chât. de Saint-Sauveur*, Preuves, p. 190).

que paya la ville de Saint-James. Le siège de Saint-Sauveur fut alors poussé avec tant de vigueur que les Anglais, prévoyant qu'ils ne pourraient résister longtemps, demandèrent à négocier une capitulation honorable, qui leur fut accordée le 21 mai. La place devait être vidée, le 2 juillet, moyennant quarante mille francs, qui seraient versés au capitaine anglais Thomas Catterton, s'il ne recevait pas de secours avant cette époque. Le paiement de cette somme fut solennellement garanti par l'amiral Jean de Vienne, les évêques de Beauvais et de Coutances et les chevaliers de l'armée française, parmi lesquels figure le capitaine de Saint-James, Pierre Bardoul, qui prenait part aux opérations du siège avec une partie de sa garnison. Les Etats se rassemblèrent de nouveau à Bayeux, le 4 juin 1375, pour voter la somme promise. Les bourgeois de Saint-James se firent représenter par un parent de Sylvestre de la Servelle, Guillaume des Pins, qui ratifia avec les autres députés le traité convenu et vota comme eux un emprunt de soixante mille francs, que l'évêque de Coutances parvint à couvrir par son habileté et son dévouement.

Il est probable que Pierre Bardoul fit encore la campagne de 1378, à la suite de laquelle les Navarrais et les Anglais furent chassés d'Avranches, de Gavray, de Mortain et de la plupart des autres villes qu'ils occupaient en Basse-Normandie.

Charles V, enivré de ces succès, commit la faute de vouloir confisquer la Bretagne au profit de la couronne de France. La sentence de réunion parut le 18 décembre 1378. A cette nouvelle, les Bretons rappelèrent leur duc Jean IV, qu'ils avaient chassé en haine de l'Angleterre, dont il servait trop fidèlement les intérêts, et coururent aux armes pour défendre leur indépendance menacée. Le capitaine de Saint-James, Pierre Bardoul, quitta le service de la France, comme presque tous les chevaliers bretons, pour ne pas faire la guerre à son pays.

Le duc de Bretagne, profitant de l'enthousiasme de ses sujets, se préparait sérieusement à la guerre. De son côté, Charles V déployait une grande activité pour rassembler sur la frontière normande une nombreuse armée, prête à envahir le duché au premier signal. La concentration des troupes se fit principalement à Pontorson, à Saint-James, à La Croix-Avranchin, à Ducey, au Pontaubault, à Avranches et à Ponts. Les premiers détachements arrivèrent à Pontorson et à Ponts, au commencement de janvier, de février et de mars 1379 ; mais ce fut dans les mois de juillet, août et septembre que le gros de l'armée se réunit à Avranches, à Pontorson et à Saint-James. Le 1er août, le duc d'Anjou, qui avait été chargé par le roi de diriger les opérations militaires, fit à Saint-James une brillante revue à laquelle assistèrent les gens d'armes de son hôtel et un grand nombre de chevaliers de renom. Le 4 et le 20 août, il y eut encore deux revues dans cette ville (1).

---

(1) Voici, d'après l' « extrait du premier compte de Jean le Flament, trésorier des guerres du Roy, » donné par D. Morice, (*Hist. de Bretagne*, Preuves, T. II, p. 410 et suiv.) les noms des principaux chevaliers, chefs de corps, qui assistèrent aux revues passées à Saint-James, les 1, 4 et 20 août.

1er Août. — « Le dit Mons. le Duc, [d'Anjou] sa personne non comptée, pour quatre chevaliers et soixante quatre escuiers de son hostel, receus à S. Jame de Beuron, le 1er août, et à Pontorson, le 1er septembre et le 1er octobre ; a lui pour tout MMDCCCLXXX l. — Messire Charles de Navarre, auquel le Roy, nostre sire, a ordené pour son estat pour le premier mois M fr., et pour chacun mois ensuivant D frans, durant son service, si comme il appert par lettres du Roy du 11 août. Ledit M. Charles, banneret, deux autres chevaliers bacheliers et vingt-trois escuiers, receus à S. Jame de Beuron, le 1er aoust, à Pontorson, le 1er septembre, au Pontaubaust, le 18 octobre, à lui MMDCCLI liv. — Messire Charles de Trie, comte de Dautmartin, banneret, deux autres chevaliers et huit escuiers, receus à S. Jame de Beuron, le 1er août, et à Pontorson, le 1er septembre, à lui CCCC liv. — Messire Regnaut, sire de Maulevrier, banneret, deux autres chevaliers et sept escuiers, receus à S. Jame de Beuron, le 1er aoust, à Pontorson, le 1er septembre, et au Pontaubault, le 18 octobre, à lui DCCCXV liv. — Messire de Montefelon, banneret. deux autres chevaliers et sept escuiers, receus à S. Jame de Beuron, le 1er aoust, à Pontorson, le 1er sept. et au Pontaubaut, le 18 oct., à lui DCCCXCV l. Messire Jean de Saquenville, deux autres chevaliers et treize escuiers, receus à S. Jame de Beuron, le 1er aoust, à lui DXL l. — Messire Yon, sire de Garancières, un autre chevalier et dix escuiers, receus à S. Jame de Beuron, le 1er aoust, à Pontorson, le 1er sept., et au Pontaubault, le 18 oct., à lui CCCCXC l. X s. — Messire Regnaut de Trie, dit Patrouillart, deux autres chevaliers et huit escuiers, id, id., à lui CCCCLXXX l. — Messire Jehan de la Champagne, chevalier, deux autres chevaliers, id, id., à lui CCCCLXXX l. X s. — Messire Briant de la Haie, deux autres chevaliers et sept escuiers, id, id., à lui CCXV l. — Messire Gieffroy de la Celle et neuf escuiers, id, id., à lui DXV l. — Messire Pierre de Monsavion et onze escuiers, id, id., à lui DXX l. — Messire Guillaume de Brée et neuf escuiers, id., à lui CLXXXV l. — Messire Guillaume Sausavoir. un autre chevalier et onze escuiers, id., à lui CCXXV l. — Guillaume Le Brun, chevalier, un autre chevalier et huit escuiers, id., à lui CCCCX l. — Messire Pierre de Tournebu, chevalier et dix escuiers, id., à lui CCCXC l. — Messire Jehan Carras, cinq autres chevaliers et sept escuiers, à lui CCLXXXV l. — Messire Billart de Gamaches, deux autres chevaliers et douze escuiers, id., à lui CCLXX l. — Alain de Manny, escuier et trois autres escuiers, id., à lui CLXXX l. »

Dans les deux revues du 4 et du 20 août parurent : « Messire Andrieu de Mes-

Nous voyons figurer sur la liste de Jean le Flament, trésorier des guerres, Bertrand du Guesclin, le futur connétable Olivier de Clisson, l'amiral Jean de Vienne, Monseigneur de Bourbon, Charles de Navarre, le comte de la Marche, Olivier de Mauny, Robert de la Rivière, de la Ferté, Pierre de Craon, Hutin d'Aumont, Le Bègue de Fayel, Le Bègue de Vilaine, etc., tous les noms les plus illustres de la chevalerie de ce temps-là. Aussi Froissart a-t-il pu dire qu'il y avait alors dans le pays « tres grand foison de gens d'armes de France, de Normandie, d'Auvergne et de Bourgogne, lesquels y faisoient moult de desroy... Grands gens d'armes de France se tenoient à Pontorson et vers le Mont Saint-Michel et guerroyoient le pays (1). »

Charles V avait remplacé Pierre Bardoul, à Saint-James, par un de ses capitaines les plus expérimentés, Le Bègue de Fayel, qu'il chargea de mettre la ville en état de défense. Il lui ordonna entre autres travaux de gueriter une des tours et de faire un chemin par lequel la garnison pourrait entrer dans le château et en sortir sans incommoder les habitants (2).

---

trils, deux autres chevaliers et huit escuiers, à lui CCX l. — Messire Le Galoys d'Achy, quarante hommes d'armes ; ledit Le Galoys, chevalier, trois autres chevaliers et dix-neuf escuiers. — Jehan de Bala, escuier, et quatorze escuiers. — Messire Jehan d'Aguon, un autre chevalier et huit escuiers, à lui CCC l. — Messire Jehan de Bresolles, chevalier et neuf escuiers, à lui CCLXXV l. — Messire Cordebeuf, chevalier, et neuf escuiers, à lui CCLXV l. — Perrin de Charropin, escuier, et neuf autres escuiers, à lui CCLI l. — Messire Guillaume de Vichy, chevalier, et neuf escuiers, à lui CCLXXV l. »

Il y eut aussi deux revues considérables à La Croix-Avranchin, le 24 août et le 1er septembre. Nous y voyons « Mons. le comte de la Marche, retenu à cinquante hommes d'armes, et CCCC frans d'estat par mois. Le dit Mre banneret, trois autres chevaliers et dix-huit escuiers, — Messire Ravaut Dauphin, un autre banneret, huit chevaliers bacheliers et trente trois escuiers, — Messire Pierre de Craon et onze escuiers, — Regnaut Bersille, Jehan de la Banne, Guillaume de Broussin avec leurs chevaliers, — Messire Loys de Cleremont, Guy de Cravent, Robert de la Fosse, Jehan de Courtremblay, Jehan du Buisson, Gillebert de Cambray, Jehan de la Chapelle, Alain de Mauny, accompagnés de leurs chevaliers et écuyers. »

Nous ne pouvons qu'indiquer les revues passées à Pontorson, le 1er janvier 1379, les 1, 14, 18 juillet ; 1, 4, 6, 8, 9, 10, 13, 20, 22 septembre, et le 18 octobre ; — à Avranches, les 2, 3, 24 et 25 juillet ; 1, 5, 9, 16, 24 août ; 5, 6, 18 septembre ; — à Ponts, les 1er janvier, 1er février, 1er mars, 18 octobre ; — à Ducey le 5 et le 22 septembre ; — et enfin celle du 18 octobre, au Pontaubault, qui paraît avoir été une revue générale. C'était, en effet, le point le plus central pour les troupes réparties dans les différentes localités que nous venons de nommer.

(1) Froissart, Liv. II, ch. XLVII et LIX.

(2) Nous transcrivons ici le mandement de Charles V, qui emprunte une impor-

Le capitaine fit promptement exécuter ces ouvrages et redoubla de vigilance afin de bien garder la place et d'en surveiller les abords. Il exigea des hommes de la châtellenie qu'ils vinssent régulièrement faire le guet. Il voulut même y contraindre ceux des Loges-Marchis qui en étaient exempts, d'après leurs anciennes franchises et libertés, à la condition de tenir, à leurs frais et après notification, un homme armé à la garde d'une des portes de la ville, la porte au Boursier, un jour et une nuit, en cas d'arrière-ban. Ils protestèrent devant le bailli, qui, après une sérieuse information, reconnut leur bon droit et confirma leurs privilèges aux assises tenues à Saint-James, le 23 février 1381 (1).

Les habitants étaient dans de continuelles alarmes. On ne s'entretenait que de l'arrivée prochaine de l'armée ennemie sur la frontière, et l'on s'attendait tous les jours à la voir paraître sous les murs de la ville. Déjà le héros du combat des Trente, le vieux Beaumanoir, châtelain d'Antrain (2), avait osé pénétrer en Normandie, du côté d'Avranches, à la tête de deux cents lances, et y avait fait « d'étranges ravages (3). »

Ces nouvelles, il est facile de le comprendre, ne manquèrent pas

---

tance particulière aux circonstances dans lesquelles il fut donné : « Charles par la grâce de Dieu, roy de France, au Bailli du Coustantin et au vicomte d'Avranches ou a leurs lieutenans, salut : Nous, pour la seureté de nostre chastel de Saint-James de Bevron, et pour certaines causes qui a ce nous mouvent, avons ordonné et ordonnons par ces presentes que en icelui chastel soit faite une yssue par laquelle l'en puisse yssir et entrer au dit chastel senz passer par la dicte ville, et aussi que la tour, qui est sur les murs de la dicte ville, soit par tele maniere ordonnée et gueritée que l'en puisse estre en icelle senz le dangier des habitans de la dicte ville, par la maniere que en chargé l'avons a nostre amé et feal chevalier le Bègue de Fayel, et comme il vous dira de par nous ; et vous mandons et commettons a chacun de vous que la dite yssue vous fassiez faire au dit chastel, et aussi la dite tour, ordonner et comparer par la manière que dit est. Et mandons et commandons aux habitants de la dite ville et a tous autres qui en ce faisant obeissent a vous et a chacun de vous a tout ce que coustera a faire ce que dit est. Nous voulons que il soit alloué sans contredit ès comptes de la vicomté en rapportant *vidimus* de ces presentes et quittance de ce que payé en sera par nos amés et feaux les gens de nos comptes à Paris, non contrastant quelconque ordonnance, mandement ou deffense au contraire. Donné a Melun, le XXIIII jour de janvier, l'an de grâce MCCCLXXIX, et le XVIe de notre regne. » (*Mand. de Charles V*, publiés par M. Léop. Delisle, N° 499).

(1) Secousse, *Ordonnances des Rois de France*, T. XVI, p. 310 et suiv.

(2) M. de Gerville (*Anc. Chât.*, art. Chéruel).

(3) Dom Lobineau (*Hist. de Bretagne*, Liv. XII, ch. CXV).

de produire, comme toujours en pareilles circonstances, une surexcitation profonde dans la population naturellement impressionnable. C'est ce qui explique une panique qui faillit avoir les plus graves conséquences.

Le lundi qui précéda la fête Saint-Jacques, au mois de juillet 1380, deux arbalétriers et un bourgeois rencontrèrent, dans le marché, deux étrangers qu'ils prirent pour des espions et qu'ils voulurent mettre hors de la ville. Un conflit s'ensuivit, et, au signal d'alarme donné par la sentinelle du guet, la population affolée, croyant à une surprise, court précipitamment aux portes et aux remparts. On trouve à l'une des portes un écuyer qui n'appartenait pas à la garnison et qu'on ne connaît pas. La foule menaçante l'entoure et l'attaque comme un ennemi qui s'est déjà introduit dans la place. Celui-ci dégaîne aussitôt, frappe de son épée les assaillants et succombe enfin dans une affreuse mêlée. Cependant, on se rend bientôt compte de la situation, le calme se rétablit et l'on apprend trop tard que cet écuyer appartenait au détachement d'un chevalier français, messire Hutin d'Aumont (1), qui chevauchait aux alentours. Les habitants, responsables d'une méprise aussi regrettable, implorèrent leur grâce du duc d'Anjou, qui leur accorda, au mois d'octobre, ces lettres de rémission d'un intérêt exceptionnel : on croirait lire une des pages les plus mouvementées de Froissart.

Loys, filz de Roy de France, regent le Royaume, duc d'Anjou et de Touraine et comte du Maine. Savoir faisons a touz presens et avenir, de par les habitanz de la ville de Saint-Jame de Beuron, joignant a Bretaigne, nous avoir esté humblement exposé que comme, le lundi avant la Saint Jacques et Saint Christophe derraine passée, le marchié feust en ycelle ville, et en ycellui marchié deux arbalestre et un homme en leur compagnie se feussent pris a battre deux hommes de dehors icelle ville estanz au dit marchié, aespées et

---

(1) Messire Pierre, dit Hutin d'Aumont, était un chevalier que Charles V parait avoir beaucoup affectionné. Le 25 juin 1377, le roi ordonne de lui payer 200 francs d'or, en récompense de ses services et aussi « pour paier ung coursier que il a entencion d'acheter pour nous servir en nos guerres. » (*Mand. de Charles V*, N° 1382). Le 13 décembre 1379, il donne encore la somme de 500 fr. « a nostre amé et feal chevalier Hutin d'Omont, chambellan de nous et de nostre tres chier et aisné fils, Charles, dauphin de Viennois. » (*Id.*, N° 495). Hutin d'Aumont servait dans l'armée sous le duc d'Anjou « retenu a soixante hommes d'armes » avec deux chevaliers et huit écuyers. Il assista aux revues du 18 septembre 1379, à Ducey, et du 18 octobre, au Pontaubault.

couteaux tirez, en les voulant mener hors de la ville ; et en ce moment fu crié alarme et corné par l'eschauguette (1), tellement que les diz habitans et autres cuidoient que les Bretons comme ennemis fussent a la porte pour assaillir la dite ville. Et tantôt vint grant nombre de gens d'armes a la porte d'icelle ville, lesquels gens d'armes batirent les portiers (2) de la dite ville gardanz la dite porte et autres qui estoient dehors ycelle porte. Et par ce les diz exposanz tant gentilz hommes, gens d'église comme autres estanz en la dite ville cuiderent mêmement que la dite ville feust prise des diz Bretons. Si se armerent pluseurs et alerent a la porte et sur les murs pour la deffense de la dite ville. Et en ce mouvement et conflict fu trouvé un escuier armé en la dite ville, pres la dite porte, qui de son glaive fery et abati plusieurs des gens de la dite ville a terre, lequel les diz exposanz ne cognoissoient, mais le cuidoient estre de la partie des diz Bretons, lequel en ce mouvement et chaleur fut mis à mort.

Toutefois assez tost apres, les diz exposanz oirent dire qu'il estoit des gens Messire Hutin d'Aumont, de la mort duquel ilz furent tres doulens et courouciés, quand il vint a leur cognoissance qu'il estoit des genz du dit Hutin. Pour lequel fait le dit Messire Hutin avec grant nombre de genz d'armes volt entrer en la dite ville a force ; et aucuns estanz en la compaignie dud. Messire Hutin tirerent des viretons (3) aux genz de la dite ville, et ceux de la dite ville tirerent aussi des viretons aux gens dudit Messire Hutin. Et les diz exposanz doubtant (redoutant) son premiere chaleur et puissance furent lever le pont et clore la porte de la dite ville, et envoient le lieutenant du capitaine et vicomte du lieu en lui suppliant qu'il lui pleust venir en petit nombre ou envoier aucuns de ses gens en la dite ville pour soy informer de la vérité du fait, lequel n'y ala point, mais envoïa quérir l'Admiral de France à Pontorson, lequel y vint ; et à l'encontre de luy alerent le dit lieutenant du capitaine et deux des bourgeois de la dite ville, et lui presenterent la dite ville et touz les biens estanz en ycelle, lequel y entra et tant de gens comme il volt en sa compaignie. Et lors fist prendre plusieurs des diz exposanz, gentilz hommes et autres et mettre en prison, qui depuis ont été eslargiz a caucion par le bailli de Coustantin, et sont encore pluseurs de leurs biens saisiz et arrestez, et doubtent yceulx exposans rigueur de justice, combien que [quoique] le fait n'ait pas été fait par malvio-

(1) *Echauguette.* — Guérite placée au haut d'un fort d'où la sentinelle découvrait ce qui se passait aux environs. (Dict. de Bescherelle). L'on disait alors « eschauguette » pour désigner la sentinelle qui veillait dans l'échauguette, comme « arbalestre » pour arbalétrier.

(2) Le 18 novembre 1376, Charles V ordonne de payer les gages de Michel Tehel, le Jeune, « portier de nostre chastel de Saint-Jame de Bevron. » (Voir *supra*, p. 19). Il s'agit ici des portiers de la *ville*.

(3) Vireton, sorte de flèche dont la plume était disposée en spirale, ce qui la faisait virer dans le trajet. (Dict. Bescherelle, au mot *vireton*).

lence qu'ils eussent par avant audit escuier, mais seulement en entencion de garder la dite ville, si comme ils dient.

Requerant sur ce leur etre impartie notre grace, nous, ces choses considérées et que les diz habitans ont toujours et sont bienveillanz de Mons. et de nous, et se sont toujours bien et loyaument portez contre les ennemis du Royaume, voulant misericorde estre preferé a rigueur de justice en cette partie auz diz habitanz et a chacun d'eulx avons quitté, remis et pardonné, quittons, remettons et pardonnons, au cas dessus dit de notre grace especial et autorité royale, dont nous usons, ledit fait, ensemble toute peine et amende corporelle, etc...

Donné à Paris, l'an de grace mil CCC quatre vins, au mois d'octobre.

Par Mons. le Régent,

J. de Crespy. (1)

La paix suivit de près cet événement. Du Guesclin venait de mourir, le 13 juillet 1380, et, le 16 septembre suivant, Charles V descendait dans la tombe, à peine âgé de quarante-quatre ans, laissant le trône à un enfant et la direction des affaires à des hommes incapables et indignes de gouverner. La France retomba dans l'anarchie entretenue par l'Angleterre, qui connut elle-même le malheur des révolutions.

Le duc de Bretagne, Jean IV, profitant de la faiblesse du gouvernement, réclama, paraît-il, en 1385, « la restitution de Saint-James de Beuvron, qui avait été donnée au duc par le feu roi, et mille livres de rente qui avaient été assises en Languedoc. » Il envoya même à la cour Bernard de Keroneuf, avec mission de présenter cette requête au roi, au duc de Berri et au chancelier Pierre de Giac. Mais cette démarche n'ayant pas eu de résultat, cinq ans plus tard il députa vers le roi l'évêque de Dol, Etienne Gouion et Raoul de Caradeuc, qui devaient renouveler cette demande : « *Item* les ditz messagers demanderont au Roy le retour des terres de Nevers et de Réthel, les M livres de rente données par le roy Charles et leur assiette, et la ville et chastellenie de Saint-James de Beuron (2). » Cette ambassade ne réussit pas davantage, car dans

(1) Arch. Nat. JJ 118, N° 14.

(2) Arch. de Nantes, Armoire L, Cassette G, N° 39. En lisant D. Lobineau, auquel nous empruntons ces renseignements (*Hist. de Bretagne*, T. I, p. 472 et 508), on pourrait se demander si Charles V ne se serait pas de nouveau engagé à céder Saint-James et sa châtellenie au duc de Bretagne. Mais le texte de l'historien d'Ar-

l'entrevue qui eut lieu à Angers, en 1393, entre le duc de Bourgogne, représentant le roi Charles VI, et le duc de Bretagne accompagné de l'évêque de Vannes, son chancelier, et de plusieurs seigneurs et barons du pays, celui-ci renouvela encore ses prétentions sur la ville et chatellenie de Saint-James. « Et de sa part requéroit que le roy lui fist assiette de deux mille six cens quarante-une livres de rente, que le roy luy estoit tenu faire, en récompense de ses terres de Nivernois et de Réthelois, et mille livres de rente sur le Languedoc, et qu'on luy délivrast la chastellenie de Saint-Jame de Bouveron donnée au duc Jean, l'an mil trois cents seize, par le roy Loys, dont il montroit tiltre, en accroissement de l'hommage de Bretaigne (1). » Charles V, sur son lit de mort, avait eu raison de dire à ses frères : « Souvenez-vous que le duc de Bretagne, plus anglais que français dans le cœur, est un homme inconstant et perfide. » Jean IV donnait, dans cette circonstance, une nouvelle preuve de sa mauvaise foi, car il devait savoir que le titre de concession de 1316 avait été révoqué par l'acte de 1331, et nous nous étonnons qu'on ne lui ait pas fait cette réponse facile et péremptoire.

Geoffroy de Romilly avait remplacé Le Bègue de Fayel dans la capitainerie de Saint-James. Après lui viennent Foulques Paynel (2) et Jean Thébaut (3). Foulques Paynel appartenait à la famille de Jean Paynel, dont le souvenir était encore vivant dans tout le pays.

---

gentré, que nous allons citer, prouve bien que le duc Jean IV réclamait Saint-James, en vertu de l'acte de 1316, qui n'avait aucune valeur.

(1) D'Argentré, *Histoire de Bretagne*, Liv. IX, ch. XXI.

(2) Nous citons ces capitaines d'après M. Desroches (*Hist. du Mont Saint-Michel*, t. II, p. 87) qui, encore ici, n'indique pas les sources où il a puisé ces renseignements. En parlant de Foulques Paynel, il dit seulement (*Annal. civ.*, p. 316) : « Foulques Paisnel est nommé, en un titre de 1390, chevalier et capitaine de Saint-James. »

(3) Jean Thébaut maria sa fille Marie à Henri de Crux, écuyer, seigneur du château de Crux, dans le val de Sée. Elle lui apporta la seigneurie de la Crenne. (*Annal civ.*, p. 320, 321).

CHAPITRE SIXIÈME

HISTOIRE CIVILE ET RELIGIEUSE DE SAINT-JAMES PENDANT LE XIVe SIÈCLE.

Pendant la première période de la guerre de Cent ans, la ville de Saint-James fut, avec Pontorson, « le principal boulevard du parti français dans l'Avranchin (1), » et contribua à défendre cette contrée contre les Navarrais, qui n'en furent jamais assez les maîtres pour empêcher la perception des impôts dans les campagnes. Mais par la nécessité même des évènements, elle devint encore le siège principal de l'administration. Le grand bailli du Cotentin la choisit, parce qu'elle était aussi forte que Pontorson et que sa situation topographique était plus avantageuse. S'il la quitta dans les circonstances que nous connaissons, elle n'en continua pas moins d'être le centre administratif du pays. Aussi les assises y furent-elles tenues fréquemment, surtout de 1355 à 1378, c'est-à-dire pendant l'occupation d'Avranches par les Anglo-Navarrais. Le bailli Robert Ceresel les présida en 1359, Romain Pinchon en 1369, Jean de la Fresnaye en 1372, Guy Crestien en 1374. Le document que nous allons publier vient à l'appui de notre thèse. Nous voyons, en effet, dans la liste des adjudicataires du IIIIe et du XIIIe mis sur les vins et autres boissons, en 1374, pour subvenir aux frais de la guerre, que la circonscription désignée sous le titre « *de ville et chastellenie de S. James* » ne s'étendait pas seulement aux paroisses de la châtellenie de Saint-James, mais à beaucoup d'autres localités qui appartiennent aujourd'hui aux cantons d'Avranches, de Ducey et de Sartilly.

C'est la valleur du IIIIe des boires venduz a detail, et du XIIIe dez diz boires venduz en gros au diocèse d'Avrenches baillez a ferme par nous Colart de Chacegué, chevalier, et Jehan le Gey, viconte d'Avrenches, comissaires du Roy, notre Sire, en ceste partie, esleuz en icelluy diocese, sur le fait des aides

(1) M. S. Luce, *Hist. de B. du Guesclin*, p 267,

de la guerre, pour un an commencant a premier jour de septembre ayant fini au desrain jour d'aoust mil CCCLXXV, baillez a Jehan de la Fresnoye, receveur des diz aides en ycelluy diocese soulz noz seaux, ainsi comme il en suit. Premierement en la lettre du Roy notre dit Seigneur.

La Ville et Chastellerie de Saint-Jame de Beuron.

Estienne Furet a le IIIIe des vins dicelle ville et chastelerie, pour le pris de XIII^c LXXV livres.

Hamelot Bechemie a le IIIIe des petiz boires dicelle Ville et Chastelerie, pour le pris de XII ^xx VIII livres.

Guillaume Vaudevire a le IIIIe de Precé, Poillé et du Pontaubaut, pour le pris de LX soulz.

Guillaume Baudin a le IIIIe du Val Saint Pere, pour le pris de C soulz.

Guillaume Desplanches a le IIIIe et XIIIe de la Sergenterie de Pons, pour le pris de LX livres.

Colin le Gros a le IIIIe de la Sergenterie que exerce a present Johan Harduchon entre Sée et Senne, hors le Val Saint Pere, pour le pris de XI livres.

Guillaume le Vitrier a le IIIIe des vins du Mont Saint-Michel, pour le pris de VII livres.

Johan Blandraps a le IIIIe des petiz boires d'icelle ville, pour le pris de L livres.

Johan de Brée a le IIIIe de la Sergenterie du Mont, hors le dit Mont, pour le pris de XIIII livres XIIII soulz.

Johan de Boyshamon a le IIIIe des vins du doyenné de Genez, hors Saint Pierre Langier, pour le pris de XLII livres.

Denis Tirbout a le IIIIe des petits boires du dit doyenné, hors Saint Pierre Langier, pour le pris de LX livres.

Pierre Julienne a le IIIIe des boires de Saint Pierre Langier, pour le pris de XL livres.

Denis Tirbout a le IIIIe de Sartillé et de Bacillé, pour le pris de XII livres.

Alain Angot a le IIIIe et XIIIe des boires de la bourgeoisie d'Avrenches, pour le pris de III^c livres.

La Ville et Viconté de Pontorson.

Johan Delangle a le IIIIe des vins de la ville de Pontorson, pour le pris de VI^c LXXV livres.

Mascé Putais a le IIIIe des petiz boires d'icelle ville, pour le pris de IIII ^xx VII livres.

Johan de Brée a le IIIIe des boires de la paroisse de Courtiz, pour le pri de XVIII livres.

Lucas Anuroin (?) a le IIIIe d'Aucé, Sacé, Boucé, Montasnel et de Cromeray, pour le pris de XX soulz.

Guillaume Baudry a le IIIIe des boires de Céaux, Servon, Tanis, Huynes, Moidré, Macé et Espas, pour le pris de XL soulz.

Bertelot fort de Genoiz a le IIIIe de Saint-Martin des Champs, Saint-Senier soubz Avrenches, Saint-Lou et de Saint-Quentin, pour le pris de XXX soulz.

Le XIIIe des boires de la Ville et Chastelerie de Saint-Jame de Beuron.

Colin Boucart a le XIIIe des boires d'icelle ville et chastelerie, pour le pris de VI xx XII livres.

Johan Delangle a le XIIIe des boires de la ville du Mont Saint-Michiel, pour le pris de L livres.

Johan Desjardins le viel a le XIIIe de Precé, Poillé et du Pontaubaut, pour le pris de X livres X soulz.

Colin Le Gros a le XIIIe de la paroisse du Val Saint Pere, pour le pris de XX livres.

Germain Paneburre a le XIIIe des boires du doyenné de Genez, pour le pris de L livres.

Guillaume Le Vitrier a le XIIIe de la Sergenterie que exerce a present Johan Harduchon entre Sée et Senne, hors le Val Saint Pere, pour le pris de XX soulz.

Johan Le Faucheur a le XIIIe de lad. Sergenterie du Mont Saint-Michel, hors le dit Mont, pour le pris de XXV livres.

Le XIIIe de la Ville et Viconté de Pontorson.

Johan Delangle a le XIIIe des boires de la ville de Pontorson, pour le pris de LIII livres XVI soulz.

Bertelot fort de Genoiz a le XIIIe de la Sergenterie que exerce a present Guillaume Le Souef entre Sée et Senne, pour le pris de XX soulz.

Johan le Faucheur a le XIIIe du demembrement d'icelle Sergenterie, pour le pris de LXII soulz (1).

Ce fait, du plus haut intérêt pour l'histoire locale et même pour l'histoire de la Basse-Normandie, à cette époque, n'a pas été suffisamment indiqué. Nous ne pouvons que le signaler en passant, parce qu'il devrait faire le sujet d'une étude particulière assez étendue. Mais il se trouvera confirmé par l'ensemble des documents que nous publierons.

---

(1) Archives de la Manche, série A, fonds Danquin.

La sergenterie de Saint-James avait pour titulaire, en 1375, Jehan Théberge, que nous voyons paraître dans une contestation entre les taverniers de la ville et Guillaume Gérard, geôlier des prisons du roi et sergent de la prévôté. Celui-ci prétendait pouvoir prélever tous les ans, à la Saint-Martin d'hiver, à cause de son office de geôlier, deux pots de vin (1) ou de toute autre boisson sur chaque tavernier de la ville. Les taverniers refusaient souvent de payer cette redevance, car déjà les prédécesseurs de Guillaume Gérard avaient dû faire reconnaître leur droit aux assises de 1339 et de 1360 (2), et lui-même fut obligé, pour vaincre les résistances de quelques-uns, d'avoir recours, en 1375, à l'autorité du lieutenant du bailli du Cotentin.

Jean de la Fresnaye chargea Jean Théberge de faire une enquête, qui fut favorable à Guillaume Gérard. Nous en donnons le curieux procès-verbal :

A touz ceulz qui ces presentes lettres verront, Jehan de la Fresnaie, lieutenant du bailli de Costentin, salut.

Savoir faisons que l'an de grace mil trois cens soixante quinze, le diziesme jour de novembre, devant nous lieutenant dessus dit se presenta Guillaume Gerart, golier de la ville de Saint-Jame de Beuron, lequel nous dit que tous

(1) Il est souvent parlé, dans les chartes du Mont Saint-Michel, du XIIIe et du XIVe siècles, du vin que les religieux faisaient sur leur propriété de Brion (paroisse de Dragey). *Stephano Bouchart unam quartam vini de Bryon... Tres quartas vini boni de Brion... unum dolium vini de Brione in vendemia Ivoni.* (*Registrum Litterarum*, cité par M. Desroches, *Hist. du Mont Saint-Michel*, T. II, p. 7, note). Pendant leur long séjour en Basse-Normandie, les Navarrais favorisèrent beaucoup la culture du pommier, qui remplaça celle de la vigne. Au lieu du bon vin de Brion, les vignobles de l'Avranchin ne donnaient plus, au XVIe siècle, que du vin de mauvaise qualité. Le nom de *champs des vignes*, que portent encore beaucoup de pièces de terre dans le pays, rappelle les plants de vignes des XIIe, XIIIe et XIVe siècles.

(2) Voici la signification donnée au tavernier Johan Belourdy en 1360 :

« Sergent commande a Jehan Belourdy, tavernier que a droit et sans demeure ressaisisse Jamet Gerard, geollier par heritage de Saint-Jame de Bevron et garde de l'estalon des vins de lad. ville de Saint-Jame, de deux potz de vin que il luy doit a cause et par raison dud. office, par chascun an, a la feste Saint Martin d'yver, semblablement avec les autres taverniers de la dite ville ; de quoy il l'a dessaisi depuis le derrain jour Saint-Martin avant cestui, à tort et sans jugement si comme il dit, entre tant la chose soit veue et tenue en paiz. — Donné à Saint-Jame de Bevron sous le scel de nous Jehan Denenpon (?), lieutenant du viconte d'Avrenches dont nous usons au dit office, le jeudi avant la saint Vincent, l'an de grace mil CCCLX. »

les taverniers tenans taverne en la dite ville lui devoient et estoyent tenuz chascun an, de son droict et a cause de son office, en la somme de deux poz de vin ou de quelque bevrage que ce soit. Et pour ce que bounement n'estions infourmez à cause du dit office lui donnasmes pour sergent Jehan Teberge, sergent du lieu, afin d'aller avesque ledit geolier par chacun lieu, où l'en tenoit taverne, savoir si le droit lui estoit deu comme il disoit ; lequel sergent apres ce, auquel nous adjoutons foy, nous rapporta par son serment que tous ceulz dont les noms en suyvent n'avayent mis aucun débat que il ne fust poyé de ce dont mencion est dessus dicte, et que bien et loyaument lui estoit deu, a cause de son office, et que aucun débat ny mettoyent et s'estoient obligez et obligent à lui en faire satisfacion, tant comme ils tendront taverne. Les noms en suyvent : Robert Gualet, la femme Estienne Braisel, la femme Pirot Courtois, Olive Toyne, la mère Herveu Daragon, Jouenne la Rogeraise, Guillaume de la Fresnaie, Jougant Chalemel, Jouanne de Guerpie, Guillaume Cetie, le seigneur du fieu, la femme Alevrou, Jehan Legualois, la femme Jehan Jardel, Perrot le Cardinal, Philippe le Barbier, la femme Olivier Duriaux, Robert d'Aubroches, la femme Guillaume le Doyen, Jehan Le Mal, la femme Jehan Ameline, Colin Delengle, la femme Condois, la femme Raoul de Saint Gire, la femme Perot Avrillon, Jehan Megrost la Bissonnette ; pour quoy, ouy le rapport du dit sergent, nous requist le dit Gerart, geaulier, comme dit est, que sur ce luy donnassons ces presentes pour lui valloir en temps et en lieu ce que raison sera, lesquelles nous lui octriasmes.

Fait et donné à S. Jame de Bevron, sous le seel dont nous usons au dit office, en l'an de grace et jour dessus dit et a grigneur [plus grande] confirmacion y a este mis le grant seel des obligations de la vicomté d'Avrenches (1).

Guillaume Gérard donna sa démission, le jour de Noël 1400, au vicomte d'Avranches, Regnault, parce qu'il était fermier de plusieurs grandes fermes du Roi, situées en dehors de la châtellenie de Saint-James, dont l'administration lui demandait beaucoup de temps et de soin, et qu'il était « ancien, feuble et maladif. » Il proposait Raoul Lecordier, dit Marette, pour le remplacer dans son office. Le vicomte, après s'être informé auprès « de gens notables et dignes de foy » si ledit Raoul était suffisamment « abille » pour s'acquitter de ces fonctions, l'admit et le fit jurer « que bien et loyallement il fera et exercera lesd. offices, tant pour le Roy, notre dit sire, que pour ses subjects (2). »

---

(1) Archives de la Manche.

(2) Archives de la Manche.

Jehan Théberge rendit hommage de sa sergenterie au Roi, à la fin de l'année 1381 (1). Il eut pour successeur Clément Théberge qui présente cet aveu, le 20 juin 1400 :

« Du Roy notre Sire etc. Je Clement Teberge tient et advoue tenir une franche Sergenterie, nommée la Sergenterie de Saint-Jame de Bevron, dont le chief est assis au dit lieu de Saint-Jame, et a cause d'icelle me appartient l'exercicion de Sergenterie en la ville, faubours et paroisses de Saint-Jame de Bevron, de Montjoie, de la Chapelle Hamelin, des Loges Marchis, de Saint-Aubin de la terre gaste, de Saint-Laurens de la terre gaste, de Saint-Martin de Landelles, de Saint-Senier et de Saint-Benoist de Bevron, laquelle franche Sergenterie est tenue du Roy, notre Sire, par foy et hommage et par quinze livres tournois pour reliefs quant le cas eschiet. Et obeit ou cas qu'il me viendroit a cognoissance que la dite Sergenterie fut autrement tenue, ou en aucune autre chose subjette à le bailler par escript et vraie declaration.

En temoing de ce j'ay scellé cest present mon adveu et denombrement de mon propre sceel, et pour graigneure cognoissance et confirmation a ma requeste y a esté mis le grant sceel aux causes de la vicomté d'Avrenches, le XXe jour de juing, l'an mil quatre cens (2). »

Le 11 novembre 1414, Raveu Théberge fit « hommage lige au Roi de la Sergenterie fieffée de Saint-Jame de Brevon (3). »

La ville de Saint-James fournit plusieurs personnages qui exercèrent des fonctions importantes, pendant le seconde moitié du XIVe siècle.

Nous avons parlé précédemment du capitaine Raoul Guiton qui soutint le siège de 1346. Quatre ans auparavant, il fit construire le manoir de la Haie de Terre, comme l'indique le millésime de 1342, gravé en lettres romaines sur une belle cheminée d'une des chambres, avec la devise de la famille : DIEX AIE. Ce logis, qui reçut

---

(1) Arch. Nation., P 267 2, Cote 2643.

(2) Arch. Nation., P 209 4, Cote IIIe XIV. La liste des paroisses citées dans cette charte, qui se trouvent toutes sur la rive droite du Beuvron, ferait supposer que la sergenterie de Saint-James avait été démembrée en deux verges. La première verge comprenait les paroisses sus nommées, la seconde les paroisses situées de l'autre côté de la rivière : La Croix-Avranchin, Vergoncey, Carnet, Argouges, etc., qui faisaient partie de la châtellenie.

(3) Arch. Nat.

plusieurs fois du Guesclin dans les excursions si fréquentes qu'il fit à Saint-James, et le connétable de Richemont, au siècle suivant, donne une idée de la demeure des chevaliers du Moyen-Age. Malgré les changements qu'il a dû subir depuis ce temps-là, il est encore facile de reconnaître, dans sa disposition intérieure et les détails architectoniques de la façade, les principaux caractères du style du XIVe siècle. Au fond de la cour s'élève « une tour trapue qui, malgré son toit de chaume, ressemble assez à un ancien donjon déguisé en colombier (1). » Autrefois le manoir était défendu par des fossés, dont il ne reste plus qu'une douve presque entièrement remplie, qui mesure environ cinquante mètres de longueur. Sur le plan de 1814 figure, du côté du chemin, une autre douve qui a été comblée depuis quelques années.

Un autre Raoul Guiton, dit Aquaric, peut-être le fils du précédent, fut nommé receveur des deniers ordonnés pour la fortification et réparation de la ville. Nous apprenons, par un document du 14 septembre 1376, qu'après sa mort on vendit les maisons et appartenances qu'il possédait dans l'enclos de la ville, « assises entre la venelle par ou l'en va de la dite ville au châtel, et du châtel en la dite ville, d'une part, et Guillaume des Pins de l'autre. » Ces biens furent d'abord adjugés à Estienne du Chatellier, « par le pris de centz soulz de rente payable par dessus toute autre rente et le douaire de la femme dudit Raoul, » qui s'était remariée à Robert Le Vavasseur. Un bourgeois de Saint-James, Jean de Lengle, mit une première enchère ; Guillaume de la Paluelle en mit une autre, au nom de noble homme Pierre Bardoul, chevalier, capitaine de la ville. Mais les gens des comptes n'ayant pas trouvé le prix assez élevé, les immeubles furent de nouveau mis en vente et définitivement adjugés à Estienne Le François, de Fougères, moyennant cent sous tournois de rente annuelle et cent soixante francs d'or (2).

Etienne Guiton, qui fut un des principaux instigateurs de la révolte de 1358 contre le châtelain Thomas Pinchon, avait son manoir dans la ville de Saint-James. Il est ainsi indiqué dans une

---

(1) M. Aug. Besnard. (*La Haie de Terre et la Forteresse de Saint-James*, p. 5).

(2) Arch. Nat. JJ, 110, p. 128, f°s 79 V° et 80.

charte de 1317 : « Une maison bute d'un bout au chemin du Roy et d'autre au manoir Estienne Guiton (1). »

Jehan Guiton, écuyer, paraît dans une revue, à Montebourg, avec un chevalier et quatorze écuyers (2); il figure encore sur la liste des comptes de J. le Flamment, avec cette indication : « Jehan Guiton, escuier, et six autres escuiers, receus à Pontorson, le 18 juillet [1379], a lui CV livres (3). » Il fut fait chevalier et épousa, en 1388, Guillemette aux Epaules, fille de Guillaume aux Epaules, capitaine de Gavray.

Plusieurs membres de la famille de Romilly se firent aussi remarquer par leur bravoure et leur patriotisme.

Pendant que ces deux familles se distinguaient dans le métier des armes, la famille la Servelle ne rendait pas de moins grands services au pays dans l'administration. Guillaume de la Servelle était garde du scel des obligations de la vicomté de Saint-James en 1300, et en 1359 un autre Guillaume de la Servelle remplissait les fonctions de vicomte de cette ville.

Celui-ci avait eu avec les moines du Mont Saint-Michel, une contestation qui fut portée aux plaids d'Avranches : « Es plez d'Avrenches, l'an mil III^{c} XLVIII, le vendredy avant la Saint-Pierre en février, devant nous Thomas Pinchon, vicomte d'Avrenches, se representerent Guillaume de la Servelle, escuier, d'une part, et Richart Houel, actourné et procureur de religious hommes l'abbé et couvent du Mont Saint-Michel, d'autre. » Le dit escuier avait deux moulins « esquieux il avet contraint ses hommes tenant dud. franc fieu ou tenement de Villiers a y aler moudre et fere les fesances... *Item* que ses diz hommes il avet tret et mys en amende en sa court, pour ce que eulx n'avoient fet leurs devers es diz moulins... (4). »

La famille de la Servelle (5) s'allia à la famille des Pins, de Saint-

(1) *Annal. Civ. et Milit. du pays d'Avranches*, p. 322.

(2) Généalogie de la famille Guiton insérée dans les *Annales Hist. Nobil.*, T. I, 2e série.

(3) Dom Morice, *Hist. de Bretagne*, Preuves, T. II, p. 410 et suiv.

(4) Arch. de la Manche, série H, Abbaye du Mont Saint-Michel.

(5) D'autres titres du Mont Saint-Michel nous apprennent qu'en 1317 Guillaume de la Servelle, écuyer, tenait des religieux « le fieu de Beauvaeirs o ses appartenances » et qu'on nomma, pour l'évaluer, Guillaume Avenel, chevalier, seigneur de

James (1), dont le manoir était entre le château et l'église Saint-Jacques (2). Du mariage de Jacques de la Servelle, que nous croyons être le frère du vicomte, avec Jeanne des Pins, naquit Sylvestre de la Servelle, qui devait illustrer le siège épiscopal de Coutances (3).

Après de brillantes études à l'Université de Paris et un assez long séjour à la cour des Souverains Pontifes, à Avignon, Sylvestre devint aumônier du Dauphin, vers 1363. Charles V, qui avait pu apprécier ses grandes qualités d'administrateur, l'envoya un peu plus tard fortifier la ville de Honfleur (4). Sylvestre donna, dans cette circonstance, la mesure de son activité et de ses talents, et mérita d'être désigné, en 1371, à l'évêché de Coutances (5). Il organisa, avec l'amiral Jean de Vienne, la défense du pays contre les Anglais de Saint-Sauveur-le-Vicomte, et parvint à les chasser

---

Saint-Laurent-de-Terregatte. Ils mentionnent également la redevance de Guillaume de la Servelle au monastère pour ses fiefs de Villiers et de Curey.—Dans une charte de Montmorel de 1366 (*Cart.*, p. 117), Guillaume de la Servelle est qualifié d'écuyer et de « garde du scel des obligations de la vicomté d'Avranches. »

(1) Guillaume des Pins, qui fut envoyé par les bourgeois de Saint-James à l'assemblée de Bayeux, en 1375, possédait le fief d'Acigné, dont il rendit cet aveu au roi, en 1385 : « Je Guillaume des Pins advoue et cognois tenir en foy et par hommage du Roy, nostre sire, par raison et a cause de Thomasse des Escrelles, ma femme, une franche vavassorie appelée le fieu de Assigné, assise en la haulte justice du roy, nostre dit seigneur, en la chatellenie de Pontorson, ès paroisses d'Ardevon, d'Uynes et des Pas franchement et noblement. » Ce fief passa plus tard dans la famille de la Servelle. Henri de la Servelle, marié à Jeanne de la Prevosté, en fit hommage au roi, au mois d'avril 1475. (Arch. de la Manche).

(2) « L'an mil III^{c} XXXX xx et quinze... ung manoir avec ses appartenances assis en la ville de Saint-Jame, pres l'eglise Saint-Jacques, entre le manoir Richard Guermont et la meson qui fut feu Jehan Cordon, d'une part, et le manoir Guillaume des Pins, d'autre, butte d'un bout au chemin du Roy et d'autre a la motte du chastel dud. lieu. » (M. Desroches, *Annal. Relig.*, p. 58). Le moulin *des Pins*, au fond de la vallée, porte encore le nom de cette famille, à laquelle il appartenait probablement à cette époque.

(3) Il nous est impossible de refaire ici la biographie de Sylvestre de la Servelle, qui a été écrite au XVIIe siècle par Toustain de Billy. Nous la résumerons en y ajoutant quelques détails peu connus. — Consulter Toustain de Billy (*Hist. Eccl. du diocèse de Coutances*, publiée par M. F. Dolbet, archiviste de la Manche, T. II, ch. IX), M. le chan. Pigeon (*Hist. de la Cathédrale*, IVe partie). La famille la Servelle portait « de sable à trois losanges d'or. »

(4) Voir *Mandements de Charles V*, édités par M. Léop. Delisle, N°s 194, 511, 531, 565, 580, 682, 1057.

(5) Dès le 5 janvier 1371, Charles V donne une somme de 600 francs « a son amé et feal conseiller l'eveque de Coutances, pour consideracion de ce que les recettes et revenus l'eveschie de Coustances sont moult diminuées. » (*Id.*, *Id.*, N° 842).

de cette forteresse. Aussi le roi pouvait-il lui rapporter en grande partie le succès de l'entreprise, dans une charte du 14 octobre 1375 : « Le dit eveque s'est si bien et si diligeanment porté au dit siege et à faire faire et efforcier les places d'environ led. lieu de Saint-Sauveur que sa peine et diligeance ont assez valu a avoir et recouvrer les dictes forteresces et les metre hors de la main de noz diz ennemis... (1). »

Pendant les quinze années de son épiscopat, il assembla des synodes et renouvela les règlements de ses prédécesseurs ; il en fit de nouveaux et donna à son clergé l'exemple de toutes les vertus. Il répara magnifiquement l'église cathédrale à demi ruinée par les troupes de Geoffroy d'Harcourt, construisit les chapelles latérales de la nef, qui sont, au dire des connaisseurs, les plus belles de France, et ajouta au monument la chapelle de *Circata*, dans laquelle il fut inhumé. « C'est dans cette chapelle, dit Toustain de Billy, que repose le corps de ce bon évêque, lequel après avoir gouverné ce diocèse en véritable pasteur, mourut en Notre Seigneur, bien aimé de son clergé et de son peuple et regretté de tous, après avoir tenu le siège environ seize ans. On y voit encore son portrait peint sur une vitre, qui est du côté de l'Evangile, proche de l'autel. Il y est représenté, à genoux en ses habits pontificaux, ayant derrière lui un saint Jean qui le présente au ciel, et au dessus sont écrits en lettres gothiques ces mots : *Sylvestre, évêque de ce lieu, est inhumé en cette chapelle, en l'an 1387 ; priez Dieu pour lui.* Il y avait d'autre écriture, dont il reste encore quelques lettres séparées ; mais il n'est pas possible de les lire, ni d'y rien comprendre, le verre ayant été cassé. Ce fut au mois de septembre qu'il mourut, au moins nous le croyons, parce qu'en l'obituaire de la cathédrale il y a en l'article quatre un obit marqué pour lui, en ces mots simples : *Sylvester episcopus* (2). » Les restes précieux de cette verrière, qui rappelait la mémoire vénérée de Sylvestre de la Servelle, ont malheureusement disparu depuis quelques années.

Son frère Hervé, qui possédait la vavassorie de Villiers, continua la postérité des la Servelle.

(1) *Mandements de Charles V*, N° 1173.

(2) Toustain de Billy. (*Histoire Ecclésiastique du diocèse de Coutances*, T. II, ch. IX).

Il n'est pas douteux que l'évêque de Coutances ne soit retourné souvent à Saint-James, où le rappelaient ses affections de famille, et n'y ait conféré avec du Guesclin, dont il était le parent (1), des intérêts du pays.

Vers le milieu du XIVe siècle apparaît à Saint-James la famille de La Fresnaye, qui rendit aussi des services éminents dans la gestion des finances de l'Etat. Nous avons vu, en 1362, Guillaume de la Fresnaye, receveur général des aides au diocèse d'Avranches, verser à du Guesclin l'argent de sa rançon (2).

Il laissa deux fils, Jean de la Fresnaye, qui lui succéda dans la charge de receveur des aides, et Hervé, qui remplit les fonctions de garde du scel des obligations de la vicomté d'Avranches.

Jean de la Fresnaye se trouva mêlé par sa situation à toutes les affaires de la défense nationale en Basse-Normandie. Il présida, en qualité de lieutenant du bailli du Cotentin, les assises d'Avranches, tenues à Saint-James, le lundi et le mardi 30 et 31 mai 1372 ; et l'année suivante il envoya à du Guesclin l'argent nécessaire pour payer les troupes de Bretagne (3). Les commissaires royaux en Normandie lui écrivirent, le 31 août 1374, de lever les deux tiers du fouage votés par les Etats pour le siège de Saint-Sauveur-le-Vicomte (4).

Son frère Hervé, garde des sceaux des obligations de la vicomté d'Avranches, continua si bien les traditions d'honneur et de dévouement de sa famille à son pays, que Charles V lui donna des lettres

---

(1) Toustain de Billy (*Id., id.,*) n'a pas affirmé sans en avoir des preuves que Sylvestre de la Servelle était le parent de du Guesclin. La famille de la mère de du Guesclin, qui habitait le château de Sacey, s'était probablement alliée à la famille des la Servelle, seigneurs de Villiers. — B. du Guesclin avait acheté de Robert de Brucourt le droit de présenter à la cure de Cormeray. Nous lisons, en effet, dans un pouillé du diocèse d'Avranches du XIVe siècle, retrouvé depuis quelques années : « *Ecclesia de Cromeray pertinet ad presentationem Dni Bertrandi de Claquino, ratione acquisitionis quam fecit a Dno Roberto de Brucconis.* » (Arch. du dioc. de Coutances).

(2) Le 7 novembre 1369, Charles V ordonne de payer la somme de 180 francs d'or, qu'il avait donnée à son « amé phisicien (médecin), Gervaise Crestian, » sur ce que pouvait devoir Guillaume de la Fresnaye, receveur des aides au diocèse d'Avranches. (*Mand. de Charles V*, No 604).

(3) Bibl. de l'Ecole des Chartes, citée par M. Le Breton (*Histoire de la Guerre de Cent ans dans l'Avranchin*, p. 51).

(4) M. Léop. Delisle (*Histoire du Château de Saint-Sauveur-le-Vicomte*, Preuves, p. 116).

de noblesse, datées du Louvre, au mois de mars 1374. Après avoir rappelé la probité, les éminentes vertus et les grands services « que Hervé de la Fresnaye de Saint-James de Beuvron (1) » avait rendus pendant la guerre, le roi l'anoblit ainsi que sa femme et ses trois fils, Raveu, Hervé et Jean, et leur confère à perpétuité toutes les prérogatives, privilèges, franchises, libertés et immunités de la noblesse (2). Au mois de juillet de la même année, Hervé de la Fresnaye était sans doute à Paris, ou bien il s'acquittait d'une mission que le roi lui avait confiée; car le bailli du Cotentin, qui tenait alors les assises à Saint-James, s'excuse auprès du procureur des religieux du Mont Saint-Michel de ne pas apposer le sceau de la vicomté sur une charte, parce que « Hervé de la Fresnaye, qui est a present garde du sceel des obligations de la vicomté est en lointaigne marchandie et hors de la duché de Normandie (3). »

Nous le voyons encore remplir ses fonctions en 1388, 1394, 1398. Il se retira à Saint-Benoît de Beuvron : au moins pouvons-nous le conclure d'une charte du 8 novembre 1408, dans laquelle il est dénommé « escuier de la paroisse de Saint-Benoit. » Il vend aux religieux du Mont Saint-Michel une rente de vingt sous, qu'il avait sur le moulin de Bruslé, « pour le prix et somme de vingt-cinq escus d'or, du coing au Roy, chacun vallant vingt-deux soulz, six deniers tournois, dont ledit Hervé se tint pour bien paié. » Audoin de la Fresnaye, son fils et principal héritier, qui était alors garde du scel des obligations de la vicomté d'Avranches, ratifia le contrat passé en sa présence à la Croix-Avranchin (4). Une autre

(1) « .....*quibus Herveus de Fraxineya commorans apud Sanctum Jacobum de Bevrone Abrincensis diocesis ornatus extitit, prout relatio fide digna testatur.....* »

(2) « .....*ipsum Herveum et Perretam ejus uxorem omnes que ejus liberos in legitimo matrimonio procreatos, videlicet Ravennum, Herveum et Johannem, ac etiam alios procreandos, auctoritate nostra regia, de nostræ plenitudine potestatis et de gratia speciali nobilitamus, nobiles que facimus et habiles reddimus ad universa omnia et singula privilegia quibus ceteri Regni nostri nobiles utuntur et etiam possunt uti..... Datum Parisiis in castro nostro de Lupia, mense martii, anno Domini MCCCLXXIIII°.* » (Arch. Nat., JJ f° 117, p. 343). Les armes de la famille la Fresnaye sont « de gueules à trois fresnes d'or, deux en chef et un en pointe. »

(3) Arch. de la Manche. Il ressort des lettres de noblesse de Hervé de la Fresnaye et du texte de cette charte, que Hervé de la Fresnaye remplissait ses fonctions à Saint-James, comme son frère Jean de la Fresnaye.

(4) Arch. de la Manche, série H, Abbaye du Mont Saint-Michel, chartes concernant les moulins de la vallée du Beuvron.

charte, du 1er novembre 1413, fait mention des propriétés de Hervé de la Fresnaye et indique peut-être la situation de son manoir, au bourg de Saint-Benoît. Le 1er novembre 1413, Laurent Dogey constitue une rente de cinq sous, au profit de l'abbaye du Mont Saint-Michel, « sur une vergée de terre ou environ assise aud. lieu de Saint-Benoit de Beuvron, en fieu et seignourie des diz religieux, un herbergement dessus, estant entre Guillaume Forget d'une part, et Hervé de la Fresnaye d'autre, bute d'un bout au cimetière dud. lieu de Saint-Benoit et à Johan Morel d'autre (1). »

Figurent encore sur le rôle du Mont Saint-Michel, de 1406, Guillaume de la Fresnaye, qui devait une rente de cinq sous quatre deniers, et Richard de la Fresnaye « dont la maison était proche la ruette du moulin de Pierre (2), » appelé plus tard le moulin de Fresnaye. Nous verrons bientôt un Guillaume de la Fresnaye payer de sa tête sa fidélité à la cause française.

Plusieurs autres documents, que nous allons résumer, font encore connaître quelques familles de Saint-James, entre autres la famille Le Bouc, si éprouvée pendant la guerre par les Anglo-Navarrais d'Avranches.

En 1292, Guillaume Le Bouc, bourgeois de Saint-James, et sa femme Bienvenue constituent une rente suzeraine de six sous tournois sur un fief situé à Saint-Aubin, « sus la meson et tout l'herbergement » de Gilbert Renoul, « qui siet au bout deu mostier (3). » Nous le retrouvons dans un contrat de 1298, par lequel Accaris Guiton, Guillaume et Jehan Guiton délaissent tous leurs droits sur le fief de Plomb, en la paroisse de la Croix, à Nicolas Jautest (4). Enfin dans un autre acte du 25 novembre 1300, il reconnut aux religieux du Mont Saint-Michel, qui lui avaient prêté cent livres tournois, le droit d'hypothéquer une rente de dix livres, à leur profit, sur le moulin du Bourg, qui appartenait à sa femme, ou

(1) Archives de la Manche. *Id., Id.*

(2) M. Desroches cite ce texte.

(3) *Cartul. de Montmorel*, p. 257, 258.

(4) « Les moines de ce Mont acquirent de Nicolas Jautest, esquiyer, sicur d'Argouges, le fief de Pelong duquel est fait union a la baronnye d'Ardevon. Quelques héritiers dud. Jautest voulurent retirer ledit fief peu de temps après, mais par la prudence de Geoffroy de Servon (1365-1386), ils passèrent acte de désistement en la personne de Jan de Villaine, esquyer, un des principaux héritiers. » (Texte cité d'après M. Desroches, *Annal. Civ. et Mil.*, p. 317).

sur le moulin de la Motte, qu'il tenait de ses parents, s'il ne leur rendait pas cette somme, à Avranches, le jour saint André, 30 novembre. Le remboursement n'eut pas lieu, car « le lundi devant la feste Sainte Caterine, virge, » 1310, Guillaume Le Bouc et sa femme leur vendirent pour cent livres tournois « tout leur droit et appartenance » sur le moulin du Bourg ; « et jura la dite femme par devant le dit clerc sus les saintes evangiles que encontre la vente dessus dite elle ne mettra jamais encombre. » Le contrat fut audiencé en présence de Hamel Le Bouteiller, Michel Tahourdin, Johan Lorfevre, Guillaume Levêque, Benoit le Pessonnier, Durand de la Marelle, Michel Prével, Clément la Guete, Guillaume Le Bouteiller, le jeune, Guillaume Le Bouteiller, l'aîné, Michel Bienvenu, Michel Prevost, Macé de la Channeye, Richard de la Channeye, Guillaume Le Duc, Hamelot Fouedrel, Johan Le Tarous, Johan Denis et Pierre Le Hillequin (1).

En 1313, Johan Le Tarous, autrement appelé Josces, et Typhaine, sa femme, cédèrent aussi au monastère, pour quatre-vingt-cinq livres tournois, les droits qu'ils avaient acquis sur le même moulin du Bourg, « assis entre la meson Nicolas Le Duc, d'une part, et le chemin du Roy, d'autre. » Les religieux achetèrent encore, au mois de juillet de la même année, les droits de Nicolas Jautest et de Doete, son épouse, sur cet immeuble, pour une rente de dix livres « payable moitié le jour de la feste saint Jame et saint Cristofle, moitié à Pasque. » Plus tard, les fils de Nicolas Jautest, Guillaume et Jean, « diz de Jautest, clercs, frères, donnerent ensemble et chacun pour tout et a toujours delesserent » la moitié de cette rente, « en pure et perpetuel aumosne et pour le salut de leur ame, a hommes religious et honnestes l'abbé et le couvent du Mont Saint-Michel en peril de la mer... Ce fut fait l'an de grace, mil trois cens quarante oict, le vendredy avant la Conception N[re] Dame, Virge (2). »

Signalons encore une charte, datée du vendredi après la fête

---

(1) Archiv. de la Manche, Série H, Mont Saint-Michel, chartes concernant les biens du monastère dans la vallée du Beuvron. On lit sur le dos de la charte : *De expensis factis pro executione istius littere L^s, que debentur Joh. de Fallaise, burgensi de S. Jacobo de Beuvrone, XXIV^s pro duabus litteris.*

(2) Archiv. de la Manche, Série H. Abbaye du Mont Saint-Michel, moulins du val du Beuvron.

saint Hilaire, 1321, d'un intérêt particulier au point de vue liturgique. Les moines du Mont Saint-Michel consacrèrent à l'entretien de deux torches, qui devaient être allumées tous les jours à la messe conventuelle de l'Abbaye, depuis le *Sanctus* jusqu'à la fin du *Pater*, le revenu d'une rente de quatre livres tournois, que leur abbé, Jean de la Porte, avait achetée, avant de mourir, de Michel Le Prevost, sur le moulin du Déluge (1).

L'année suivante, 1322, ils eurent à soutenir leurs droits contre Pierre Rouaut, écuyer, de la paroisse du Ferré, qui prétendait avoir les treizièmes sur le moulin de Bruslé. Frère Jean Le Prevost, qui était alors le bailli du monastère, reçut leur procuration pour traiter cette affaire. De part et d'autre on prit pour juge « Nicholas de Jautest, escuier, qui en pourra cognoistre et ordener a sa pleine volenté. » L'arbitrage eut lieu en faveur du Mont Saint-Michel, et l'acte fut passé devant Etienne Hay, clerc tabellion (2).

---

(1) *Universis hoc visuris... Conventus monasterii Montis Sancti Michaelis in periculo maris salutem in Domino sempiternam. Noverint universi quod cum reverendus pater ac Dus, Dus Johannes de Porta, Dei gratia abbas noster, ad suum obitum emerit portionem quam Michael le Prevost habebat in molendino de Diluvio apud vallem de Bevron, valentem, singulis annis, quatuor libras annui redditus, prout verisimiliter estimatur, ad inveniendum duas magnas et honestas torchas cere ad consecrationem et elevationem corporis Domini nostri Jesu Christi perpetualiter, singulis diebus ad magnam missam ardentes, a tempore quo Sanctus incipitur quousque oratio dominica finiatur, nos volumus et unanimiter consentimus quod ballivus noster, qui pro tempore fuerit, qui dictam portionem levabit tam habundanter de cera altalario administret quod dictum servitium, prout dictum est, valeat adimpleri. In cujus rei testimonium sigillum nostrum presentibus litteris est appensum. Datum anno Domini M° CCC° vicesimo primo, die veneris post festum Santi Hylarii.* (Arch. de la Manche, Série H. Abbaye du Mont Saint-Michel, moulins du val du Beuvron).

(2) Plus tard la famille du Châtelier, de la Croix-Avranchin, qui représentait Pierre Rouaut, renouvela ces prétentions.

Colin Le Breton « de la nativité de Saint-Benoit de Bevron » vend d'abord, en 1392, aux religieux, pour la somme de 35 livres tournois, « deux quartiers de blé, un de seille et un d'orge, à la mesure des moulins du val de Bevron, que ledit Colin prenait par chacun an, à la feste de saint Michiel au mont de Gargane, o les diz Religieux sur le moulin de Bruslé. » Mais, dans un autre acte, il se réserve la liberté de rentrer dans ses droits, s'il rend la somme de 35 livres, le jour de Noël de la même année. C'est ce qu'il fit, car nous lisons sur le dos de ces deux chartes : « Colin le Breton rendit les XXXV liv. as religious et eux ly rendirent ces presentes lettres comme nulles. »

Deux ans après il vendit ces quatre quartiers « de bled o toutes ses appartenances et deppendances, tout le droit et toute la seigneurie que le dit Colin y avoit, pouvet et devoit avoir à Estienne du Chastelier de la paroisse de la Croiz

Enfin, deux chartes rappellent une famille de la Channaye, de Saint-James, qui n'existe plus depuis longtemps. Macé de la Channaye, clerc (1), de la paroisse de Saint-James de Beuvron, avait un droit sur le moulin du Déluge, qu'il vendit, en 1345, à Jehan Dutertre et à Johanne, sa femme. Vingt-cinq ans après (1370), Jean de la Channaye et Guillaume Guérin, de Saint-Benoît, délaissent au Mont Saint-Michel, le premier pour la somme de vingt francs, le

---

en Avrenchein, en son vivant advocat du Roy. » Celui-ci donnait en échange quatre quartiers de froment, à la même mesure, « à prendre par chacun an, à la même époque, sur toutes ses terres et manoers, tant sur ses appartenances du Chanier, sis en la paroisse de Juillé, et sur son manoer et appartenances de la Bretonnière sis en la dite paroisse de la Croilz et de Villiers. » Cette convention paraît avantageuse pour le vendeur; toutefois l'avocat du Roi avait ses vues et il espérait tirer bon parti de son marché. En effet, quatre ans plus tard, en 1398, il prétendit qu'il pouvait prélever les treizièmes sur le moulin de Bruslé, en vertu de sa seigneurie, au droit de ses ancêtres et du seigneur de la Ruaudière, (fief du Ferré) auquel il succédait. Les deux parties prirent encore pour arbitre « Jehan Le Pelletier, curé de l'eglise de Saint-Paer sur la mer » qui décida, après avoir compulsé et vérifié les titres de l'abbaye, que le moulin de Bruslé appartenait aux religieux, puisqu'il était l'un des huit moulins donnés par le Duc de Normandie, avec leurs appartenances; que d'ailleurs les religieux en avaient toujours eu saisine et possession, sans que les ancêtres dud. du Chastelier aient jamais demandé « a avoir aucun droit de seignourie sur le dit moulin de Brulley, comme il l'avoit trouvé par plusieurs bonnes gens dignes de foy, lesquielx il disoit sur ce avoir enquis par foy et serment. »

Etienne du Chastelier reconnut si bien ses torts qu'il devint dans la suite un des bienfaiteurs de l'abbaye. Il lui donna, en effet, le 17 décembre 1408 : 1° un quartier de froment, qu'il avait sur le moulin du Déluge, avec le droit que possédait Robert Boudent d'y moudre sans rétribution; 2° une rente de 12 sols tournois, à la Croix, sur Jean Amette et Guillaume Duguey, avec une autre rente de 6 sols qu'il constitua sur tous ses biens. « Et ce fut fait, ajoute la charte, parceque les diz religious avoient receuz le diz du Chastellier et sa fame a frere et sœur de la dite religion, et affin qu'ilz fussent receuz a bienfaicteurs ayant participation ès messes, prieres et oraisons qui faiz et celebrez seront en la dite religion, tant pour le temps present que pour celluy avenir. »

Jehan et Estienne du Chastelier, frères et héritiers principaux de feu Estienne du Chastellier, vendirent cette rente pour la somme de 28 livres tournois à Guillaume Graffard, clerc de la paroisse des Pas. Mais, se souvenant des prétentions de leur père, il déclarent que s'il se trouvait que le moulin fût assis en fief du Hamel, qui leur appartenait, le dit Graffard demeurerait quitte du treizième de la dite acquisition. Ces lettres furent audiencées à Saint-Benoît, le 22 août 1440, en présence de Macé Bontemps, Michel Langlois, Guillot de l'Espine, Macé Ameline, Guillot de la Motte, Johan de l'Espine, Audrien Pélicon, Johan Fouet, Robin Chantecler et Guillaume Morel. (Archives de la Manche, Série H., Abbaye du Mont Saint-Michel, moulins du val du Beuvron).

(1) On appelait ainsi autrefois tout homme gradué ou du moins lettré.

second pour « vingt-cinq francs d'or, de bon or et de bon pois, » la huitième partie du moulin du Déluge, assis en la paroisse de Saint-Benoît, au Hamel, franche de toutes rentes, excepté d'un quartier de froment « que Mons. Michel de Vilayne, chevalier, et sa fame, a cause d'elle, doivent y avoir (1). »

En 1380, Pierre Nicholas, dit Pahuel, habitait aux Granges ; il était tenu à une redevance envers Guillaume de Brée et Jehanne Thébault, sa femme, pour deux pièces de terre dont l'une s'appelait le Clos-Bouhourt. En 1395, Agnès Thébault, femme de Colin Roussel, écuyer, avait une rente sur le manoir de la Porte, en Saint-James, devant la fontaine Gauthier. Johan Thébaut était écuyer en 1367. Il s'agit ici probablement du capitaine Jean Thébaut, dont la famille existait à Saint-James dès le XIIe siècle.

Il est aussi fait mention dans plusieurs titres du fief de la Haie de Terre, de celui de la Vieille Paluelle, des vallées de Beaufou ; — de Johan de Beaufou, de Guillaume Le Bouc « chier seigneur, » de Ruaut Guérin d'Astré, de Macé Le Bouc, qui vend une rente à Saint-James, « dont il ya deux solz de rente au Roy, nostre sire, sur ung clos en la rue de Meliande, entre la terre du Roy, et bute a l'estang neuf. » Il est aussi parlé « de la lande sur le rochier dessus l'estang Mayne, » ainsi nommé probablement à cause de sa situation sur la route du Maine.

Parmi ceux qui avaient des propriétés à Saint-James, on cite Guillaume d'Argouges, messire Pierre d'Argouges, Estienne de la Touche, Hamelot le Boutiller, Colin Pellevé, Mascé Le Roy, Guillaume de la Binolaye, Mascé de Rigné, Auber Baron, Geoffroy du Poncel, Benoît du Bourc-Raut, Pierre de l'Espine, Guillaume Aubaut, Robert Gaudin, Guillaume des Pins, Johan Gautier de la Boussardière, Johan du Bois-Hubert, Guillaume de Longue-Touche, etc. (2).

---

(1) Arch. de la Manche, Série H, Abbaye du Mont Saint-Michel, Chartes concernant les moulins du val du Beuvron.

(2) D'autres titres fournissent encore des renseignements sur quelques familles de Saint-James et sur la topographie de la ville, à cette époque. Nous les donnons dans leur ordre chronologique, d'après M. Desroches, (*Annal. Civ. et Mil.*, p. 319, 320, et *Annal. Relig.*, p. 58, 59), qui les avait puisés dans un manuscrit de M. Guiton, intitulé : « *Ce sont les rentes et revenuz de la chastellenie de Saint-Jame de Bevron, appartenans aux hers de feu Jehan Guiton, escuier, l'an Mil CCCCXVII.* »

« L'an mil II[c] nonante trois, une meson qui est sur les douves devant la croix

L'histoire religieuse nous fait à peu près complètement défaut à cette époque si intéressante au point de vue militaire. Nous ignorons jusqu'au nom des prieurs et des curés du XIVe siècle (1). Une belle pierre tombale en calcaire dur, d'une très riche ornementation au trait, a dû recouvrir la sépulture d'un curé, d'un prieur ou d'un personnage ecclésiastique distingué de ce temps-là ; mais les caractères de l'inscription sont tellement usés qu'il est impossible de recomposer l'épitaphe. « Le défunt est représenté les mains jointes et la tête nue. Vêtu en habits sacerdotaux, il porte une aube flottante avec riche ceinture à frange brodée, descendant jusqu'aux

---

de Mauconseil. — 1312. Deux mesons en marcheys de Saint-Jame...., une meson entre la meson de Guillaume le Couchon, d'une part est la douve du Roy d'autre... Huit sous de rente, dont il va deux sous de rente au Roy, sur un clos en la rue de Meliande, entre la meson Denys Dayas, d'une part, et la terre du Roy, et bute a l'estang neuf. — 1315. Mesons entre la meson Estienne Hubert, d'une part, et la rue aux Guitons d'autre... Meson neuve entre la rue Arse, d'une part, et la place qui fut Guillaume le Bouteiller. Une meson o les appartenances assise à la Maladerie, bute d'un bout au chemin du Roy... En la rue de Bevron, entre la ruelle qui va a la fontaine Doucet et Jehan Le Tort, d'une part, et la ruelle de la meson Jehan du Bisson, qui va aux moulins Hascoyt d'autre... » Sont aussi rappelés en cette même année « une place entre la rue Meliande qui touche a la douve du Roy et un courtil assis entre la douve du Roy et le chemin par lequel l'en va a la poterie... les murs du Roy en la rue Pendue... » — 1317. Il est fait mention d'une pièce de terre sur Dierge contre la terre Robert Hay... Robert Hay était tabellion en 1325... « Une maison et appartenances assise en la rue du Tay... En la rue du Tay une place assise entre le chemin royal, d'une part... — 1319. La venelle du Chastel... — 1326. Le chemin du Roy près le Reclus... — 1342. Une piece butant d'un bout a la rue du Mescray et d'autre au chemin du Buat... — 1361. Une place assise en dit marcheys, entre la place qui fut Gattefer, d'une part, et le chemin du Roy d'autre... la venelle du moulin au Priour... la rue de la fontaine Guérin... En la rue Pendue une meson assise entre la meson Guillaume Chevillart, d'une part, et les dis murs du Roy, d'autre... — 1370. Ung manoir assis en la ville de Saint-Jame entre les murs, en la grant rue, pres l'eglise Saint-Martin. »

(1) L'an 1308, « le jeudi après la feste Sainte Escolace, virge » Etienne Bouchart « clerc de Saint-Jame de Beuron » donna « set et touz ses biens meubles et immeubles, en quiconques lieu que eus soient, à Dieu et à monseignor saint Michel deu peril de la mer et as hommes religious, abbé, couvent du dit lieu pour le salut de son ame..., etc. » Etienne Bouchart, qui est seulement qualifié de clerc, était prêtre, car on lit au dos de la charte : « Don fait de soy et de tous ses héritages, 1308, par Estienne Bouchart, prêtre. »

Nous voyons encore, par une note inscrite à la fin d'une Somme de Droit canonique (in-folio, en parchemin, XIIIe et XIVe siècles), que ce livre, qui porte le N° 156 des manuscrits du Mont Saint-Michel, à la bibliothèque d'Avranches, avait été donné à l'abbaye par Robert Rousset, de Saint-James de Beuvron. « *Iste liber est Roberti Rousset de Sancto Jacobo de Bevron.* »

pieds ; par dessus est la chasuble antique aux plis sinueux et présentant une bande centrale en ligne parallèle avec la ceinture. Cette bande est formée d'une suite de quadrilobes encadrés dans des carrés réguliers. Des deux côtés de la tête du mort sont deux petits écussons frustes. Un système de fenestrage, découpé d'une manière très élégante, décore les côtés du personnage. On dirait les travées d'une église. Ces fenêtres ou niches sont surmontées d'autres fenestrages terminés par un faisceau de clochetons. Ils encadrent, du reste, un arc ogival surmonté d'un fronton garni de crochets, qui s'élève en forme de pyramide à jour, comme dans les grandes ouvertures des basiliques du style ogival secondaire. Cette curieuse dalle mériterait d'être relevée pour être encastrée dans la muraille ; on conserverait de la sorte la plus belle pierre tombale de l'Avranchin (1). »

Il serait difficile de dire où elle était primitivement placée. Nous ne l'avons trouvée indiquée dans aucun document, pas même dans le procès-verbal très détaillé de 1686 (2), auquel nous empruntons les détails qui vont suivre.

Les principales familles de Saint-James avaient leurs enfeux dans l'église Saint-Jacques. L'enfeu des Guitons était dans la nef, du côté de l'épître, sous la quatrième arcade. Celui des seigneurs de La Paluelle se trouvait, du moins au XVIe siècle, dans le chœur, du côté de l'évangile. Ce droit de sépulture dans le chœur de l'église fut la cause d'un long procès dont nous parlerons dans la suite. Les membres des familles de la Binolaye étaient inhumés sous la tour, qui était alors, comme nous l'avons dit précédemment, entre le chœur et le sanctuaire.

L'église Saint-Jacques possédait, au Moyen-Age, un grand nombre d'autels. Outre le maître-autel, ceux de Notre-Dame et de Saint-Pierre, dans les chapelles de même nom situées à l'extrémité des bas-côtés, vers le chœur, il y en avait un à chaque pilier de la nef. En sortant du chœur, on trouvait à droite ceux de Saint-Jean et de Sainte-Anne, et à gauche, du côté de l'épître, celui de Saint-Sé-

---

(1) M. le chan. Pigeon, *Le Diocèse d'Avranches*, T. II, p. 256.

(2) Archives de la Manche, Série E, Fonds La Paluelle. Procès-verbal de l'église Saint-Jacques fait, le 26 juin et les jours suivants 1686, par René Levêque, sieur de la Norice, conseiller du Roy, lieutenant particulier civil et criminel du baillage d'Avranches.

bastien, où était la statue de sainte Suzanne, et celui de Saint-Nicolas, où était la statue de saint Roch. Le procès-verbal ne nomme pas les autres, mais nous voyons, par la description qu'il fait de l'autel Saint-Nicolas en particulier, qu'ils remontaient au moins au XIVe siècle :

Attestons qu'il y a un austel contre le cinquième pillier et sous la quatrième arcade, le dit autel de hauteur de deux pieds ou viron, de six pieds un pouscé moins de longueur et de deux pieds dix pousces de largeur ; au milieu duquel il y a un enfoncement de figure carée en quelque façon, de six pouces ou viron de longueur et largeur, et d'un pouce de profondeur, dans lequel enfoncement il paroist une couche de chaux ou plâtre. Et soulz le dit autel, lequel est soustenu par les bouts et devant en partye de maçonnail de pierre de taille, est un vuide ou creux qui continue tout l'espace dudit austel ; au devant duquel vuide, il y a une carrée avec les feuillures, proche l'une desquelles, du costé de l'evangile, il reste encore un agneau *(sic)* de fer enclavé entre les pierres de carreau du dit jambage de la dite fenestre du dit costé de l'evangile. Le dit creux ou vuide dont a esté cy devant fait mention prevaut de huit ou neuf pouces dans le corps du dit cinquieme pillier, paroissant au surplus que le dossier du dit austel a esté eslargy, ayant esté fait un petit pillier au mur, de largeur de neuf pouces ou environ et de sept pieds et demy de hauteur de chaque costé du pillier qui fait le millieu du dit dossier, ce qui le rend plus large que les autres autels estant contre les pilliers de la dite église, les dits petits murs posés sur les bouts du dit autel. Auquel dossier nous avons encore remarqué une antienne peinture rouge avec la figure d'un crucifix, au costé duquel sont les images de la Vierge et de S. Jean. Attestons en outre que au cinquiesme pillier, à la hauteur de six à sept pieds, il nous paroist une antienne peinture rouge estant sur la pourfrissure du dit pillier, laquelle peinture paroist avec peine neantmoins estre la figure d'un crucifix, laquelle peinture encor plus antienne que celle dont on a parlé cy devant au dossier de l'autel nommé Saint Nicollas.

L'autel placé immédiatement au-dessous de celui de Sainte-Anne ressemblait au précédent : « Il y a un creux ou vuide pénétrant jusque contre le dit pillier fait en forme d'armoire, l'ouverture de laquelle est de deux pieds de largeur ou viron et deux et demy de profondeur et de hauteur. »

Ces autels, on le voit, étaient simplement composés d'une table rectangulaire posée sur quatre petits murs en pierres de moyen appareil. On avait pratiqué, dans un de ces murs, une ouverture fermée par une porte, afin d'utiliser l'intérieur de l'autel, qui servait d'armoire pour renfermer les objets nécessaires au culte. La cathédrale de Coutances possède encore quelques autels du XIIIe ou du XIVe siècle, construits de la même manière.

Les peintures murales étaient probablement du même temps.

Ce fut aussi dans le courant du XIVe siècle qu'on éleva au bout de l'aile du nord, à gauche de la chapelle Notre-Dame, la chapelle Sainte-Emérence qui existe encore aujourd'hui. La fenêtre gothique du pignon accuse bien cette époque. Voici les dimensions de cette chapelle, d'après le document que nous avons cité : « Disons que depuis l'arcade par laquelle on entre au cœur nouvellement refait en icelle chapelle, il y a de longueur vingt-sept pieds ou environ jusqu'au pignon de ladite chapelle, à l'endroit duquel ladite chapelle a de largeur quatorze pieds, et seize pieds et demy ou environ proche ladite arcade. »

Dans la muraille de la côtière vers l'est, à l'entrée de la chapelle, se trouve une voûte ogivale, qui marque sans doute l'enfeu de la famille du fondateur. Cet enfeu serait-il celui d'un bourgeois de Saint-James, Etienne Branet, qui, en 1300, donna à la fabrique une rente de dix sous pour réparer l'église, à condition qu'il aurait sa sépulture devant l'autel Notre-Dame ?

« A tous ceux qui ces presentes lettres verront ou orront Guillaume de la Servelle, garde du scel des obligations de la vicomté de S. James, faisons savoir que par devant Estienne de la Binolaye, chevalier, tabellion, pour Mons. le duc de Normandie, recognut Estienne Branet et..... sa femme o l'authorité d'iceluy, de S. James de Beuvron qu'eux avoient donné en pure et perpetuelle aumosne, a fin d'heritage, etc., à la fabrique reparation et tresor de l'église de S. James, pour le salut de leurs âmes, et pour estre participants aux biens faits de lad. eglise, et pour avoir leur sepulture dans lad. eglise devant Nostre Dame, c'est a savoir dix sols de rente. Ce fut fait l'an de grace mil trois cent, dans le dimanche ou l'on chante en Sainte Eglise, *Oculi mei ad Dominum* (1). »

Signé : E. BINOLAYE.

Quoique la ville et la châtellenie de Saint-James fussent sous l'autorité immédiate du roi, l'abbaye du Mont Saint-Michel jouis-

---

(1) Arch. de la Manche, Série E, Fonds La Paluelle. Copie faite par Jacques Graffart, notaire royal au siège de Cérences, l'an 1694.

Le dimanche où l'on chante *Oculi mei* est le troisième dimanche de Carême.

sait, dans le val du Beuvron, de certains droits qu'il est intéressant de connaître.

En vertu de la donation du bourg de Beuvron au monastère, par le duc Robert, et des privilèges de la baronnie d'Ardevon, les religieux exercèrent sur la paroisse de Saint-Benoît, comme du reste dans toute l'étendue de leur baronnie, une juridiction que les officiers royaux leur contestèrent souvent, mais qu'ils ne parvinrent jamais à leur enlever. Ainsi, ils pouvaient taxer les vins et les autres boissons vendues en détail, contrôler les mesures des taverniers, condamner à l'amende ceux qui en avaient de fausses ou qui vendaient les boissons plus cher que « le prix crié et commandé. » Leur droit « de mesurage » s'étendait aux blés, toiles, draps et autres étoffes. Ils percevaient aussi une redevance sur les moulins à foulon ; les épaves et choses perdues, ou, comme on disait alors, « les choses gaives » leur appartenaient ; en un mot, ils possédaient les droits et privilèges des barons, d'après la coutume normande (1). Ces usages faisaient partie de la législation féodale, et le bailli du Cotentin les confirma aux assises de Ducey, du mois de novembre 1499, dans une affaire contentieuse à propos de ces mêmes droits. « Par le procureur du roi fut respondu que il avoit esté adverty que iceux relligieux, abbé et couvent du Mont Saint-Michel, leurs sénéchaux et justiciers avoient mis les taux sur les boires et qu'ils avoient la jurisdiction et congnoissance des mesures et forfaictures sur ceux qui pourroient estre trouvés faulteurs. Toutefois, il disait que au Roy, nostre sire, de droict général, à ses justiciers et officiers appartient à mettre et à assigner les taux sur les boires et la juridiction et congnoissance des mesures. Mais que selon la loy et coustume du pays ancienne, barons et autres hauts justiciers en avoient droit et possession. Par quoy il disoit que si ainsi estoit que les ditz relligieux voulussent informer et montrer par chartes anciennes de leurs droictz et libertez qu'il mechet leur mettre ny donner en icelluy cas aucun contredit. »

(1) Les détails qui vont suivre sont tirés d'un extrait du Livre Blanc du Mont Saint-Michel, fait au monastère, le 13 octobre 1632, en présence de Nicolas Baudin, sieur de Beaumont, conseiller du roi, lieutenant et assesseur du bailli de Cotentin, de Richard Leconte, sieur de Mesnilterre, conseiller, avocat du roi aux plaids, et de Marin Leroux. Cette copie, qui contient plusieurs chartes intéressantes, est d'autant plus précieuse que le Livre Blanc est aujourd'hui perdu.

Il n'était pas difficile aux religieux de montrer leurs titres, car ils avaient eu bien souvent l'occasion de les produire en semblable circonstance. Malgré les instructions données par les rois de France, ils furent obligés, dès l'année 1303, de s'adresser aux enquêteurs royaux, Robert de Saint-Benoît et Geoffroy de Clarre, pour obtenir justice. Philippe le Bel écrivit encore au bailli du Cotentin, au mois de mars 1310, et lui enjoignit de faire respecter les droits du monastère ; ce qui n'empêcha pas plus tard le substitut du procureur du roi, Jean Dangomesnil, de les contester, à l'occasion de la forfaiture de Pierre Dupin, de Saint-Benoît de Beuvron. L'affaire fut portée aux assises d'Avranches, tenues à Saint-James, le mardi 31 mai 1372, par Jean de la Fresnaye, lieutenant du bailli du Cotentin, qui prononça une sentence en faveur de l'abbaye, après avoir entendu la déposition de douze jurés choisis par les deux parties. C'étaient Perrot de Lechet, Perrot Auber, Pierre Bruant, Pierre Nicole, Pierre Enjourbaust, Johan Bruant, Guillaume Ameline, Bertrand Gonaut, Pierre Lesage, Johan le Burrier, Guillaume de Moulines et Guillaume Granchier, « lesquiex s'alerent conseiller, et de retour raporterent touz acordablement qu'ilz savoient bien et croieyent que la dite monstrée estoit tenue desdiz Religieux par foy et par hommage et assise ès metes de leur baronnie d'Ardevon, et que touziours avoient veu que les hommes de la dite paroisse de Saint-Benoist de Beuron obeissoyent a la juridiction de la dite baronnie d'Ardevon et auxi savoient bien et croient que ledit Dupin estoit saisi de la dite monstrée, etc. (1). »

(1) Archives de la Manche, Série H, Abbaye du Mont Saint-Michel. — Quelques années plus tard, nouvelles vexations de la part du vicomte d'Avranches. En 1405, Massé des Mares fit « prendre et arrester en la main du roi, en la foire du Mont Saint-Michel, plusieurs aulnes et verges (mesure ou poids), pour aulner draps, toiles et autres marchandises, pour ce qu'ilz n'estoient signés, et nonobstant ce en usoient les marchands à qui elles estoient. » La cause fut appelée, le 11 mars, aux assises d'Avranches tenues par Robert, seigneur de Peletot, chevalier et chambellan du roi et son bailli de Cotentin, assisté du vicomte d'Avranches, d'Estienne du Chatellier, avocat du roi en la vicomté, et du procureur Guillaume Bailleul, qui reconnurent le droit du monastère. En 1409, un lieutenant du vicomte, Jehan de Vauchy, ordonne encore de saisir « le jour de S. Michel en mont de Tumbe, au lieu du Mont S. Michel, plusieurs mesures où l'en a accoustumé à vendre les bleds, sur plusieurs personnes demeurant au dist lieu du Mont, qui d'icelles mesures ou autres semblables usoient en faisant vendition de leurs vins, bleds ou autres bevrages et denrées... » Les religieux protestèrent par leur sénéchal Laurent Le Grand et frère Paul Le Telleul, bailli du Mont, et obtinrent justice.

Cette conduite des officiers royaux était de mauvais exemple pour les simples particuliers ; aussi amena-t-elle un petit incident qui ne manque pas d'intérêt. Un jour, vers la fin de l'année 1410, que Guillaume Biotte, lieutenant du sénéchal d'Ardevon, Louis Le Grand, faisait sa tournée habituelle dans le val du Beuvron, il s'arrêta au bourg de Saint-Benoît, « a l'hostel de Guillaume Forget, » où il saisit « certaines mesures de boires pour savoir si ils estoient bonnes et loyaulx, » et assigna jour au tavernier, afin de les contrôler en sa présence aux plaids d'Ardevon. Celui-ci, pris en flagrant délit de fraude, leva clameur de haro ; sur quoi Audoin de la Fresnaye, lieutenant particulier du vicomte d'Avranches, qui assistait à la scène, s'empara des mesures et appela les religieux et Guillaume Forget aux assises d'Avranches. Ils s'y présentèrent, le 8 janvier 1411, devant Gilles Cadot, lieutenant général du bailli du Cotentin, Robert de Peletot. Le malheureux tavernier, se rendant compte de la faiblesse de sa cause, retira sa clameur de haro et accepta la vérification de ses mesures à Ardevon.

Mais les religieux eurent surtout à se plaindre du sire de Hangest, pendant les quelques années qu'il posséda le gouvernement de la ville et de la châtellenie de Saint-James. Les débats qui eurent lieu entre ses officiers et les officiers royaux montrent à quel degré d'abaissement et d'impuissance était tombée l'autorité centrale dans les années qui suivirent le désastre de Poitiers.

Les receveurs du sire de Hangest prétendirent que les hommes et tenanciers du Mont Saint-Michel dans la vallée de Beuvron devaient, comme les autres, leur payer les redevances accoutumées. Ceux-ci refusèrent en disant qu'ils n'étaient point sous la juridiction du sire de Hangest, mais sous l'autorité royale, comme vassaux de l'abbaye. Les religieux adressèrent au Dauphin une supplique dans laquelle ils rappelaient que, le 22 novembre 1328, Charles VI leur avait, en effet, accordé des lettres, confirmées par Jean le Bon, le 22 novembre 1354, en vertu desquelles l'abbaye avec tous ses biens ne relevait que du roi. Le Dauphin écrivit, le 8 février 1360, au bailli du Cotentin Thomas Pinchon et au vicomte d'Avranches, pour leur enjoindre de défendre ses droits contre les prétentions du sire de Hangest et de protéger contre les exactions de ses officiers les hommes et les biens du monastère. Ce mandement contenait la copie des lettres dont nous venons de parler, « les originaulx desquelles lettres les religieux n'ont osé et n'osoient encore apporter par devers nous, pour le doubte et peril des presentes guerres. » Il recommandait au bailli de vérifier ces titres originaux et, après s'être assuré de leur authenticité et de leur contenu, de les publier dans la ville de Saint-James et ailleurs, s'il était nécessaire, afin « que aucuns n'en soient ou doivent estre ignorans, et que les hommes et subjietz des diz religieux n'aient cause d'aler plaider et obéir à la cour et juridiction de nostre dit conseiller, ou prejudice de nous, des diz religieux et de leurs privileges et lettres dessus dites. Et ce faites, ajoutait le Dauphin, en tele manière que les diz religieux n'aient cause d'en retourner plus plaintifs par devers nous. »

Thomas Pinchon exécuta de point en point ces ordres. Il envoya à Saint-James le sergent Robert Pironaut, qui signifia ce mandement « bien et solennellement au gouverneur de la dite chastellenie, au bailli du dit lieu et autres gens du dit seigneur, et en plen marchié, tant que nul n'en doit ignorer. » Le sergent leur en laissa même une copie conforme. Mais ces défenses ne furent suivies d'aucun effet, car « assez tôt, freschement » le receveur et les gens du sire de Hangest scellèrent les portes de deux moulins appartenant aux religieux, « par quoy n'en povet entrer ne abiter, laquelle chose fut en grand prejudice du quemun peuple et vitupere de nostre dit seignour et dommage des religieux. » Le sergent royal avait à peine enlevé les scellés, sur l'ordre du bailli, que les officiers du gouverneur scellèrent les portes des fermiers des moulins et des autres tenanciers des religieux.

Le bailli crut alors devoir intervenir lui-même : il se transporta sur les lieux, fit de nouveau briser les scellés, défendit aux hommes et tenanciers de l'abbaye de payer aucune redevance, prit les religieux et leurs biens en la sauvegarde du roi et ordonna au sergent Pironaut de retourner à Saint-James, afin de mettre des panonceaux aux moulins, en signe de protection royale. Rien ne put arrêter l'audace des officiers du gouverneur, qui firent saisir et vendre immédiatement les bestiaux et autres biens des fermiers, « en les contraignant de paier le molinet des diz moulins... lesquelles choses, s'il est ainsi, lisons-nous dans l'exploit qui nous fournit ces curieux détails, sont en grant derision et vitupere de nostre dit seigneur et dommage des diz religious. »

C'est pourquoi, le samedi 8 août 1360, le lieutenant du bailli du Cotentin, Nicolas Pinchon, qui était alors au Mont Saint-Michel, donna l'ordre aux sergents Touque Pigace, Colin le Canele et Robert Pironaut de partir sur le champ, de procéder à une enquête sévère et de faire restituer sans délai, « avec couz et dommages, » tous les biens vendus. Et si par hasard quelqu'un résistait, ils devaient recourir au bailli, vicomte et autres officiers du seigneur de Hangest, qui étaient obligés « sous toute peine qu'ils peuvent encourir » de leur prêter main forte et de faire exécuter leurs ordres. Les coupables ou rebelles seraient assignés à se présenter au Mont Saint-Michel pour faire amende au roi par devant le bailli. « Et d'abondant defendez encore de rechef es dites gens et a touz autres que contre la tenour des dictes lettres eux n'attentent dores en avant sus toute la peine que au cas il appartient. — Mandons et commandons a tous les bien veillanz et sujets de nostre dit seignour qu'à vous et à chescun de vous en fesant les choses dessus dites obeissent et entendent, et vous donnent aide, se mestier en avez (1). »

Nous ne savons si les sergents réussirent dans leur difficile mission, ni quelle fut la fin de ce conflit ou plutôt de cette révolte ouverte et impudente dont nous avons voulu raconter toutes les phases et les différentes péripéties, parce que cette page d'histoire locale nous renseigne mieux que de longues dissertations sur l'état du pays, à cette époque.

---

(1) Arch. de la Manche, *Id.* Abbaye du Mont Saint-Michel.

CHAPITRE SEPTIÈME

RÔLE MILITAIRE DE LA VILLE DE SAINT-JAMES AU XVe SIÈCLE, PENDANT LA SECONDE MOITIÉ DE LA GUERRE DE CENT ANS (1400-1450). — SIÈGE DE 1426. — REPRISE DE LA VILLE EN 1449.

La trève de vingt-huit ans conclue entre la France et l'Angleterre, en 1398, et le mariage de Richard II avec Isabelle de France devaient, semble-t-il, assurer la paix pour longtemps et inaugurer une ère de prospérité après tant et de si longs malheurs. L'avènement de la maison de Lancastre au trône d'Angleterre et les discordes intérieures de la France rallumèrent bientôt la guerre entre les deux pays.

Dès les premières années du XVe siècle, les Anglais ravagèrent les côtes de la Normandie. Le 30 janvier 1403, Charles VI ordonna de lever sur le diocèse d'Avranches la somme de 6,250 livres, « pour resister a la puissance de Henry de Lencastre, qui se dit Roy pour faire par ses fauteurs et adhérens guerre publique contre le royaume de France et ses subjez par mer et terre, en pillant et desrobant et en emmenant navires, personnes, biens et marchandises qu'ilz ont pu trouver sur la mer et en descendant a terre ès pays de Picardie, de Normendie et de Poytou, ès yles de... arsées et destruites, et en plusieurs autres lieux ès parties du Royaulme, ou ilz ont bouté feulx, tué hommes, fame, pillez, robé et faict plusieurs autres maux... La dite somme estre cuillie et levée dedens la fin d'avril prouchain venant comme plus a plein est contenu ès dites lettres... par nous Guillaume Regnaut et Guillaume Biote esleuz au diocese dessus dit et commis a ce, et Jehan Blandraps l'aisné commis pour en faire la recepte. Le XIXe jour de mars, l'an mil IIII^c III (1). »

(1) Arch. de la Manche.

La ville et châtellenie de Saint-James furent taxées à 815 liv. 10 s. ; sur cette somme la ville paya 230 liv. (1).

Cette contribution de guerre ne préserva pas le pays de nouvelles incursions des ennemis. Le 10 août 1412, le duc de Clarence, appelé par la faction des Armagnacs, débarqua à la Hougue avec un corps d'armée de huit mille hommes et ravagea encore la Basse-Normandie jusqu'à son départ pour la Guyenne, après le traité de Buzançais, conclu le 14 novembre 1412. L'abbé et les moines de Montmorel demandèrent au roi d'être dispensés de faire foi et hommage de leurs biens, « pour cause mesmement de la guerre et des gens d'armes et de nos ennemis d'Angleterre, qui ont esté en ceste presente année ou dit diocese, ausquels religieux et convent, estante leur dicte abbaye en grant desolacion et leurs biens perdus et destruis et tellement perturbez et dommagiez que ledit abbé n'a peu ne ne pourra a lonctemps vaquer ne occuper temps à venir devers nous faire ce que dit est... (2). »

Mais tous ces maux n'étaient que le prélude de plus grands malheurs. Henri V, qui venait de succéder à son père, déclara la guerre à la France, aborda avec une nombreuse armée, le 14 août 1415, sous les murs de Harfleur, et remporta, le 25 octobre suivant, la victoire d'Azincourt. Le 1er août 1417, il débarquait de nouveau à l'embouchure de la Touque, pour conquérir, cette fois, le duché de Normandie. Les populations refoulées par l'ennemi cherchaient un refuge dans les contrées qu'il n'occupait pas encore. Ce fut ainsi que Thomas Bessin, plus tard évêque de Lisieux, his-

---

(1) Archiv. de la Manche. — Voici le tableau de la répartition des contributions pour chaque paroisse de la châtellenie de Saint-James, d'après le document que nous venons de citer :

La Ville et Chatellenie de Saint-Jame de Bevron.

Paroisse	liv.	s.	Paroisse	liv.	s.
S. Jame de Bevron.....	230 liv.	» s.	S. Martin de Montjoye..	34 liv.	» s.
S. Benoît de Bevron....	32	10	S. Aubin de Terregaste.	85	»
Crollon..................	28	10	S. Laurens de Terregaste.	46	10
La Croix en Avrenchin..	46	»	S. Senier de Bevron.....	47	10
Vergoncé..............	31	»	Juillé..................	42	»
S. Briz de Landelles....	21	10	Argouges..............	35	10
S. Martin de Landelles..	42	»	Quernet..............	45	»
Les Loges Marcheys....	31	»	Villiers..............	35	»
La Chapelle Hamelin....	»	50			

(2) *Cartul. de Montmorel*, p. 32.

torien de Charles VII et de Louis XI, et l'un des hommes les plus remarquables de son siècle, obligé d'abandonner, encore enfant, sa ville natale avec ses parents, vint à Saint-James, où il séjourna quelques mois. « Mes parents, dit-il, quittèrent en toute hâte la ville de Falaise (1) et se dirigèrent vers la Bretagne. Ils s'arrêtèrent d'abord dans une ville située sur les marches de la Normandie et de la Bretagne, appelée Saint-James de Bevron, et ils y restèrent quelque temps. Mais prévoyant que les Anglais ne tarderaient pas à occuper toute la Basse-Normandie, ils quittèrent cette place et s'acheminèrent vers la ville de Rennes (2). »

L'invasion s'étendait d'une manière effrayante : dès les premiers mois de 1418, Vire, Saint-Lo, Coutances, Carentan, Avranches tombaient au pouvoir de l'ennemi (3) ; Saint-James était occupé, le 1er mai, et placé sous le commandement du capitaine de Vire, le sire d'Arundell, qui en confia la garde à Vigor de Clinchamps. Les Anglais ruinèrent les fortifications et ne laissèrent qu'une faible garnison dans la ville, qu'ils paraissent même avoir abandonnée pendant quelque temps.

Les habitants de l'Avranchin, qui conservaient encore le triste souvenir de la guerre précédente, passèrent en masse en Bretagne. « De fait, dit d'Argentré, il en vint un si bon nombre en ce temps-là que si beaucoup de familles qui se disent des nostres étoient recherchées, elles se trouveroient être venues de cette part. Et en vint en ce temps par une fois jusqu'au nombre de vingt-cinq mille mesnages (4). » La plupart des bourgeois de Saint-James, surtout au moment du siège de 1426, s'expatrièrent pour éviter les horreurs de la guerre et garder leur fidélité au roi de France (5). Plusieurs se

---

(1) Falaise, assiégé le 1er décembre 1417, avait capitulé le 20 et s'était rendu le 2 janvier 1418. — Voir « l'appointement du chastel et de la ville de Falaize » dans le XVe vol. de la collection des *Mémoires de la Société des Antiquaires de Normandie.*

(2) *Histoire de Charles VII et de Louis XI*, par Th. Bessin, Ed. de la Société de l'Histoire de France, *Breviloquium*, § V et VI.

(3) Vire capitula le 21 février 1418, Saint-Lo le 12 mars, Coutances et Carentan le 16, Avranches le 14 juillet ; dès le 12 mai, Henri V avait nommé quelques fonctionnaires de la vicomté d'Avranches. (*Mémoires de la Société des Antiquaires de Normandie*, XXIII, 30, N° 209).

(4) D'Argentré, *Histoire de Bretagne*, Liv. X, ch. 17.

(5) Les habitants qui consentaient à reconnaître l'autorité du roi d'Angleterre pouvaient rester dans les villes et jouir de leurs biens ; mais ceux qui refusaient de

retirèrent à Fougères et à Rennes où ils importèrent le commerce des draps et des toiles ; d'autres, qui s'établirent à Dol, éprouvèrent dans la suite toutes sortes de vexations de la part des gouverneurs « qui en extorquoient beaucoup d'argent, les chassoient souvent de la ville, ne souffraient pas qu'ils fissent la garde comme les anciens habitants, et exigeaient de grandes sommes d'eux pour cette exemption forcée (1). » L'évêque de Dol, indigné de ces injustices, lança une sentence d'excommunication contre le gouverneur, le sire de Coetquen, et alla se plaindre auprès du duc lui-même de la conduite de son fils.

Henri V exigea, comme partout, le serment de fidélité des principaux seigneurs des environs. Plusieurs le prêtèrent, mais beaucoup aimèrent mieux perdre leurs biens que de se soumettre au vainqueur. Jean Guiton vit son manoir et sa vavassorie des Guitons, ses terres et seigneuries de Carnet donnés à l'anglais Thomas de Rameston, qui en fit hommage au roi Henri V, à la fin de février 1419. L'expédition du don est datée du 4 mars suivant. Le même jour, Thomas de la Paluelle fut dépouillé de ses terres et seigneuries adjugées à Philippe Branch. Jacques de la Servelle fut dépossédé par Jean Filvastre. Le 24 décembre de cette même année, les biens de Geoffroy de Romilly, chevalier, et de ses fils, furent confisqués au profit de Thomas Merks, et quelques mois plus tard, 8 mars 1420, « le manoir et la vavassorie de Boucéel et autres terres et seigneuries qui furent à Jean (2) et André dis Pigasse,

---

se soumettre devaient en sortir et quitter le duché dans un temps déterminé. Les habitants « rebelles » de Coutances obtinrent un délai de trois jours pour vider la ville et de six pour gagner la frontière. « Et auront iceulx qui s'en vouldront aler terme de vuider eux et en aller et emporter leurs ditz biens hors de la dite ville, c'est a savoir de vuider la dite ville et cité dedens trois jours prouchans en suivant de la dite livrée et rendue d'icelle. Et icelle vuidenge faite de emporter et mettre hors du pays et duchée leurs dits biens dedens six jours prouchains d'illeuc en suivant se emporter et oster le veulent. » Cette clause est toujours stipulée dans les actes de capitulation. (Voir « l'appointement » des villes de Vire, Falaise, Saint-Lo, Coutances et Carentan, XVe vol. des *Mémoires de la Société des Antiquaires de Normandie*, p. 264 et suivantes).

(1) Dom Lobineau, *Histoire de Bretagne*, T. Ier, p. 598, et T. II, Preuves, p. 1029.

(2) En 1387, Jehan Pigace rendit aveu au Roi pour la sergenterie qui portait son nom : « Je Jehan Pigace, escuier, advoue et cognois tenir en foy et par hommage du Roi, nostre seigneur, une franche sergenterie nommée la Sergenterie Pigace, assise en la viconté d'Avrenches, ancienne, et, pour icelle sergenterie, je

écuyers rebelles, » passèrent aux mains de Guillaume Glacidas, chevalier. Un autre Anglais, Thomas Trollop, fut mis en possession de la fortune de Richard de Clinchamps, écuyer rebelle (1).

La mère de Jean Guiton, « Madame Guillemette aux Epaules, veuve de defunt messire Raoul Guiton, chevalier, » demanda, le 28 novembre 1419, un délai qui lui fut accordé jusqu'à Pâques, « pour faire partager son domaine et ses héritages de ceux qui furent à son fils, Jean Guiton, escuyer rebelle. » Damoiselle Sylvaine de la Servelle, veuve de Guillaume de la Paluelle, écuyer, obtint une expédition, en date du 7 mars 1420, « pour avoir et prendre par chacun an, au jour Saint Jean-Baptiste, vingt livres sur le manoir et fief de la Paluelle, pour la garde et entretien de ses deux enfants sous agés. » Guillaume Guiton, Guillaume de la Binolaye, Guillaume de Romilly et Jean Tahourdin jurèrent fidélité au roi d'Angleterre.

Les chevaliers et écuyers « rebelles, » entre autres Jean Guiton et Thomas la Paluelle, se retirèrent au Mont Saint-Michel qu'ils défendirent victorieusement contre l'ennemi (2). Jean Pigasse,

---

doy au Roy, nostre seigneur, une paire d'esperons ou pris de trois soulx tournois de rente par chascun an... Mil CCC IIII xx et sept. (Desroches, *Ann. Civ. et Mil.*, p. 320).

(1) Extraits du Registre des dons et confiscations maintenues pendant les années 1418, 1419 et 1420, par Charles Vautier.

(2) M. Desroches (*Hist. du Mont Saint-Michel*, T. II, p. 142, 143) a donné le récit dramatique d'un combat soutenu sur les grèves contre les Anglais, vers 1419, par la petite garnison du Mont Saint-Michel, et dans lequel se distinguèrent Thomas de la Paluelle et Jean Guiton. « ...Les chevaliers marchaient revêtus d'armes étincelantes et portant sur leurs écus les marques de leur antique noblesse, quand au lever du soleil ils aperçoivent une troupe considérable d'Anglais qui s'avancent en désordre à travers les grèves. Malgré l'infériorité du nombre, ils fondent sur eux avec impétuosité. Plusieurs guerriers tombent frappés mortellement. La honte de se voir attaqués par un si petit nombre de chevaliers ranime le courage des Anglais ; ils se rallient et se battent avec fureur. De sept qui s'acharnent sur Robert du Homme, quatre expirent sous les coups de sa hache à deux tranchants ; mais blessé lui-même à la tête, couvert de sang, il allait succomber, si ses gens, en redoublant d'efforts, ne fussent parvenus à le dégager. Plus loin, le sieur de Saint-Germain enlève d'un coup de lance la visière de son ennemi et heurte si violemment le cheval qu'il le renverse avec le cavalier. Jean de la Champagne et les seigneurs de la Paluelle et de Verdun se couvrirent aussi de gloire dans cette journée. Jean d'Harcourt, voyant du haut des remparts ce qui se passait dans la plaine, se fait ouvrir les portes et vient se précipiter dans la mêlée, au lieu où Thomas de la Paluelle soutenait encore le combat, quoique atteint de vingt coups

Richard de Clinchamps et son frère Colin paraissent dans une montre de Nicole Paynel, au Mont Saint-Michel, le 1er mai 1421 (1). Ils servaient sous le comte d'Aumale, Jean d'Harcourt, qui put reprendre Avranches, le 18 juin 1419, Pontorson le lendemain 19, et le château de Montaigu en 1422.

Il ne faut pas croire que les Anglais se rendirent maîtres du pays sans difficulté. Plusieurs bandes s'organisèrent et leur opposèrent une longue résistance (2). Le roi d'Angleterre signa une trève avec le duc de Bretagne, afin de réprimer plus facilement ces révoltes, et, le 17 avril 1418, il nomma Jean Tripot et Jean Assheton « commissaires pour faire et requerir reparation faite a la treve, pres et ès fins et metes de Bretaigne, savoir est a Pontortzon, a Avranches et a S. James de Bevron (3). » Afin de terroriser le pays, il mandait en même temps aux capitaines de ces places et de quelques autres de poursuivre les brigands et d'en faire prompte justice. Ses officiers se montrèrent fidèles exécuteurs de ses ordres, car nous voyons dans un procès-verbal du vicomte d'Avranches que, du

---

de lance. Le secours du duc d'Aumale fait pencher la victoire en faveur des Français, et ils se retirent en bon ordre. Un Anglais d'une taille gigantesque les pressait vivement. Jean Guiton se détache et fond sur cet ennemi ; il le renverse d'un coup de lance, et, sautant à terre, il va l'égorger. Mais l'Anglais, qui s'était promptement débarrassé des étriers, se défend avec autant d'adresse que de courage. Ils se portent des coups terribles : leurs poignards se brisent. Alors, se saisissant l'un l'autre, ils se tiennent étroitement serrés. Guiton plus souple parvient à faire tomber son adversaire ; mais entraîné dans la chute il tombe en même temps. Enfin, l'avantage reste à Guiton, qui suspendit, comme un glorieux trophée, à l'autel du grand Archange. le bouclier, la lance et les éperons de ce redoutable ennemi, dont il est à regretter que la chronique n'ait pas conservé le nom. Consternés de la mort du plus brave des leurs, les Anglais se retirent, et les héros de l'Avranchin rentrent dans le Mont. Il était temps. La mer mugissait dans le lointain, et ses flots se précipitaient vers le champ de bataille. Des blessés, qu'on n'avait pu enlever, poussèrent en vain des cris lamentables ; ils furent engloutis dans l'abîme. » Il est regrettable, dirons-nous à notre tour, que M. Desroches ait encore négligé d'indiquer sa source.

(1) *Chroniq. du Mont Saint-Michel*, T. Ier, p. 110.

(2) En 1428, le gouvernement anglais faisait voter, en sus des contributions qui avaient été votées l'année précédente, 3,000 livres pour le paiement de 4 hommes d'armes et de 100 archers chargés de la protection des chemins, afin « que les bons et loyaulx subjetz du dit seigneur demeurant dans le pays puissent seurement faire leurs marchandises et labours. » (*Ch. du Mont Saint-Michel*, T. Ier, p. 270).

(3) Rôles, n° 1361 des lettres de Henri V, 17 avril 1418. Jean Assheton, chevalier, fut nommé, le 14 mars 1418, bailli du Cotentin.

4 novembre 1429 au 23 avril suivant, le lieutenant du comte de Suffolk, Charles, qui faisait la chasse aux rebelles, lui en avait livré vingt qui furent exécutés à Avranches. Parmi ces martyrs du patriotisme figurent Jehan Megret, de la paroisse de Carnet, pendu le 20 février, Guillaume de la Fresnaye, de Saint-James, et Guillaume Le Sachié, de Sacey, exécutés les 29 et 30 mars (1).

La France, divisée par les factions et livrée à l'ennemi par ceux-là mêmes qui devaient la défendre, semblait sur le penchant de sa ruine, quand Dieu releva sa fortune par un concours de circonstances inespérées. L'épée de du Guesclin allait passer aux mains du connétable de Richemont, et Jeanne d'Arc se préparait à sa glorieuse mission.

Richemont parvint à détacher de l'Angleterre son frère, le duc de Bretagne, qui signa à Saumur, le 7 octobre 1425, un traité d'alliance avec Charles VII. Dès lors, les Anglais regardèrent la Bretagne comme un pays ennemi et l'envahirent à plusieurs reprises.

Dans une de ces expéditions, le comte de Suffolk, gouverneur de la Basse-Normandie, et Thomas Rameston, son lieutenant, s'avancèrent, à la tête d'une troupe de douze cents hommes, jusqu'à Rennes, où était le duc, et revinrent avec un riche butin et bon nombre de prisonniers. Rameston occupa Saint-James « qu'il fit réparer et fortifier pour y demeurer et y tenir garnison (2), » afin de recommencer des excursions qui lui étaient si profitables. « Et commencèrent les Anglois, continue Monstrelet, à mener forte guerre et tournoiements au pays de Bretagne. » Pour repousser ces attaques et user de représailles, le duc leva une nombreuse armée « tant du pays de Normandie que de Bretagne, et tant du commun peuple que d'hommes d'armes et de trait qu'on estimoit bien de quinze à

---

(1) *Chronique du Mont Saint-Michel*, T. Ier, p. 101. — Bibl. Nat. Quitt. T. 52, N° 5524.

(2) Monstrelet, Liv. II, ch. 46. — Nous voyons, en effet, dans une lettre envoyée, le 1er mars 1426, par le comte de Salisbury à Jean Silvain, bailli de Rouen, que le roi d'Angleterre avait ordonné de fortifier Saint-James contre les Bretons. « Laquelle place de Saint-Jame de Brevon par l'ordre du roy, nostre dit sire, et de monseigneur le Regent avait nagueres esté fortifiée pour tenir frontière contre iceulx ennemis. » (Bibl. Nat. Fr. 26049, N° 554). — Dans deux autres lettres attribuées au comte de Suffolk, la première datée du 7 février, l'autre du 13 (Voir Desplanques, pièces IV et V, p. 63, 64), il est question de l'armée bretonne, de « la fortification » de Saint-James et du siège imminent de cette place.

seize mille combattants (1). » Dom Lobineau dit que le duc convoqua le ban et l'arrière-ban dont personne ne fut exempt si ce n'est le vicomte de Rohan, qui avait été nommé depuis peu de temps chambellan du Roi. « Le baron de Coulonces (2) fut de la partie, de même que Jean de Poulnic, Hervé du Pont, Guillaume de Rosmadec, seigneur de Tyvarlen, Geoffroy du Perrier, Olivier Labbé, Henri de Lysun, Molac, Coetivi, La Motte, Guillaume Eder, Lanros, les gens de l'Admiral et le vicomte du Fou. » Nous pouvons ajouter à cette liste Jean Eschart, Jean Girard, Thomas Houston, Jean Ouschard et le connétable de l'armée d'Ecosse, Jean Stuart, chevalier

---

(1) Monstrelet, *Id., id.* — On fit venir des troupes jusque du fond de la Bretagne, comme on le voit par cet extrait du compte de Jehan Dronyou, trésorier et receveur général de Bretagne, du 13 avril 1413 au 1er novembre 1426 : « A messire Eon Foucault, seigneur de Lescoulouarn, capitaine de Conq (le Conquet, petit port de mer, à 19 kil. de Brest), pour partie de remuneration des frais, le voyage devant Saint-James de Beuvron, CC liv. — Au sire de Kermavan, capitaine de Brest, pour certains gens d'armes qu'il mit en garnison audit chatel, quand il partit a venir au siège de Saint-James de Beuvron, C liv. » (D. Lob. *Histoire de Bretagne*, T. II, Preuves, p. 963). Villaret évalue l'armée de Richemont à 20,000 hommes, et la garnison anglaise à 6,000. Ce dernier chiffre est évidemment exagéré. La garnison était forte de six à sept cents hommes ; il n'était pas possible de loger 6,000 hommes dans la place de Saint-James. La plupart des historiens donnent au connétable de quinze à seize mille hommes ; Grafton va jusqu'à 40,000 hommes !

(2) Jean de la Haye, seigneur de Coulonces (Calvados, arr. de Vire), dit baron de Coulonces, capitaine de Mayenne, fut le principal chef du parti national dans la vallée de la Vire. Il servit au Mont Saint-Michel sous Jean d'Harcourt, duc d'Aumale, remporta avec lui, en 1423, la victoire de la Gravelle; puis il dirigea la défense du Mont Saint-Michel, après la mort du duc d'Aumale à Verneuil, repoussa les efforts des ennemis par terre et par mer et leur infligea, au commencement de novembre 1424, une défaite sur les grèves. Il accompagna le connétable de Richemont au siège de Saint-James. Le 25 mars 1426, le duc de Bretagne mandait à Jehan Aleaume de payer « a nostre tres cher et bien amé le baron de Coulonces la somme de deux centz LVI liv., que lui avons ordenné et ordonnons pour part de souldey de ses gens d'armes qui nagueres il a eu a Saint-Jame de Bouveron... Donné en nostre ville de Dinan, le XXVe jour de mars, l'an mil CCCC vingt et cinq. (Bibl. Nat. M[ss] fr. 26049, N° 562).

Le 12 avril suivant, le connétable ordonnait encore au même receveur, Jean Aleaume, de verser cette somme au baron de Coulonces « tant ainsi et par la forme et manière que mon dit seigneur le duc le veut et mande par ses dictes lettres. » (Bibl. Nat. Quitt. T. 58, N° 572). Cette dernière pièce a été publiée par M. S. Luce (*Chron. du Mont Saint-Michel*, T. I, p. 242). Le reçu du baron de Coulonces est dans M[s] fr. 26049, N° 579. Un an après, Jean de la Haye fut tué dans un combat livré, le 17 avril 1427, sur les bords de la Guintre (par. de Courtils), contre le sire de Scales, qui voulut toujours porter depuis les *floquars* du baron de Coulonces, en signe de vaillance.

banneret, qui commandait cent cinquante hommes d'armes de l'armée de Richemont (1).

Il fut décidé, dans un conseil tenu à Rennes, que le connétable conduirait l'expédition et qu'il irait faire le siége de Saint-James de Beuvron. Une campagne en Basse-Normandie pouvait amener la délivrance du Maine occupé par les troupes de Salisbury, et donner à Richemont l'autorité nécessaire pour mener à bonne fin les réformes qu'il avait déjà entreprises dans le gouvernement. Les troupes se rapprochèrent des marches normandes, et, après avoir opéré leur concentration à Antrain, elles se dirigèrent d'abord sur Pontorson, « place tenue par les Anglois et qui portoit grand dommage a plusieurs pays (2). » Richemont s'en empara facilement, « la fit raser et abattre (3), » et passa la garnison au fil de l'épée, en représailles des ravages qu'elle avait exercés dans le duché de Bretagne.

Il arriva sous les murs de Saint-James à la fin de février 1426. « Et ce fut en caresme, » dit Guillaume Gruel (4).

D'après M. Desroches (*Hist. du Mont Saint-Michel*, T. II, p. 161), le connétable fit camper son armée dans un champ situé sur le roc de Dierge, qui porte encore le nom de Champ de Bataille, et logea

---

(1) Bibl. Nat. (Fr. 20684, f° 48, V°). — M. Desroches (*Annal. Relig.* p. 61, et *Annal. Civ. et Mil.*, p. 310, 345).

(2) Cousinot, *Chronique de la Pucelle*, Ch. XVIII.

(3) *Id., id.*

(4) *Histoire d'Arthur III, duc de Bretagne, comte de Richemont*, publiée par Petitot, première série, T. III, p. 192, 193. — Il est certain que le siége de Saint-James eut lieu à la fin de février et dans les premiers jours de mars 1426. Richemont n'avait pris l'épée de connétable, à Chinon, que le 7 mars 1425. M. Luce (*Chronique du Mont Saint-Michel*, T. Ier, p. 242, note), M. Wallon (*Vie de Jeanne d'Arc*, Introd., p. 47), M. Le Fresne de Beaucourt (*Hist. de Charles VII*, T. II, fixent le jour de l'assaut et la fin du siège au mercredi 6 mars. C'est, en effet, la date donnée dans le nécrologe des Cordeliers de Quimper, cité par Dom Lobineau (T. II, col. 1003). « *Pridie nonas martii, obierunt nobiles Domini... apud S. Jacobum de Boveron.* » L'auteur de la *Chronique du Mont Saint-Michel* suppose par le vers suivant : « *Despicit Armoricos Bevro sub piscibus arcus,* » que les premières opérations eurent lieu en février, puisque le signe des Poissons correspond à ce mois. Or, si le siége, comme le dit G. Gruel, ne dura que huit ou dix jours, il faut admettre que l'armée du connétable arriva sous les murs de Saint-James vers le 25 février 1426. Si les chroniqueurs rapportent cet événement à l'année 1425, il faut se souvenir que l'année, commençant alors à Pâques, les mois de février et de mars appartenaient encore à l'année 1425.

au village de Margottin, fief que Perrine de la Croisille apporta en dot peu après à Jean Guiton et que le roi d'Angleterre avait donné à Nicolas Burdet.

D'Argentré dit simplement qu'il prit ses positions à un quart de lieue de la ville ; peut-être, selon nous, entre les routes de Pontorson et d'Antrain, coupées presque à angle droit par celle d'Avranches à Fougères. Il pouvait ainsi commander ces chemins et empêcher l'approvisionnement de la place de ce côté.

Dès les premiers jours, la garnison anglaise, forte de six à sept cents hommes, ayant à sa tête Thomas de Rameston (1), chambellan du duc de Bedfort, Philippe Branch et Nicolas Burdet (2), bailli du Cotentin et grand bouteiller de Normandie, fit « plusieurs saillies sur le connestable et y eut de dures escarmouches tant d'un côté que d'autre (3). »

Richemont parvint cependant à s'installer et à faire ses approches. Il investit la place et, évitant d'attaquer le boulevard, il fit battre les murailles au nord et au midi, vers les portes d'Avranches et de Fougères. C'était le moyen d'utiliser un plus grand nombre de troupes et de diviser les forces de l'ennemi. D'ailleurs, les murailles n'étaient accessibles que sur ces deux points. Et « commença, dit Monstrelet, a jeter et traire plusieurs de ses engins contre la muraille qui fort l'endommagèrent (4). »

Il fallait, en effet, prendre la ville le plus tôt possible. Le chancelier de Bretagne, Jean de Malestroit, ayant retardé le paiement des gens de guerre, des murmures éclataient déjà parmi les troupes, et il était à craindre que la disette ne forçât bientôt une aussi grande

(1) Après le siége de Saint-James, Th. Rameston, ou Rempston, fut envoyé au siège de Pontorson, en 1427, sous le comte de Warwick, puis à Orléans. Il fut fait prisonnier à la bataille de Patay, 18 juin 1429. Il devint sénéchal de Guyenne et fut encore fait prisonnier par Richemont à la prise de la ville de Saint-Sever, le 23 juin 1442.

(2) Nicolas Burdet, écuyer du duc de Bedfort, fut d'abord capitaine de Carentan, puis bailli du Cotentin. Nommé capitaine de la bastide d'Ardevon, il fut chargé de diriger le siège du Mont Saint-Michel, en 1423, et fut pris par le baron de Coulonces, dans un combat sur les grèves (nov. 1424). Il était encore prisonnier le 12 mai 1425. Plus tard il fut envoyé (juillet 1441) défendre Pontoise assiégé par Charles VII et le connétable, et fut tué à la prise de la ville par les troupes françaises, le 19 septembre.

(3) Cousinot, *Chroniq. de la Pucelle*, Ch. XVIII.

(4) Monstrelet, *Ibid., ibid.*

multitude à se débander. D'ailleurs, les Anglais, effrayés par la prise de Pontorson et l'arrivée du connétable sous les murs de Saint-James avec des forces considérables, déployaient une grande activité pour organiser la résistance. Le comte de Suffolk, qui était à Avranches avec le sire de Scales, avait envoyé un messager, dès le 1er mars, « porter hastivement plusieurs lettres closes aux capitaines de Touque, Honfleur, Caudebec et Rouen, touchant les nouvelles et fait du siège de Saint-Jame de Bevron (1). » De son côté le comte de Salisbury, qui assiégeait alors la Ferté-Bernard, avait cru d'abord que Richemont conduirait son armée contre lui ; mais ayant appris qu'il s'était emparé de Pontorson et qu'il menaçait Saint-James, il envoya le même jour, 1er mars, un courrier au bailli de Rouen, Jean Salvain, pour lui enjoindre « d'assembler tous les nobles et autres de son baillage qui ont accoustumez eulx armer et suir les guerres, de quelque nacion qu'ilz soient, » et de les envoyer le rejoindre, dans un délai de quinze jours, à Argentan ou ailleurs, « ès basses marches de Normandie, » afin qu'il soit en mesure de laisser une partie de ses troupes continuer le siège de la Ferté, pendant qu'il irait en personne « contre iceulx ennemys, a l'encontre desquels, par le moien de l'aide de Dieu, nostre createur, et des bons et loyaulx vassaux du roy, nostre dit sire, pour le bien de sa seigneurie, nous pensons resister a toute puissance et sommes conclus de les combattre, se attendre nous veullent, et en ce exposer nostre personne et choses quelzconques, au plus brief que pourrons joindre et approcher des diz ennemis... (2). » La

---

(1) *Chronique du Mont Saint-Michel,* T. Ier, p. 236. — Le 5 mars 1426, Guillaume Breton, chevalier, bailli de Caen, mande à Jehan Burnel, vicomte de Bayeux, de payer sur sa recette « à Jehan Aleaume, dit Loyet, la somme de diz sols tournois que nous luy avons tauxé, pour sa paine et sallaire d'avoir porté de Baieux a Caen par le commandement de Mons. le comte de Suffolk et de nous certaines lettres, touchant le fait de Saint-Jame de Beuron assiégé par les anemis et rebelles du Roy nostre seigneur... » (Bibl. Nat., Fr. 26049).

(2) Bibl. Nat. Fr. 26049, N° 554. — M. Cosneau, *Le Connétable de Richemont,* a publié cette pièce (Appendices, N° XXIV). — Pierre Polin, lieutenant général de noble homme Mons. Jehan Salvain, chevalier bailli de Rouen, paie, le 9 mars 1426, LX s. tournois à Henri Thorel « pour sa paine et salaire pour avoir porté de Rouen aux vicomtés de Pontaudemer et d'Orbec » le mandement du comte de Salisbury ; et, le 13 du même mois, il donne « centz s. tournois » à un autre courrier, nommé Gosse, pour avoir porté les mêmes lettres à Gisors. (Bibl. Nat. Fr. 26049, N° 559).

garnison avait appris ces nouvelles qui avaient ranimé les courages. Le connétable ne les ignorait pas non plus et pouvait s'attendre à une surprise : c'était une de ses principales préoccupations.

Les chefs de l'armée tinrent conseil, et il fut résolu qu'on donnerait un assaut général le mercredi 6 mars. Le matin de ce jour, Richemont envoya sur la route d'Avranches un fort détachement de gens d'armes, que Villaret et d'Argentré évaluent à deux mille hommes, afin de tenir tête aux troupes du comte de Suffolk, s'ils les rencontraient en chemin. Il divisa ensuite son armée en deux corps : les Bretons bretonnants devaient assaillir la place au sud, du côté du château et de la porte de Fougères, pendant qu'il l'attaquerait vigoureusement, au nord, vers la porte d'Avranches, avec le baron de Coulonces, l'amiral de Bretagne, Monseigneur de Porhoët, et le reste de ses gens. Le capitaine anglais se mit en mesure de répondre à cette attaque simultanée et chargea une troupe assez nombreuse de garder la porte de Fougères. Il fit sortir Nicolas Burdet par la poterne de la grosse tour (1) avec quatre-vingts archers qui occupèrent le boulevard situé sur la vallée, à une distance d'un demi-trait du château. La garnison, prévoyant qu'elle aurait le même sort que celle de Pontorson si la ville était prise, était résolue à se défendre jusqu'à la dernière extrémité.

« L'assaut dura par longue espace, très dur et merveilleux (2). » Cousinot dit qu'il se prolongea pendant quatre heures environ : « Et y eut un très âpre assaut qui dura de trois à quatre heures (3). » Les Bretons, obligés de suivre un sentier étroit qui longeait les fortifications, parvinrent enfin à placer leurs échelles contre le mur du château ; déjà ils étaient sur le point de l'escalader, « combattant souvent main à main avec les Anglais, » quand ceux-ci croyant ou feignant de croire à l'arrivée de l'armée de secours, qu'ils attendaient d'heure en heure, firent entendre tout à coup comme un cri de délivrance et de triomphe : « Salsbury et Suffolk ! », auquel répondirent les soldats de Nicolas Burdet. Les assiégeants ne reconnaissant pas leurs compagnons envoyés sur la route d'Avranches, qui revenaient prendre part à la lutte, ou pensant qu'ils étaient

---

(1) Voir *Suprà*, p. 15, 16 et 25.

(2) Monstrelet, *Id.*, *id.*

(3) *Chronique de la Pucelle*, collec. Petitot, première série, T. III, p. 78, 79.

poursuivis par l'ennemi, furent saisis de frayeur et ne songèrent plus qu'à descendre précipitamment dans les fossés et à fuir de toutes parts. Mais la retraite était impossible. Les Anglais, qui défendaient la porte de Fougères avec une partie des soldats de Nicolas Burdet, s'étaient si fortement établis à l'entrée du chemin de ronde qu'il fut impossible de les forcer. Ce fut alors un affreux désordre. Les Bretons, au nombre de huit cents, criblés de traits lancés du haut des murailles et du boulevard, refoulés par les troupes anglaises dans l'espace compris entre les remparts et le vallon abrupte et très profond au bas duquel se trouvait le premier étang, furent presque tous tués ou noyés. Et ainsi, dit le vieil historien d'Argentré, « comme le connétable cuidoit éviter un inconvénient, il tomba en l'autre (1), » et la mesure de prévoyance qu'il avait prise le matin fut la cause de sa défaite (2).

---

(1) D'Argentré, *Histoire de Bretagne*, Liv. X, ch. 32.

(2) Presque tous les chroniqueurs de l'époque rapportent cet incident qui détermina l'échec de Richemont : « Si étoient les Bretons bretonnants jà en un coté bas, où il y avoit un petit vivier, et convenoit qu'ils passassent par une étroite voie pour aller jusqu'au mur à grand danger. Si y avoit à ce coté un petit boulvert, dont un chevalier anglois, nommé Messire Nicole Bourdet, avoit la charge, a tout soixante ou quatre-vingts combattants ; et d'autre part y avoit une porte assez bien fournie d'Anglois. Et lors iceux Bretons, qui devaloient es fossés en très grand nombre pour aller assaillir, ouïrent de deux cotés les dits Anglois jeter un très grand cri, criant : « Salsebery et Suffolk ! » Pour lequel cri les Bretons se commencèrent à retraire en très grand desroy. Et a donc le dit Messire Nicole assaillit après eux moult vigoureusement ; et sans y trouver guère grand'defense, en furent mis à mort et noyés au dit étang de sept à huit cents... » (Monstrelet, Liv. II, ch. 46).

« Il y avait, dit Cousinot, une poterne en la dite ville de Sainct-Jame, près d'un estang, du coté de laquelle les François n'eussent pas peu s'ayder l'un à l'autre. Les Anglois saillirent dehors par là et vinrent frapper sur ceux qui assailloient, qui en furent bien esbahis et non sans cause et y en eut bien quatre cents de morts, tant de glaive que de noyez au dit étang. » Guillaume Gruel raconte le retour des troupes envoyées le matin sur la route d'Avranches, et que les Bretons prirent pour des ennemis : « Et quand ceulx qui estoient au dict assault devers l'estang montoient pour combattre main à main ceux de dedans, ils veirent une grande compagnée de gens d'armes qu'on avoit ordonné à faire les courses durant le dict assault, car le comte de Suffolc et le sire de Scales estoient à Avranches. Et ainsi cuidèrent nos gens que ce fussent les Anglois, et se commencerent à retirer. Et alors les dicts Anglois saillirent sur eux, et en tuerent et feirent noyer grand nombre en l'estang du dict lieu ; et ceux qui estoient de l'autre costé n'en scavoient rien. » (Collec. Petitot, T. III, p. 192, 193).

L'historien d'Argentré, qui écrivait à la fin du XVIe siècle, a raconté le siège de 1426 d'une manière très exacte et fort intéressante.

Le petit sentier, dont parle Monstrelet, qui n'était que le chemin de ronde sous

Parmi les morts se trouvèrent Monseigneur Jacques de Molac et Monseigneur de Coetivy (1), Messire Alain de la Motte, Guillaume de la Motte, son fils, Guillaume Eder, Jean de Poulnic, Hervé du Pont, le sire de Tyvarlen, Perrier, Lysun et Kanservet de Lauros. Les Anglais firent cinquante prisonniers, au nombre desquels fut Olivier Labbé, et s'emparèrent de dix-huit étendards et de la bannière de Bretagne.

Cependant Richemont continuait, au nord, l'attaque avec fureur. Lorsqu'il apprit la nouvelle du désastre, il fut « moult grandement emerveillé et fit sonner la retraite, car le siège devers l'étang était déjà levé (2). » Il regagna ses campements, la rage au cœur, et rassembla son conseil pour délibérer sur le meilleur parti à prendre dans ces graves conjonctures. Tous furent d'avis qu'il fallait abandonner les opérations du siège, à cause des grandes pertes de la journée, et le départ fut fixé au lendemain matin.

Mais, vers deux heures après minuit, un grand bruit, que personne ne put s'expliquer, vint encore jeter l'alarme parmi les troupes démoralisées, qui se crurent surprises par l'ennemi. « Plusieurs commencèrent, dit Guillaume Gruel, à desloger sans congié, les uns bleciéz et les autres pour les conduire. » Pour comble de malheur le feu prit aux tentes, et bientôt l'incendie menaça de consumer le camp tout entier. La débandade devint alors générale. On vint avertir Richemont et son frère Richard de Bretagne, comte d'Etampes, que tous fuyaient et qu'ils seraient brûlés s'ils ne se sauvaient eux-mêmes au plus vite. « Et montèrent les dits seigneurs sur petits chevaux pour cuider faire demeurer ceux qui s'en vouloient aller ; mais homme ne vouloit arrester ; et tant que mon dict seigneur le connestable fut abatu en la presse, cheval et tout, et passoient par dessus luy qui ne l'eut secouru ; et conveint malgré luy s'en venir quant et les autres ou demeurer bien seul. Et pen-

---

les remparts, existe encore aujourd'hui et s'appelle la ruelle du Pirot. Il est difficile de comprendre comment M. de Gerville (*Anciens chât. de la Manche*, art. Saint-James) et après lui M. Le Hericher ont pu transporter « l'action principale sur un terrain près le roc de Dierge, qui s'appelle encore la Bataille. »

(1) Alain III, seigneur de Coetivy. Il laissait plusieurs enfants, entre autres Prigent VII, qui devint amiral de France, et Alain, d'abord évêque de Cornouailles, puis archevêque d'Avignon et cardinal du titre de Sainte-Praxède.

(2) Monstrelet. *Id., id.*

sez que c'est grand chose, quand un desarroy se met en un grand ost et de nuict. Et croyez que ce fut un des plus grands desplaisirs que mon dict seigneur eust en sa vie, et toujours vouloit retourner qui l'eust voulu croire ; et furent environ le poinct du jour à Entrain, et de là tirèrent devers le duc, à Rennes, et garnirent les frontières de Bretaigne ; puis se départirent (1). »

Monstrelet dit que Richemont « s'en retourna en la ville de Fougères en très petite ordonnance, delaissant audit siège grand foison de bombardes, vivres et autre artillerie. Et le dit messire Thomas Rameston, à tout six cents combattants qu'il avoit, dont la plus grande partie étoient blessés, demeura en icelle ville bien joyeux de sa bonne fortune, et fit bouter dedans tous les biens qui étoient demeurés de ses adversaires (2). »

« Cette défaite, dit l'historien de Richemont, fut un grand malheur pour lui et pour la France. Son autorité, déjà fort précaire à la cour, en fut gravement compromise. Comment croire désormais à ses talents militaires ? Quelle confiance pouvait-il inspirer au roi, au duc de Bourgogne, au duc de Bretagne, à tous ceux qui avaient compté sur lui et qui l'auraient secondé avec plus d'empressement s'il avait réussi dans ses premières tentatives. Désormais ses projets, ses efforts allaient être entravés pour longtemps, et il lui fallut toute sa ténacité bretonne pour persévérer dans la tâche ingrate qu'il avait entreprise (3). »

En allant trouver le Roi à Chinon, pendant les fêtes de Pâques, le connétable fit saisir, à Nantes, le chancelier de Bretagne, auquel il imputait son échec devant Saint-James. Il le traduisit devant un tribunal qui, sans l'absoudre complètement de sa conduite, lui rendit la liberté, parce qu'il promit de rétablir la paix entre le roi et le duc de Bourgogne ; « mais il n'en fit rien, ajoute malicieusement G. Gruel, car elle n'estoit pas si aisée à faire (4). »

Deux jours après la défaite de Richemont, le comte de Suffolk arriva à Saint-James à la tête de quinze cents hommes. Il réunit à cette troupe les soldats de la garnison qui pouvaient encore mar-

(1) G. Gruel, *Id.*, *id.*

(2) Monstrelet, *Id.*, *id.*

(3) M. Cosneau, *Le Connétable de Richemont*, p. 120.

(4) G. Gruel, *Id.*, *id.*

cher, et le lendemain tous partirent pour s'emparer « d'un fort moustier (1), » probablement le monastère de Montmorel, qui se rendit immédiatement.

Le comte de Suffolk marchait sur Dol quand le duc de Bretagne entra en négociations avec lui et obtint une trève de trois mois, moyennant une somme de quatre mille cinq cents livres. Thomas Rameston rentra alors à Saint-James avec un butin considérable. Les hostilités recommencèrent à l'expiration de la trève. Le connétable de Richemont s'empressa de relever les murs de Pontorson, afin d'opposer une place solidement fortifiée à Saint-James de Beuvron, et d'arrêter de ce côté les incursions des Anglais. Ceux-ci se plaignirent au duc Jean V, qui entra en pourparlers avec eux, à la fin de 1426, et leur proposa de remettre Pontorson entre les mains du duc de Bourgogne, Philippe le Bon, ou de la démanteler, s'ils voulaient accepter les mêmes conditions pour Saint-James (2). Mais le successeur de Suffolk dans le gouvernement de la Basse-Normandie, le comte de Warwick, loin d'accepter ces propositions, ordonna une grande levée d'hommes et d'argent pour mettre le siège devant Pontorson. Le sire de Scales, qui avait remplacé Thomas Rameston dans la capitainerie de Saint-James (3), semble avoir été chargé de protéger et de ravitailler l'armée d'investissement. Le combat de la Guintre qu'il soutint victorieusement contre les Français, le jeudi saint, 17 avril 1427, et dans lequel le baron de Coulonces fut tué, décida du sort de la place, qui se rendit, le 8 mai suivant, après une résistance héroïque de plus de deux mois.

Les Anglais démantelèrent Saint-James et transportèrent à Pontorson, pendant les mois de juin et de juillet, tout ce qui pouvait servir à la défense de cette forteresse : « artillerie, canons et merrien des portes et garites, lors estans aud. lieu de Saint-Jame (4). »

(1) Monstrelet, *Id.*, *id.*

(2) Instructions données, le 20 décembre 1426, à S. Deloye. (*Hist. de Bourgogne*, IV, p. LXVIII).

(3) Voir M. E. Cosneau, *Le Connétable de Richemont*, p. 137.

(4) Une charte (Bibl. Nat. Quittances, T. 59, N° 701), indiquée par M. S. Luce (*Chronique du Mont Saint-Michel*, T. Ier, p. 262), donne les noms des divers charretiers appartenant aux paroisses de Sainte-Pience, Braffais, la Chaise, la Trinité, Rouffigny, Chérencé, Bourguenolles, Lolif, la Rochelle, Tirepied, Vernix, Saint-Georges-de-Livoye, Saint-Jean et Saint-Nicolas, Saint-Jean-de-la Haize, Plomb, Ducey, Saint-Osvin, Céaux, Poilley, Les Pas, Saint-James, la Croix et Villiers, qui

Dès lors ils n'occupèrent plus Saint-James que comme un point stratégique utile à conserver. D'ailleurs, après la prise de Pontorson, ils dégarnirent les frontières de la Bretagne et du Maine pour concentrer leurs forces sur les bords de la Loire, où Jeanne d'Arc allait accomplir ses merveilleux exploits. Leurs capitaines qui avaient fait la campagne de la Basse-Normandie, Talbot, Warwick, Suffolk, Scales, Rameston, Branck, Burdet, etc., furent envoyés à Montargis et sous les murs d'Orléans, assiégé par Salisbury depuis le 12 octobre 1428. Toutefois, ils n'en continuèrent pas moins leurs attaques contre le Mont Saint-Michel, dont ils voulaient s'emparer à tout prix. Vers 1430, le duc d'Alençon forma le projet, avec Jeanne d'Arc, de faire une puissante diversion « vers les marches de Bretagne et du Maine (1), » afin de délivrer cette glorieuse forteresse et de reconquérir l'Avranchin, qui n'attendait qu'une occasion favorable pour se soulever et redevenir français. Mais les intrigues des indignes favoris de Charles VII firent échouer ce généreux dessein, et les Anglais continuèrent de régner en maîtres sur cette contrée qu'ils pressurèrent par des contributions de guerre de toutes sortes (2).

Cependant, un peu plus tard, ils se montrèrent fort inquiets de certains mouvements de troupes françaises dans le Maine. A la fin de novembre 1435, le vicomte d'Avranches envoya un espion surveiller ces mouvements. Un mois après, il députait encore deux messagers, l'un à Vannes, pour s'informer si le connétable de Richemont n'avait pas l'intention de surprendre et d'occuper Saint-James et Pontorson, l'autre à Fougères et à Vitré, afin de savoir si les troupes que l'on devait diriger sur les marches normandes étaient prêtes à entrer en campagne (3).

---

furent requis par les autorités anglaises, à raison de 20 sous tournois par jour et par charrette « pour mener de Saint-Jame de Bevron a Pontorson, durant et apres la demolicion de la dite forteresse de Saint-Jame, les artilleries, canon et merrien des portes et garites lors estant au dit lieu de Saint-Jame. »

(1) *Chron. de Perceval de Cagny*, citée par M. J. Quicherat, *Procès de Jeanne d'Arc*, IV, 30.

(2) Voir les documents publiés par M. S. Luce (*Chron. du Mont Saint-Michel*, T. I, Pièces 96, 97, 98, 102, 103 et suiv.)

(3) Bibl. Nat. Fr. 26062, N° 3137. — M. Siméon Luce a publié les quittances des sommes qui furent allouées à ces messagers. (*Chronique du Mont Saint-Michel*, T. II, p. 108).

Ce projet ne fut pas alors réalisé ; mais quatre ans plus tard, au temps de la Saint-Michel, Jean de Bueil, qui servait sous le duc d'Alençon, vint prendre possession de Saint-James, pendant que Jean de la Roche s'emparait de Pontorson. Jean de Bueil s'établit solidement dans la place, dont il releva les fortifications. Il remporta même quelques avantages sur des capitaines anglais, entre autres, sur André Trollope et Jean Bachelier, qui parcouraient le pays à la tête de bandes armées. Mais son principal fait d'armes fut la prise de la ville et du château de Sainte-Suzanne (1), vers le milieu de décembre 1439. Il se mit d'abord en relation avec un gentilhomme anglais de la garnison, nommé Jean Ferremen, qui avait épousé une française du Maine, et lui fit promettre de livrer la citadelle, pendant une absence du capitaine Mathieu Gough. On fixa le jour et l'heure, et l'on convint que Ferremen chanterait une certaine chanson sur les remparts, pour avertir qu'il était de garde et qu'il n'y avait aucun danger. De Bueil et ses hommes arrivèrent de grand matin à Sainte-Suzanne, et, le signal étant donné, ils dressent aussitôt leurs échelles contre les murailles, qu'ils escaladent en un instant. Puis ils se répandent dans la ville en criant : « Saint Denis, ville gaignée ! » Les Anglais, surpris pendant leur sommeil, se lèvent à la hâte et ne pensent pas même à résister. Ceux qui ne furent pas faits prisonniers durent se sauver en chemise, à la faveur des ténèbres, par dessus les murs. « Led. seigneur de Bueil et ses compagnons y gagnèrent beaucoup d'avoir et de richesses, car c'estoit la plus riche place et la plus forte de tout le pays, et celle qui plus de mal faisoit et plus nuisoit ès pays d'Anjou et du Maine (2). »

Le connétable de Richemont avait lui-même mis le siège devant Avranches, le 30 novembre ; mais il fut obligé d'abandonner ses positions à la hâte, le 27 décembre, et de regagner la Bretagne par Pontaubault et Pontorson. Ce départ précipité ressemblait plutôt à une déroute qu'à une retraite honorable. Aussi Jean de Bueil, prévoyant qu'il ne pourrait tenir longtemps à Saint-James, prit le parti de l'abandonner et de se retirer à Sainte-Suzanne. En quittant cette malheureuse ville, il y mit le feu, après l'avoir dé-

(1) Arrond. de Laval.

(2) Berry, p. 405. — J. Chartier, Ch. 136.

nouveau démantelée (1). Elle devait encore rester dix ans sous le joug de l'étranger.

La guerre d'embuscade et de surprises continuait entre les bandes françaises et les troupes anglaises. Les hommes d'armes de la garnison du Mont Saint-Michel ne manquaient pas l'occasion de faire, aussi souvent qu'ils le pouvaient, des courses sur le pays. Jean Guiton se distinguait entre tous par son audace : rien ne l'arrêtait lorsqu'il s'agissait, avec quelques compagnons, de tendre un piège à un détachement ennemi, d'arrêter et de piller un convoi, ou de rançonner « un fidèle » sujet de l'Angleterre.

Un jour, vers 1430, il apprend que les Anglais étaient à Genêts « avec marchandises, grosses barges de pourveances au port. » Aussitôt il s'entend avec son ami d'enfance et compagnon d'armes, Thomas de la Paluelle, pour les surprendre et s'emparer de ce riche butin. « Guiton donna rendez-vous à ses gens au manoir de la Rousselliêre, en Bacilly, que Guillemette aux Espaules, sa mère, lui avoit conservé, et La Palluelle s'y partit du manoir de Loupcel, en Villiers, prenant la grève et les gués. Les Anglois surpris endormis et réveillés à grands coups de hache et de lance furent mis en fuite, tués ou navrés ; deux de leurs nefs furent arses et les autres gagnèrent au large. Riche fut la détrousse, mais, hélas ! au retour qui se fit par les gués et le chemin montais, le pauvre Thomas de la Paluelle qui marchoit en avant des chevaux chargés tomba dans une embusche des Anglois de la Bretesche de Servon qui l'occirent lui troisième, puis voyant accourir la bataille se retirèrent en leur dit fort. Les corps furent emportés à Loucey et fut mené grant deuil de ce bon chevalier, l'une des plus roides lances de son temps. Dans la suite les Anglois craignant toujours quelque nouvelle surprise au dit Genest, ruinèrent la place et s'accommodèrent avec le sieur d'Argouges qui s'étoit rangé à eux, pour avoir son petit port de Granville qu'ils furent remparer ; mais Guiton, homme hardi et vaillant, ne lui pardonna cette félonie,

---

(1) « Et après ces choses faites, Monseigneur du Bueil, lieutenant du duc d'Alenchon, qui avoit emparé la ville de Saint-Jame de Bevron la desempara et fist bouter le feu dedens et se retroit lui et ses gens à la ville et chateau de Sainte Suzenne, que, pendant le temps qu'il avoit esté aud. lieu de Saint-Jame, il avoit gaingnyé par le moyen d'aucuns Englès qui lui vindrent et mistrent ses gens dedens. » (*British Museum*, Chron. N° 4316, Fonds Joursanvault).

surprit le manoir de Ronthon dudit d'Argouges, le fit piller et réduire en cendres ; ce dont les d'Argouges, qui avoient de grandes accointances, se vengèrent dans la suite : ils se réunirent aux autres ennemis du fougueux partisan qu'ils firent mettre en procès devant le connestable de France. Mais à la requeste de son fidèle escuyer le roi Charles VII arresta toute cette cabale par ses lettres données à Bourges en 1447 (1). »

Après la démolition de la bastille d'Ardevon, en 1435, les excursions des gens d'armes du Mont Saint-Michel furent plus faciles et par conséquent plus fréquentes (2). Jean Guiton, qui ne rêvait que vengeance, s'associa, vers le mois de mai 1439, avec trois hommes d'armes de la garnison, Guillaume des Pas, baron de Coulonces, qui avait le titre de lieutenant du capitaine de la place, Guillaume Mauvoisin et Gauvain de la Haye, pour courir le pays et partager avec eux le butin. Le capitaine du Mont Saint-Michel, Louis d'Estouteville, les empêcha d'exécuter ce projet. Guillaume Mauvoisin, irrité de cette défense, jura avec quelques autres chevaliers de lui enlever le commandement de la forteresse. Jean Guiton paraît avoir été étranger au complot (3) ; mais il faut avouer qu'il avait à se reprocher bien des « détrousses et pilleries, » non seulement

---

(1) Registre de la Paluelle cité par M. Desroches, Le Héricher, *Avranchin monum. et historique*. T. II, art. *Genêts*. Il serait assez difficile d'assigner une date même approximative à ce récit d'ailleurs fort intéressant.

(2) Henri VI informé « des grans maulx et dommages que nos diz adversaires du dit Mont Saint-Michel, depuis le desemparement de la dicte bastille d'Ardevon, ont faiz, font de jour en jour et pourroient encores plus faire sur noz subgietz, se provision et resistance n'y estoit mise, tant par courses, par appatissemens comme autrement en plusieurs manières, » envoya le sire de Scales, en garnison à Saint-Jean-le-Thomas, avec cinquante lances à cheval, vingt lances à pied et deux cent dix archers, afin de surveiller les mouvements de la garnison du Mont Saint-Michel et de la tenir bloquée autant que possible dans la forteresse. (Bibl. Nat. Quittances, T. 68, N° 2500 ; *Chroniq. du Mont Saint-Michel*, T. II, p. 65).

(3) Le récit de ce complot a été fait par M. S. Luce, dans une étude sur Louis d'Estouteville. (*Correspondant* du 25 sept. 1890, p. 1048, 1049). Voir aussi (*Chron. du Mont Saint-Michel*, T. II, p. 139). « Remission octroyée par Charles VII à Jean de Brecey, ecuyer, tenant garnison dans la forteresse du Mont Saint-Michel sous Louis, seigneur d'Estouteville, capitaine de la dite forteresse, lequel Jean, à l'instigation de Guillemin Mauvoisin, avait pris part à un complot tramé par le dit Guillemin, Laurent Leconte, Perrin du Puis, Jean Charpentier et l'un des hérauts de la garnison, de concert avec le baron de Coulonces et Jean le Brun, complot tendant à livrer la place du Mont Saint-Michel à un capitaine français autre que le seigneur d'Estouteville. »

sur les Anglais, mais encore sur les pauvres sujets du roi de France quand sa troupe manquait de vivres et de munitions. Les lettres de rémission que lui accorda Charles VII nous donnent une idée de la vie d'aventures et de pillages des chefs de partisans à cette époque.

« CHARLES, par la grace de Dieu roy de France, savoir faisons à tous presens et avenir nous avoir receue l'umble supplicacion de nostre amé Jehan Guiton, escuier, demourant en nostre pais et duchié de Normandie, contenant que ledit suppliant, dès son jeune aage, nous a tousjours servy au fait de noz guerres, tant soubz la charge de nostre cher et amé cousin le seigneur d'Estouteville, cappitaine du Mont Saint Michel, que autres seigneurs et chiefz de guerre ; et durant les guerres et divisions qui ont eu cours en nostre royaume ledit suppliant nous a servy à l'encontre de noz anciens ennemis et adversaires les Anglois et exposé son corps en plusieurs perilz et dangiers de mort et despendu et frayé du sien. Et pour ce que icelluy suppliant, durant ledit temps, s'est trouvé à plusieurs sièges, voyages et rencontres, tant de jour que de nuit, esquelles souventes foiz se sont faictes plusieurs destrousses, bateries, mutilacions et dont aucune foiz mort s'en est ensuie, et aussi s'est ledit suppliant trouvé en plusieurs lieux où plusieurs destrousses ont esté faictes sur plusieurs manières de gens, tant d'église que autres, de nostre obéissance, et a iceulx osté or, argent, bagues, chevaulx et autres biens, oultre et par dessus noz lettres de seureté et saufconduiz, lesquels estoient butinez, et dont ledit suppliant avoit et a eu sa part et porcion, et fait, tant en compagnie que seul, plusieurs autres destrousses, pilleries, rançonnemens et bateries, enfraint nos dictes seuretez et saufconduiz et autres crimes et deliz desquelz à present il n'est recors et dont aucuns à present s'efforcent le tenir en grans involucions de procès par devant nostre tres chier et amé cousin le counestable de France et ailleurs... Si donnons en mandement par ces presentes au bailli de Costentin, etc.....

Donné à Bourges ou mois de septembre, l'an de grace mil CCCC quarante sept, et de nostre regne le XXVe. Ainsi signé par le roy en son conseil.

ROLANT. (1)

Les Anglais, fatigués de la guerre, furent heureux de signer, le 28 mai 1444, une trêve de vingt-deux mois, qui fut prolongée jusqu'en 1449. Cette trêve ne fut pas toujours scrupuleusement respectée de part et d'autre. Ainsi nous voyons, au commencement de 1447, les commissaires anglais envoyer un messager à Saint-James de Beuvron, avec ordre aux officiers qui s'y trouvaient de faire arrêter les soldats de la garnison du Mont Saint-Michel « qui

(1) Archiv. Nat., Sect. hist., JJ 189. N° 160.

par subtilz moyens avoient emprisonné et contraint à paier amendes aucuns des subjez du roy, » parce qu'ils s'étaient présentés devant la juridiction anglaise (1). Et quelques mois après, le capitaine du Mont Saint-Michel, Louis d'Estouteville, dans une chevauchée du côté de Saint-James, prenait Richard Holland et le faisait exécuter. Le sire de Camois fut alors envoyé à Saint-James et dans les environs pour surveiller les agissements des Anglais sur les frontières de l'Avranchin. Il eut même la pensée de réparer les fortifications de la place et de s'y établir (2).

L'année suivante, 1448, les Anglais ne voulant pas sortir du Mans, comme ils l'avaient promis, furent obligés de se rendre à composition devant les troupes de Charles VII. Il fut convenu que la trève ne serait point rompue par cet acte d'hostilité, et que le duc de Bretagne serait compris dans le nouveau traité comme sujet et allié de la France. Mais les Anglais, déclarant qu'ils ne pouvaient livrer la place que de nuit, on leur accorda ce délai dont ils profitèrent pour faire une nouvelle copie de l'acte de capitulation, dans laquelle ils comprirent le duc de Bretagne comme ami et allié du roi d'Angleterre. La nuit du 16 au 17 mars, les commissaires de France, qui ne soupçonnaient pas la bonne foi des Anglais, se rendirent au bas du fossé et firent l'échange des traités sans s'apercevoir de la supercherie.

Les Anglais du Mans, repoussés par toutes les garnisons du pays, vinrent se loger à Saint-James et à Pontorson, et commencèrent aussitôt des travaux de fortifications qu'ils poussèrent avec une grande activité. « Au commencement de l'an mil CCCC quarante huit, les Anglois... se boutterent et logerent dedans Saint-

---

(1) «.. *Item* [payé] audit Gaultier pour estre alei à Saint Jame de Bevron porter certain nostre mandement adressé aux officiers du roy nostre dit seigneur ilec estans contenant qu'on prenist et aprehendast les corps d'aucuns du Mont Saint Michiel qui, par subtilz moyens avoient emprisonné et contraint à paier amendes aucuns des subjez du roy, pour ce qu'ilz avoient sorty jurisdiction devant les juges d'icelui seigneur, et icelui nostre mandement faire publier es lieux accoustumez faire crix, la somme de dix solz tournois. » (Bibl. Nat. Quitt. T. 85, N° 5681).

(2) Vers le milieu de 1447, Richard Briens, « messagier à pié, » fut envoyé par les officiers du bailli du Cotentin, Hue Spencer, « porter certaines lettres closes d'Avranches à Falaize, faisant mencion que le sire de Camoys et gens de sa compaignie estoient en la ville de Saint-Jame de Bevron et remparoient icelle. » (*Id., id.* N° 5716.)

Jame de Beuvron et a Pontorson, qui sont sur les marches de Bretaingne, et lesquelles deux villes avoient autresfois esté desolées et puis peu de temps habandonnées sur les guerres precedentes.

» Et eulx là logiez se commencerent et renforchierent diligemment de rediffier et fortiffier icelles deux villes et aussi de les pourveoir de vivres et habillemens de guerre, dont le pays à l'environ fut en grant doubte et aucunement travaillé et par especial le pays de Bretaingne et iceulx qui tenaient le parti du roy de France (1). » Les gens de guerre logés à Saint-James sont ainsi désignés dans les instructions de Charles VII, du 22 août 1448 : « Un nommé Christophe Abaulieu, Mundefort (2), le petit Tresloy, Sendre Achatriton et plusieurs autres (3). »

D'après les traités, les Anglais n'avaient pas le droit de fortifier Saint-James, qui devait, comme les autres places, rester en l'état. Le duc de Bretagne, qui avait aussi à se plaindre des ravages exercés sur ses terres, au mépris des trèves, envoya des ambassadeurs au roi de France et au duc de Somerset. Dès les premiers jours de juin, Charles VII députait ses conseillers Gaucourt et Cousinot vers Somerset, pour lui faire entendre ses réclamations. Mais celui-ci les renvoya insolemment avec une lettre « en ung stile desrogant à l'onneur du Roy (4). »

L'affaire fut portée aux conférences de Louviers, le 24 août 1448. Cousinot y exposa les griefs du roi de France et réclama la démolition des nouvelles fortifications de Saint-James. L'évêque de Chichester ne se rendit pas aux raisons de l'ambassadeur français ; il prétendit que les travaux exécutés à Saint-James n'étaient point une infraction faite à la trève, parce que cette place avait toujours été, depuis le commencement de la guerre, sous l'obéissance du roi d'Angleterre, que d'ailleurs, si l'on accordait la démolition des ou-

---

(1) *Chronique de Mathieu d'Escouchy*, publiée par M. du Fresne de Beaucourt, T. I, p. 132, 133.

(2) Osberne de Mundefort était trésorier et gouverneur général des finances de Henri VI en France et en Normandie. (Fr. 26078, N°ˢ 6025, 6027, 6029). Il était capitaine du Mans et de Beaumont-le-Vicomte en 1445. (Fr. 26074, N° 5295). Il paraît aussi dans les négociations entamées, le 25 juin 1449, à Renables, entre les ambassadeurs de France et d'Angleterre.

(3) *Chron. de Math. d'Escouchy, Id.*, note. — Mˢˢ 9937 7, F° 92.

(4) Voir Edit. de *Math. d'Escouchy,* par M. du Fresne de Beaucourt, T. I, p. 133, note.

vrages faits à Saint-James, il fallait aussi démolir tout ce que Charles VII avait fait construire à Granville, à Ivry, à Louviers et ailleurs. Cousinot répondit que les traités ne défendaient pas de réparer et d'améliorer les places déjà fortifiées, mais de fortifier celles qui ne l'étaient pas, et il proposa de détruire ce qui avait été construit à Granville, Ivry et ailleurs, si le roi d'Angleterre faisait sauter les fortifications de Saint-James de-Beuvron. Les Anglais ne voulurent rien signer avant d'avoir consulté le duc de Somerset. Malgré leur promesse de revenir le mardi suivant, ils ne reparurent que le 15 novembre, à Vaudreuil, près de Louviers, pour ne rien conclure (1).

Le 9 octobre, Henri VI avait envoyé une lettre au roi de France « sur le fait de Saint-Jame de Buvron, que on dit estre attemptat contre la teneur des dites treves (2), » et le 18 mars de l'année suivante, il écrivait encore à Charles VII pour excuser le duc de Somerset, « touchant la reparacion nouvelement faite à Saint-Jame de Bevron et à Mortaing (3). » Quelques jours plus tard, on apprenait la prise et le pillage de Fougères par François de Surienne, au nom du roi d'Angleterre. Ce coup de main était depuis longtemps médité. Dès 1449, le rusé capitaine avait envoyé dans cette ville un espion, « afin de adviser par loisir les avenues de la place, la forme du guet et le lieu le plus propice et avantageux pour entrer en icelle (4). » Un breton du parti anglais, nommé Gascart, qui habitait Saint-James, conduisit deux autres espions qui confirmèrent la relation du premier. François de Surienne, après un voyage en Angleterre, partit, le 18 mars 1449, de Condé-sur-Noireau, dont il était capitaine, à la tête de six cents hommes et alla coucher à Brécey (5). Le lendemain, il prit la route de Fougères,

---

(1) Le compte-rendu des conférences de Louviers et du Vaudreuil a été donné avec beaucoup de détails par les historiens de Bretagne, D. Lobineau (T. Ier, p. 631, 632. 633 et suiv.), D. Morice (T. II, col. 1430-1439). D. Taillandier, p. 17-21. — Voir aussi le T. III de l'édition de *Math. d'Escouchy*, par M. du Fresne de Beaucourt, p. 173 et suiv., 218, 224, etc.

(2) Edit. de *Math. d'Escouchy*, par M. du Fresne de Beaucourt, T. III, p. 200

(3) *Id.*, *id.*, p. 213.

(4) Th. Bassin (*Hist. de Charles VII et de Louis XI*, T. IV, p. 310 et suiv.).

(5) « ...Et ala logier en ung lieu nommé Bressay, et le dimanche en suivant, au matin, s'en partit et s'en ala jour et nuyt à Fougieres avec toute sa compagnie, auquel lieu de Fougieres il arriva environ myenuyt, et illec fit ses approuchemens et

où il arriva pendant la nuit du 23 au 24. Tout dormait dans la ville ; il fit ses approches sans obstacle, escalada le château et fit main basse sur la garnison. Sur les sept heures du matin, les portes furent ouvertes à ceux des siens qui étaient restés dehors et la ville abandonnée au pillage.

Les soldats de Surienne « tuerent et meurdryrent gens, violerent les églises, commirent tous sacrilèges, ravirent femmes, prinrent prisonniers, pillerent, roberent, bouterent feu, prinrent et appliquerent à eux tout ce qu'ils purent trouver et firent tous autres maux, crimes et excès, ainsi qu'il est accoustumé de faire en temps de guerre (1). »

A la nouvelle de cette perfidie, un cri d'indignation s'éleva dans toute la Bretagne. Après avoir vainement demandé au duc de Somerset la reddition de Fougères, le duc de Bretagne s'adressa de nouveau au roi de France, son suzerain, afin d'obtenir justice de cet attentat. Celui-ci voulut encore essayer de la voie des négociations pour arranger cette affaire en même temps que celle des fortifications de Saint-James et de Mortain. Dans ce but, Cousinot et Pierre de Fontenil se mirent en relation avec les commissaires anglais ; mais ces pourparlers et d'autres encore n'amenèrent aucun résultat sérieux. Henri VI avoue lui-même, dans une lettre du 3 mai à Charles VII, « que du nouvel emparement et fortiffications ou requeste qui en ait été faite, n'a peu estre obtenu aucune reparacion (2). » On voulait traîner les négociations en longueur, afin de compléter les travaux commencés à Saint-James et à Mortain. Charles VII dénonce ce dessein dans ses instructions à Jean Havart, qu'il députa, au commencement de juin, vers le roi d'Angleterre, pour se plaindre d'une telle conduite. Cette démarche n'ayant pas mieux réussi que les autres, fut suivie d'une déclaration de guerre le 31 juillet 1449. Ainsi, l'affaire des fortifications de Saint-James

---

entra dedans le dit lieu de Fougieres, comme environ deux heures apres myenuyt par le chastel... » (*Hist. de Charles VII et de Louis XI*, par Th. Bassin, T. IV. — Déposition de Jacquemin de Molineaux dans l'information faite à Rouen par le chancelier de France, Juvénal des Ursins, pour constater la connivence du gouvernement anglais dans l'attentat de Fougères).

(1) Dom Morice, *Hist. de Bretagne*, Preuves, T. II, col. 1482.

(2) *Chron. de Math. d'Escouchy*. Ed. de M. du Fresne de Beaucourt, T. III, p. 220.

fut la cause initiale de la reprise des hostilités ; le sac de la ville de Fougères combla la mesure et rendit la rupture inévitable (1).

Dès le 17 juin, Charles VII avait conclu une ligue offensive et défensive avec le duc de Bretagne, dont l'armée, réunie depuis quelque temps à Saint-Aubin du Cormier, était prête à entrer en campagne.

Le roi lui avait envoyé un renfort avec le maréchal de Lohéac, Joachin Rouault, Odet d'Aidie et Denisot ; et peu de temps après, Geoffroy de Couvran, Olivier de Broon et Guillaume de Rosnyvinen amenèrent la compagnie de cent lances du connétable. Ces troupes, réunies à celles du duc, commandées par le comte de Laval, le maréchal de Montauban et Jean de Malestroit, formaient un effectif assez considérable. Richemont mit à la tête de l'armée son beau-frère, Jacques de Luxembourg, et lui ordonna d'aller assiéger la ville de Saint-James, qui avait été une des causes de la guerre. D'ailleurs, dit d'Argentré, « sa garnisson prestait la main à ceux de Foulgères et sans cesse faisait courses sur la frontière (2). »

A peine arrivé, Jacques de Luxembourg fit assaillir « la place si durement, si aprement et si longuement que l'assaut dura depuis neuf heures du matin jusques à près de la nuit. Au reste, il fut tiré contre icelle ville tant de grosses pièces d'artillerie que moyennes

---

(1) Nous en avons encore la preuve dans une lettre remarquable adressée, le 2 avril 1451, par Charles VII à son allié le roi de Castille, dans laquelle il justifie sa conduite par une exposition loyale des raisons qui l'avaient amené à déclarer la guerre. Il rappelle d'abord que les Anglais avaient souvent rompu les trèves sans vouloir faire aucune réparation, puis il ajoute : « ...Et en especial par plusieurs foys il a esté notiffié [au duc de Somerset] de la part d'Angleterre comme, contre la teneur des treves et les chappitres et articles expressement contenus et declairez en icelles, aucuns leurs subjetz et obeissans, à leur veu et sceu, et a quoy chacun jour ilz eussent peu pourveoir, s'ilz eussent voulu, emparerent et fortiffierent les places de Saint-Jame de Beuvron et de Saint-Guillaume de Mortaing, situées et assises ès marches des frontières, qui estoit directement contre la teneur de certain article expressement contenu et declaré ès dictes treves, touchant la dicte matiere. » Il rapporte ensuite « l'attentat de Fougères, » les négociations infructueuses qui suivirent le sac de cette ville, et enfin la reprise des hostilités, « en laquelle matière aidant le benoist filz de Dieu, qui a congneu le bon droit que nous avons en ceste partie, nous sommes maintenuz et gouvernez au bien et recouvrement de nostre seigneurie, ainsi que chacun a peu et peut tous les jours veoir et congnaistre... » Fr. 5909, f°s IX xx III, V° IX xx V. Ce document important a été publié par M. Cosneau. (*Le Connétable de Richemont*, Appendices, p. 618, 619, 620, 621).

(2) *Hist. de Bretagne.* Liv. II, ch. VIII.

et menues, et tout iceluy jour il fut fort assailly et aussi bien defendu. Toutefois, le lendemain se rendirent iceux Anglois à composition, qui fut telle qu'ils s'en allèrent leurs corps et leurs biens saufs. Et ainsi fut reduite cette place comme beaucoup d'autres et remise en l'obéissance du Roy (1). »

Cet évènement eut lieu le 29 juin 1449. « Et le jour Sainct Pierre, dit Guillaume Gruel, fut prins Beuvron. (2). » Le recouvrement de Saint-James fut le commencement d'une série ininterrompue de succès et de triomphes, jusqu'à l'entière libération du territoire.

Le connétable, qui n'avait pas assisté à l'assaut, vint à Saint-James dans les jours qui suivirent, comme pour se consoler de la défaite qu'il y avait essuyée vingt-trois ans auparavant. « Et y vint mon dit seigneur, puis retourna vers le duc à Rennes. » Les vainqueurs, après avoir essayé de prendre le château de Tombelaine, qu'ils ne purent escalader faute d'échelles, allèrent mettre le siège devant Mortain, dont ils s'emparèrent, « puis, continue G. Gruel, s'en retourna l'armée à Sainct-Jame de Beuvron, et de là à Saint-Aubin. »

Le roi donna la capitainerie de Saint-James au duc de Bretagne qui nomma Jacques de Luxembourg gouverneur de la place, le 11 août 1449. « Comme Mre le Roy nous ayt donné et octroyé la capitainerie et garde de ses ville et chatel de S. James de Beuvron, naguères prise et recouvrez sur les Angloys, ce, nous considérant les grands, bons et notables plaisirs et services que notre tres cher et amé cousin Jacques de Luxembourg nous a faits, et mesmement

---

(1) J. Chartier, T. II, ch. CLXXIX.

(2) Guill. Gruel, *Chr. d'Arthur de Richemont,* publiée pour la Société de l'histoire de France par M. Achille Le Vavasseur, p. 197.

Le duc de Bretagne n'attendit pas la déclaration solennelle de guerre à l'Angleterre (31 juillet 1449) pour se faire justice. Dès le mois d'avril, il fortifia Saint-Aubin du Cormier et y concentra des troupes. Au mois de mai, il fit une tentative contre Fougères et mit le siège devant Avranches. Le 16 mai, il occupait Pont-de-l'Arche, et Conches avant la fin de juin. Ce fut à cette époque que l'armée bretonne s'avança contre la ville de Saint-James, sous la conduite de Jacques de Luxembourg, et qu'elle la prit le 29 juin. Il suffit de lire attentivement le récit de G. Gruel, pour se convaincre que ces premières opérations eurent lieu bien avant l'entrée du duc et du connétable dans le Cotentin, au commencement de septembre. Après la prise de Saint-James, Richemont, dit G. Gruel, s'en retourna vers le duc à Rennes ; et il ajoute que l'armée regagna Saint-Aubin dans les jours qui suivirent le siège de Mortain. Nous verrons, du reste, que Jacques de Luxembourg était capitaine de Saint-James dès le 11 août.

qu'il a exposé sa personne à l'encontre des Angloys à la prinse de lad. place, ce nous l'instituons notre lieutenant aud. lieu, l'onzième aout 1449. »

Jacques de Luxembourg y tint garnison avec Jean de Bricquebec, fils de Louis d'Estouteville, Geoffroy Couvran, Olivier de Broon, Jean de Rosnyvinen et plusieurs autres chevaliers qui mirent la ville en état de défense (1). L'inventaire de l'abbaye de Savigny contient, en effet, pour l'année 1452 « ung mandement du vicomte de Coutances, commissaire du Roy, pour faire cuillir une somme de deniers pour efforcer et clorre la ville de St-Jame de Beuvron (2). » Nous publions la quittance donnée à Jacques Burdelot, receveur des aides à Avranches, par les habitants de Saint-James qui avaient logé les hommes d'armes et les archers de la retenue d'Olivier de Broon, employés à la réparation des fortifications, ou qui leur avaient prêté des ustensiles :

L'an mil CCCCLIII à plusieurs jours et moys, devant Symon Tahourdin, tabellion pour le Roy, notre sire, juré, ou siege de Saint-Jame de Bevron, en la viconté d'Avranches, furent presens les personnes dont les noms en suivent, lesquelx confesserent avoir eu et receu en plusieurs parties de Jacques Burdelot, receveur des aides, à Avranches, le paiement des logeiz et ustanciles ordonnez estre paiez par le Roy nostre d. sire auxd. personnes pour avoir... et baillé aux hommes d'armes et archiers de la retenue de Olivier de Broon, escuier, lesd. logeiz et ustenciles. C'est à savoir pour chacun homme d'arme, pour gages deux escus, et pour chacun archier, ung escu. Icellui paiement ainsi fait par led. receveur auxd. personnes pour demy an, commencant le premier jour de janvier l'an mil CCCCLIII, et finissant le derrain jour de juing en suivant [mil] CCCCLIIII. — Et premierement.

Hommes d'armes logiez à Saint-Jame de Bevron.

Olivier de Broon logeiz de Jehan Bechemie; ustenciles des paroissiens de Curey, des paroissiens de Villiers, des paroissiens de Saint-Senier de Bevron,

(1) «... Et s'en ala [Jacques de Luxembourg] bien accompaingné de gens de guerre prendre le chastel de Saint James de Beuvron, que tenoient les Anglois, et le rendirent, sauf leurs corps et biens, au second jour ; et y demoura en garnison avec lui le seigneur de Briquebec, fils du seigneur d'Estouteville, messire Geoffroy de Couvrerant, Olivier de Bron, Jean de Rossiguirien et autres en bon nombre, qui firent fortiffier la ville dudit S. James, et là se tindrent en garnison, à quatre lieus d'Avrences ...» (*Chron. de Mathieu d'Escouchy*, éditée par M. du Fresne de Beaucourt), T. I, p. 173.

(2) M. Desroches, *Annal. relig.*, p. 61.

des paroissiens de Saint-Martin de Montjoie, des paroissiens de Saint-Benoît de Bevron et des paroissiens de Saint-Laurens, 6 liv. tourn.

Thomas Carmenet, Loys Carmenet, logeiz et ustenciles, Thomas, Colin, Jehan et Pierre les Delanges, freres, 12 liv. tourn.

Guillaume de Beaulieu, logeiz chez Jehan de Brée et Symon Tahourdin; ustenciles, partie dud. de Brée et partie des paroissiens de Montanel, 6 liv. tourn.

Jehan de Beaulieu, logeiz et partie des ustenciles de Regnaut de la Hache et l'autre partie des paroissiens de Quernet, 6 liv. t.

Bertran Ferrant, logeiz et ustenciles de Jehan Guiton, 6 liv. t.

Pierre Raguenet, logeiz et ustenciles de Guillaume d'Arratz, 6 liv. t.

Guillaume Prieur, logeiz et ustenciles de Michel Flandrin, 6 liv. t.

Guillaume Jehan, logeiz et partie des ustenciles de Thomas Besnier et partie des paroissiens de Ceaulx, 6 liv t.

Archers logiez aud. lieu de Saint-Jame de Bevron.

Guillaume Bessart logié chez le Rogeron, ustenciles des paroissiens de Poilley, 60 s. t.

Bonnables Labbé, chez Jehan de la Binolaie, ustenciles de lui mesmes, 60 s. t.

Molinier Devez, logeiz et ustenciles avec Jehan de Beaulieu, 60 s. t.

Jacques Ferrant, logeiz et ustenciles de Pierre Lemoulant, 60 s. t.

Rollant Abbé, logié chez Etienne de Brée, ustenciles des paroissiens de Saint-Aubin, 60 s. t.

Martin de la Rue, logeiz et ustenciles chieus Pierre Pensant, 60 s. t.

Jehan Sauvaget, Raulent Le Beer, logeiz et ustenciles de Jehan Macé, 6 liv. t.

Mathelin Gaignon, logeiz et ustenciles de lui mesmes, 60 s. t.

Phlipot Raoul, logeiz et ustenciles de lui mesmes, 60 s. t.

Jehan Anssart, logeiz et ustenciles avecques les Carmenez, 60 s. t.

Jehan le Picart, Alain Bongart, logeiz et ustenciles d'avecques Guillaume de Beaulieu, 6 liv. t.

Guillaume Lemoigne, Guillaume Delaulnay, Gilbert Poil de Serf et Jacquet Sevaux, logeiz et ustenciles avec Olivier de Broon, 12 liv. t.

Jehan Derval, logeiz et ustenciles avec Pierre Raguenel, 60 s. t.

Jehan Bastard de Quernet, logeiz et ustenciles de Guillaume Jardel, 60 s. t.

Duquel paiement ainsi fait par led. receveur aux dessus d. nommés particulierement, et à chacun tant qu'il lui pouvoit estre deu et a luy appartenir, à cause desd. logeiz, ustenciles pour led. demy an, commencant en janvier et finissant en juing, l'an dessus d. mil CCCCLIIII, ils furent et se tindrent pour content pour les paiemens que leur en avait fait led. receveur, dont ils quitterent le roy nostre d. seigneur, lesd. hommes d'armes et archers et receveur et tous autres. En temoing de ce j'ay signé ce present rolle de mon seing manuel cy mis là, en l'an et jour dessus d. S. TAHOURDIN (1).

Après l'expulsion des Anglais de la Normandie, Charles VII demanda une procession d'action de grâces, qui devait avoir lieu, tous les ans, le 12 août. Au Mont Saint-Michel, cette procession commémorative suivait les remparts, et chaque maison était représentée à la cérémonie au moins par un de ses habitants. Elle se fait encore à Saint-James, le dimanche qui précède la fête de l'Ascension. Elle sort de l'église Saint-Jacques avant la grand'messe, se dirige vers la ruelle du Pirot, contourne les murs de la ville, au couchant, et au nord sur la vallée, pour revenir par les *Rochers*, après avoir ainsi parcouru l'ancien chemin de ronde et la ligne des fossés où tant de preux tombèrent autrefois pour la cause sacrée de l'indépendance nationale.

CHAPITRE HUITIÈME

HISTOIRE CIVILE ET RELIGIEUSE DE SAINT-JAMES PENDANT LE XVe SIÈCLE.

L'histoire civile de Saint-James pendant les années qui précédèrent la seconde invasion et durant la longue période de l'occupation anglaise se résume dans quelques faits d'une importance secondaire. Le malheur des temps explique en partie la pénurie des renseignements sur cette époque néfaste.

Nous voyons paraître, dans un contrat passé le 20 avril 1405, par devant Jehan Garmont, tabellion à Saint-James, Guillot et Jehan Avrillon frères, qui vendent à Michel Dubreil, l'aîné, de Villiers, une maison « sise en Méliande, entre Olivier Dogié et Michel Lecoiffier, butte d'un bout au grand chemin du Roy et d'autre aud. Dogié, Jehan Lepaigne et Guillaume Laborde. » Les témoins furent

(1) Arch. de la Manche, série A, collection Danquin.

Jehan Lepaigne et Thomas du Verger (1). Le 5 mai 1411, un bourgeois, dont nous avons déjà rencontré la famille, Jehan Bechemie et son fils Hamelot, vendent aux moines du Mont Saint-Michel le pré du Reclus, contenant une acre de terre, pour rembourser une dette de vingt-six écus d'or, du coin du roi, qu'ils ne pouvaient acquitter. Le contrat fut rédigé par le tabellion Robert de la Pommeraye, en présence de Laurent Le Grand, Raoul Brière et Raoul Le Cordier (2).

Ce Robert de la Pommeraye fut traduit, trois ans plus tard, devant le Parlement, pour un attentat commis sur la personne et les biens d'Alain André « demourant en notre païs de Normendie, en la chastellenie de Saint-Jame de Bevron. » Accompagné de Guérin Loir, Juliot Perrin et Robert Paris, il s'était saisi d'Alain André, pour une cause que nous ignorons, et l'avait mis en prison, après avoir pillé et brûlé sa demeure. Appelés à comparaître devant le Parlement, et sachant qu'une condamnation les y attendait, les coupables se concértèrent avec Guillaume Taillefer, Henri Blanchière, Guérin des Mées, Richard de Signé, Gilles Bailleul et d'autres encore, et profitèrent un jour de la présence d'Alain André à Saint-Aubin-de-Terregatte, pour exiger de lui un désistement de toutes poursuites. Malgré les mauvais traitements dont ils l'accablèrent, il ne voulut pas le signer. Il parvint même à s'échapper de leurs mains et à gagner le bourg de Saint-Aubin ; mais ils l'y rejoignirent bientôt et, à force de menaces, ils obtinrent ce qu'ils demandaient. Celui-ci dénonça ce guet-apens, et obtint, le 3 novembre 1414, une ordonnance dans laquelle le roi assignait Robin de la Pommeraye et ses complices à se présenter devant le Parlement pour répondre de ces faits, et prenait en sa sauvegarde la personne d'Alain André, sa famille, ses serviteurs et ses biens (3).

L'année suivante, Raoul de la Noe, « maistre des œuvres du Roy » en la vicomté d'Avranches (4), donna quittance d'une somme de vingt-cinq sous pour plusieurs travaux qu'il avait fait exécuter au

(1) Arch. de la Manche, Série E.

(2) *Id.*, Série H. *Abbaye du Mont Saint-Michel.*

(3) *Id.*, Série B.

(4) Le maître des œuvres du roi était un officier qui avait juridiction et inspection sur les ouvrages de maçonnerie et de charpenterie.

compte du roi. « C'est a savoir, pour avoir esté par deux jours visiter les œuvres necessairement estre faites es moulins du Val de Sée appartenant au roy, nostre sire, au pris de V s. t. par jour, valent X s. Et pour avoir esté visiter et alloer a reffaire la chaucée du moulin Hébert appartenant aud. sire, assis près de Saint Jame, laquelle par la ravine des eaues estoit rompue, pour ce III s. (1). Et pour la vendition d'un chasseiz de bois a mettre une verriere pour l'une des fenestres de la salle de l'ostel du roy assis à Saint Jame de Bevron, XII s. (2). » Cette mention d'un chassis pour une verrière à l'hôtel du roi est assez curieuse, parce que l'usage du verre était peu commun à cette époque, où l'on se servait encore le plus souvent de toile cirée et de parchemin pour clore les ouvertures des maisons ordinaires.

Raoul de la Noe avait pour gages soixante sous tournois par an, payables à Pâques (3). La quittance des ouvriers qu'il employa à la réparation des moulins du roi nous renseigne sur le prix de la journée de travail, dans le pays, au XVe siècle. Les charpentiers étaient payés trois sous et les autres ouvriers de trois sous à trois sous six deniers. Nous donnons encore cette pièce à cause de l'importance qu'elle peut avoir au point de vue économique :

A tous ceulx qui ces lettres verront ou orront Guillaume Pichon, clerc, garde du scel des obligations de la viconté d'Avrenches. Savoir faisons que

---

(1) Voici la quittance de Colin Jourdan, qui fit refaire en partie la chaussée du moulin Hébert :

« A tous ceulx qui ces lettres verront ou orront Guillaume Pichon, clerc, garde du scel des obligations de la vicomté d'Avrenches, salut. Savoir faisons que par devant Jehan La Puce, clerc tabellion juré du Roy notre sire, fut present Colin Jourdan, lequel cognut avoir eu et receu de homme pourveu et sage Jehan Lechien, vicomte d'Avrenches, la somme de cent solz tournois qui deue lui estoit et par marchié fait avec lui pour sa paine d'avoir fait et repparé de mote et de gason la chaucée du moulin Hebert appartenant au Roy, notre dit sire, assis sur la riviere de Bevron, contenant XXVIII piez de long et dix piez d'espoisse et VIII piez de haulse, avecques une bresche estant en ladite chaucée qu'il a falu haulser de trois piez contenant XXVIII piez de long, laquelle avoit esté rompue par la desrainne des eaues, qui en ceste presente année ont esté. De laquelle somme de C. s. t. le dit Jourdan se tint a content et bien paié, et en quita le roy nostre sire, icelluy viconte et tous autres. En tesmoing de ce nous a la relation dudit juré ces lettres sont scellées du scel dessus dit. Ce fut fait à Saint Jame de Bevron le XIIIIe jour d'avril mil CCCC et quinze.

LA PUCE. »

(2) Archiv. de la Manche, série A.

(3) Voir Pièces Justificatives, n° XIII.

par devant Jehan La Puce, clerc tabellion juré du Roy notre sire, furent presens Colin Fournel et Colin Babelue, charpentiers, lesquelz tant pour eulx que pour Raoullet de la Noe, Jehan de Mallenoe, Robin Recoquil et Guillaume Losnac, charpentiers, confesserent avoir eu et receu de homme pourveu et sage Jehan Lechien, viconte d'Avrenches, la somme de quarante deux solz six deniers tournois qui deue leur estoit pour les causes et par les parties cy apres declairées, c'est a savoir au dit Fournel et Babelue pour leur paine et salaire d'avoir esté par chacun d'eux trois jours tant à repparer les roes, mastz et verges des moulins foulleurs et à blé de Saint Jame de Bevron appartenant au roy, notre sire, que a charpenter et escarrier quatre chesnes ja pieça [depuis longtemps] achetez de Hamelot Bechemie, pour iceulz emploier ès œuvres du Roy, notre dit sire, au pris de III s. t. par jour pour chacun d'eulx, valent XVIII s. Au dit de la Noe pour y avoir vacqué par deux jours, VI s. Au dit de Mallenoe pour y avoir esté par trois jours, au pris de II s. VI d. par jour, valent VII s. VI d. Le dit Recoquil pour y avoir vacqué par deux jours VI s. Au dit Loynac pour y avoir vacqué par deux jours V s. Lesquelles journées ont esté faites et accomplies en la seconde sepmaine de caresme derrain passé ; sont toutes les parties dessus dites de la dite somme de XLII s. VI d. De laquelle led. Fournel et Babelue tant pour eulx que pour les dessus d. se tindrent a contens et bien paiez et en quitterent le Roy, notre dit sire, icellui viconte et tous autres. En tesmoing de ce nous a la relation dud. juré ces lettres sont scelléez du scel dessus d. Ce fut fait le XVe jour d'avril, l'an mil CCCC quinze (1).

LA PUCE.

Pour juger du prix réel de la journée de travail, il faudrait apprécier la valeur de l'argent à cette époque. Or, d'après les calculs comparatifs qui ont été faits, il résulte que les salaires étaient alors, à tout prendre, aussi remunérateurs qu'aujourd'hui. « Les salaires des serviteurs, dit M. S. Luce, sont alors aussi élevés qu'ils l'ont été pendant la première moitié de notre siècle, si l'on tient compte de la différence du pouvoir d'argent à ces deux époques ; ils varient pour le loyer à l'année de sept à cinq francs, et pour une journée de travail de trois sous à deux sous six deniers tournois (2). » Les détails qu'il donne sur la manière de se nourrir, de se vêtir et sur l'ameublement, prouvent qu'il y avait beaucoup d'aisance parmi la classe agricole et bourgeoise avant la guerre de Cent ans et dans l'intervalle de la première et de la seconde invasion anglaise, c'est-à-dire de 1378 à 1419.

(1) Arch. de la Manche, série A.
(2) *Hist. de B. du Guesclin*, Ch. VII, *Vie privée au XIVe siècle*, p. 62.

La Croix-Chaîte date de ce temps-là. Nous sommes heureux de reproduire ici les quelques lignes que M. Aug. Besnard a consacrées à ce monument vénérable de la foi de nos pères. « Le chemin direct, dit-il, qui conduit à la Haye de Terre, part du petit carrefour de la Croix-Chaîte. Aujourd'hui, les tronçons de la croix, longtemps épars, ont été rajustés. Son fût de granit cannelé, rongé par la mousse et les lichens, se dresse de nouveau vers le ciel. Elle justifie, par son apparence de vétusté, la date de 1419, grossièrement entaillée sur le socle. Comme ce millésime a été donné par feu M. le comte de Guiton, il mérite toute confiance. Nous la saluerons donc doublement, d'abord parce qu'elle est la CROIX, ensuite parce qu'elle doit être regardée comme l'une de nos antiquités les plus incontestables (1). »

D'après un recensement fait en 1424, la ville de Saint-James comptait, dans l'intérieur des murailles, 277 feux, 1,328 habitants (2). Ce chiffre qui, à première vue, semblerait exagéré, s'explique cependant par le nombre considérable de familles qui durent venir s'y réfugier, au moment de l'invasion, pour mettre leurs personnes et leurs biens en sûreté. Mais à l'époque du siège de 1426, et surtout après le démantèlement des murailles, tous les habitants abandonnèrent la ville, passèrent en Bretagne ou regagnèrent leurs demeures à la campagne, exposés à tous les hasards de la guerre. On lit dans un fragment de compte, en date du 20 juin 1426, qu'à Saint-James et à Pontorson « ne demeure aucune personne excepté gens de guerre (3). » Pendant de longues années le pays offrit ce spectacle lamentable de la ville presque déserte et des campagnes pillées par les bandes.

Cependant les Anglais essayèrent de remédier à ces maux en organisant une administration civile et judiciaire qui remplaça l'administration française. Jusqu'à la fin de l'occupation anglaise, il n'y eut plus que la vicomté d'Avranches ; celles de Saint-James et de Pontorson disparurent.

Nous avons déjà parlé des familles nobles qui étaient à Saint-

---

(1) *La Haye de Terre et la forteresse de Saint-James*, p. 4.

(2) Ce recensement a été donné par M. de Gerville (*Anc. Châteaux*, art. *Saint-James)*, et après lui par MM. Desroches et Le Héricher, d'après les manuscrits de M. de Guiton.

(3) Bibl. Nat., Quittances, T. 58, N° 586.

James et dans les environs, en 1419, particulièrement des familles de Guiton et de la Paluelle. A la fin du siècle précédent, un oncle de Jean Guiton, Gilles Guiton, chevalier de Rhodes, avait suivi le grand maître de l'ordre, Philibert de Naillac, dans l'expédition de Hongrie contre les Turcs. Il fut grièvement blessé à la bataille de Nicopolis, 1396, où périt l'amiral Jean de Vienne avec l'élite de la chevalerie française. Gilles Guiton eut un enfant naturel d'une jeune Hongroise, Marie Yscra, qui lui avait sauvé la vie. Il revint dans son pays et reconnut son fils par acte du 13 avril 1403 :

« Nous frère Gilles de Guiton, chevalier de Rhodes, etc. Comme es pays et royaume de Hongrie où combatant sous la charge de Monseig[r] Phub[t] de Naillac, nostre grand maistre, fusmes navrés et bourdés, et par suite nous, en la personne de Marie Yscra, ayant par la volonté et patience de Dieu engendré naturellement ung fils nommé Jehan de Carnet, auquel nous meus de bonne affection et vraye amour naturelle et paternelle et voulant garder en cette partie l'honneur de nous et de nostre lignage, et que apres nostre mort et trespas ledit Jehan de Carnet ne soit deshérité, mais tiegne toute sa vie tel estat comme a lui doibt appartenir, pour descharger nostre conscience et accomplir les voyes de juste et loyale satisfaction, avons donné et octroyé dès maintenant à nostre dit fils par pur et loyal don irrevocable tout nostre fieu et hebergement de la Pomentière, séant en cette seigneurie de Carnet, ainsi que se comporte, pour en jouir et faire sa volonté en quelque lieu, estat, habit, prosperité ou condition que il soit, en telle maniere que lui venu en âge il en puisse entrer en l'hommage du Seig[r] de Carnet nostre chier nepveu.

Fait au mois d'apvril, trez[e] jour apres Pasque, l'an de grace mil CCCC et trois (1). »

Ce fut probablement pendant sa dernière maladie que Gilles Guiton rédigea cet acte, car il mourut au commencement du mois de juin suivant. Il fut enterré dans l'église de Carnet, et, sur la plaque de cuivre qui recouvrait sa sépulture, il était représenté « couché sur le dos, une croix sur la poitrine, la tête sur un coussin, les cheveux roulés comme les ecclésiastiques les portaient anciennement, un lion sous un pied, une licorne sous l'autre, les mains jointes et tenant un chapelet. » Cette plaque portait l'inscription suivante :

---

(1) Arch. de M. de Guiton. Cette pièce a été publiée par M. Le Héricher, (*Avranchin Monumental et Historique*, art. *Carnet*), et par M. Desroches, (*Hist. du Mont Saint-Michel*, T. II, p. 132, 133).

Anno Domini MCCCCIII, die scilicet prima junii, obiit nobilis frater Egidius Guiton hospitalis sacræ domus sancti Joannis Baptistæ Hierosolimitani, cujus anima requiescat in pace, Amen (1).

A l'époque de l'invasion, Marie Yscra réclama son douaire, et, le 27 novembre 1419, Henri V lui donna une « expédition » qui assurait ses droits et ceux de son fils sur la succession de Gilles Guiton (2). Jean de Carnet fut anobli par Charles VII. Nous le retrouvons dans un acte du 13 mai 1462, passé devant le tabellion Guillaume Rose, par lequel André Béliard donne en avancement de succession à son fils Philippe, « une maison assise en la ville de Saint Jame de Bevron entre Guillaume de Souviguey d'une part et d'autre de la rue tendante de l'église de Saint Jame à rue Pendue, butte d'un bout a Jehan Guiton bastard (3). »

Dans le recensement qu'il fit de la noblesse en 1464, Montfaut trouva nobles, à Saint-James, Jean de la Binolaye, Guillaume Guiton, Jean Guiton et Guillaume de la Paluelle. Jean Bertine, Etienne des Rats, Colin Tahourdin et Jean Tahourdin ne purent prouver leurs degrés de noblesse et furent renvoyés à la taille (4).

---

(1) M. Desroches (*Hist. du Mont Saint-Michel*, T. II, p. 133). « Pendant la Révolution, M. Frain proposa d'envoyer ce tombeau au Muséum de Paris, mais le district d'Avranches voulut qu'il fût fondu, et malheureusement l'avis du district l'emporta. » (*Id.*, note).

(2) « *Yscra, Guitot, Carnet.* — Le 27 [novembre] expédition du don fait à Marie Frère, se disant damoiselle des pays et royaume de Hongrie, de son douaire, sur les héritages de défunt frère Gilles de Guitot, chevalier de Rhodes. *Idem*, de la garde de Jean, dit Bastard de Carnet, leur fils sous-âgé, *nato illicito cohitu*, et mandé aux bailly de Coustantin et vicomte d'Avranches laisser jouir. » (Extrait du registre des dons et confiscations publié par Ch. Vautier).

(3) Arch. de la Manche, série E. — Les témoins furent Messire Robert Bernard, prêtre, et Guillaume de Souviguey. Ce contrat fut publié le 18 septembre suivant, à l'issue de la messe de l'église Saint-Martin, en présence de Guillaume Tabur, Macé Ameline, Jehan Ameline, Macé Jamet, Martin Guyot, Jacquet Sevaulx, et plusieurs autres.

(4) Voir Montfaut, Ed. de M. Labbé de la Roque, p. 65 et 70. — Voici, d'après Montfaut, la liste des nobles de la sergenterie de Saint-James de Beuvron, autrement dite de Tieberge : à *Saint-Martin-de-Landelles*, Gilles, Pierre, Robert, Pierre, Jean, Vincent de Rommilly et Guillaume de Maingot ; à *Saint-Brice-de-Landelles*, Messire Guillaume du Pont-Bellenger, chevalier, dont nous avons vu un des ancêtres, Robert du Pont-Bellenger, pair juré aux assises de Saint-James en 1360 ; à *Saint-Martin-de-Montjoie*, Guillaume Janvier ; à *Saint-Laurent-de-Terregatte*, Guillaume de Verdun, Pierre des Loges, Olivier Roussel, Philippe Roussel, Guillaume Roussel, Guillaume Taillefer et Jean de Bois-Yvon ; à *Saint-Aubin-de-Terregatte*,

La famille de la Paluelle formait deux branches dont l'une, établie à Sacey, était alors représentée par Pierre de la Paluelle, cité également par Montfaut. Pierre de la Paluelle, fils de Thomas dont nous avons raconté les exploits et la mort, avait épousé Yvonne Charpentier, qui lui apporta en dot la terre de Chéruel. Il eut pour fils Roland, qui se maria à Jeanne de Rommilly.

Jean Guiton voulut faire oublier par des bonnes œuvres les torts qu'il avait causés pendant la guerre. Il répara les deux églises de Saint-James qui avaient beaucoup souffert ; il les embellit et les pourvut de riches ornements. On lit, en effet, dans une charte de Charles VIII à l'Echiquier de Normandie, en faveur de son fils, « que deffunt pere du dit complaignant en son vivant garde et occupant la charge de capitaine de nostre ville et chasteau de Saint Jame eusse du sien fait plusieurs avantages... edifice et reparations aux dites eglises et y ausmoné et donné des aournements à servir Dieu et fondé messes et fait plusieurs biens apres le pays reduit et reu de la main des Anglois qui par... le occupant contre droit et raison, durant lequel temps les dites eglises estoient tournées en décadence (1). »

Jean Guiton laissa trois enfants : Jeanne, mariée en 1454 à Robert de Verdun ; Gilles, qui eut le manoir et le domaine de la Roussellière ; Jean, seigneur des Guitons, de Briard et de Carnet, qui épousa Guillemette Charpentier, sœur d'Yvonne (2).

Nous ne voyons pas paraître sur la liste de Montfaut le nom des La Fresnaye, qui existaient cependant à Saint-James ; mais il est probable, comme on l'a fait remarquer pour plusieurs autres familles omises dans le recensement de 1464, que Montfaut n'en fait pas mention, parce que cette famille n'était alors représentée

---

Henri du Bois, Jean-Marie et Jean de Signy ; à *Carnet,* Pierre de Carnet ; à *Saint-Sénier-de-Beuvron*, Pierre Legier ; à *Vergoncey*, Jean Pigache ; à *Argouges*, Jean d'Argouges ; et enfin à *Villiers*, Hervé ou Henri de la Servelle. (*Id.*, *Id.*)

(1) Ce document cité par M. Desroches, (*Hist. du Mont Saint-Michel,* T. II, p. 132, 133), appartenait au chartrier de M. de Guitôn.

(2) La troisième fille du seigneur de Chéruel, Berthe, épousa Jean du Homme, d'où ce dicton consigné sur un ancien registre du prieuré de Sacey :

Les trois Charpentières eurent cet heur
Que oncques n'eurent damoiselles
D'estre brus à trois preux defenseurs
De Monsieur Sainct Michel.

que par des enfants, ou parce que les sujets majeurs étaient absents du pays.

La vicomté de Saint-James fut rétablie après l'expulsion des Anglais. Nicolas de la Hay, écuyer, était garde du scel des obligations de la vicomté en 1477 (1). Le bailli de Saint-James, Jehan Le Baillif, tint les assises à Saint-James, au mois de décembre 1480, et déclara que l'abbé de Savigny n'était point tenu de faire « le serment de fidélité au roy par les privilèges et exemptions à lui montrées (2). »

Nous trouvons Martin Martel, tabellion à Saint-James en 1452 ; Jehan de la Fresnaye et Audebert de Richebour en 1458 et 1462 ; Guillaume Rose en 1459 ; Jehan Pichart et Pierre Bouterène en 1464 ; Jehan Le Filleul en 1466 ; Robert Tabur et Pierre Goulpel en 1477.

En 1457, l'hôpital fit reconnaître et confirmer ses droits de havage sur les blés, lins, linettes, pois et fèves qui étaient vendus dans la ville et les faubourgs (3). Ce droit s'est exercé jusqu'en 1830 ; il fut alors remplacé par une rente annuelle payée par la commune, qui afferme à son profit tous les droits de stage.

Nous croyons que la ville de Saint-James fut moins peuplée pendant la seconde moitié du XVe siècle qu'elle ne l'avait été au siècle précédent. Beaucoup de bourgeois qui l'avaient abandonnée en 1426, vendirent leurs propriétés et s'établirent définitivement en Bretagne. D'ailleurs, la crainte de voir la guerre se rallumer aurait suffi pour les décourager de revenir habiter dans un pays plus exposé qu'un autre, à cause de sa situation limitrophe, aux attaques et aux ravages de l'ennemi.

Voici, d'après le rôle du Mont Saint-Michel de 1457, les noms des principaux tenanciers de l'abbaye qui habitaient le val du Beuvron à cette époque :

---

(1) Contrat passé entre les paroissiens de Saint-James et Hilaire Dubois, pour la réparation de la charpente de l'église Saint-Martin. (Arch. de la Manche, Fonds La Paluelle.)

(2) Arch. de la Manche. M. Desroches. (*Annales religieuses de l'Avranchin*, p. 61.)

(3) Chartrier de l'hôpital de Saint-James. — Le *havage* était une redevance sur le mesurage des grains, et la *havée* était une mesure équivalant à la quantité de grain qu'on pouvait prendre avec la main, havée ou poignée. (Ducange, au mot *havata*.)

De Jean Guillard pour Jean des Planches, pour une maison et jardin size devant le moulin de Brusley, contenant la quatre[e] partie d'une vergée de terre, pour ce II s.

De Jean de la Fresnaye, pour Hervey de la Fresnaye, pour cinq vergées de terre en bourgage, pour ce II s.

De Guillaume Doessé à cause de sa femme, pour Guillaume Despins, pour le four à ban dud. lieu, pour ce X d.

De Messire Estienne Belin, p[bre], pour Estienne de la Motte, pour un herbergement sis entre Guillaume de Lespine d'une part et Renault de la Hache, d'autre, pour ce II s. VI d.

De Renault La Hache pour Hamelot de la Motte, pour une vergée et demye, moitié en bourgage et moitié en villenage scize au chemin du moulin Pierres, pour ce II s.

De Jamet Morel pour Pierre Le Muriot, pour deux herbergements, contenant six vergées entre Messire Estienne Geslin d'une part et Jean de la Fresnaye d'autre, pour ce XXVIII s. VIII d.

De Messire Estienne Geslin, p[bre], pour Estienne Gillot, pour un herbergement en bourgage contenant demye acre de terre tant devant que derrière led. herbergement assis entre Guillaume de Lespine d'une part et led. Estienne d'autre et la terre de devant, joint à Pierre Dorieres d'une part et à Robin Lechat d'autre, pour ce IX d. obole.

De Guillaume de Lespine pour Pierre de la Fresnaye, pour demye acre de terre ou environ au bourg appelé le Clos des Barres, pour ce III s. IIII d.

De la déguerpie (1) Pierre Morel pour Johan Tardif, pour un herbergement en bourgage contenant environ un acre jouxte le herbergement Michel Gilbert, pour ce XIX d.

Des hoirs Guillaume Sarazin de Robin Lechapt, pour un herbergement contenant demye acre, pour ce IX d. obole.

De la déguerpie Pierre Morel, pour le clos devant le four, pour ce II s.

De Philippe Lebedel, pour son herbergement jouxte Antoine Besnier, à cause de sa femme d'une part et Robin Lechapt d'autre part, XII s.

De la maison des Flaries, de Guillaume de la Motte, de Guillaume Lechapt, III s.

De la déguerpie Jean Fouet pour Jean Rapanel, pour son herbergement, pour ce II s.

De Jean Renault, pour son herbergement contenant vergée et demye entre Guillaume de l'Espine, pour ce II s.

De Guillaume Dubois, XVI d.

---

(1) La déguerpie ou déguerpissement était l'abandon qu'on faisait d'un immeuble ou d'une rente.

De Fouquet Jagouin, pour un herbergement en bourg, jouxte les Rapaneaux, ou les terres que souloient tenir, pour ce XVI d.

De Pierre Dorières, pour son herbergement contenant environ demye acre, jouxte la terre qui fut Geoffroy Guérin, pour ce XXI d.

Des héritiers au Bedel, pour leur herbergement contenant une vergée, jouxte la maison qui fut Jean Allée, pour ce XII d.

De Perin Dorières, pour sa terre au bourg, jadis Jean Allée contenant une vergée, jouxte la maison Guillaume Huet, pour ce XII d.

De Drouet Pichon, pour son herbergement, siz au bourg contenant demye acre et demie vergée, jouxte la maison Jean Allée, pour ce III s. IIII d.

De Renault La Hache pour Guillaume Morel, pour son herbergement au bourg contenant une vergée cinq perches, size entre deux chemins, pour ce VII d.

De Michel Gilbert sur une maison assise entre Michel et Pierre de la Motte d'une part, pour rentes anciennes, pour ce XXI d.

De Jean Fresnaye pour Guillaume Courtois, pour son herbergement assis entre Jean, d'une part et Michel Royuin d'autre, pour ce XIV d.

Dud. Fresnaye pour Laurent Dauge (Dogié), pour son herbergement jouxte le cymetière, pour ce V s.

De Guillaume Perigault pour une pièce de terre assise qui fut a [ ]. Led. Perrigault l'a prize de nouvelle fieffe au prix de six sols, six deniers, pour ce VII s. VII d. (1).

L'histoire religieuse de Saint-James ne commence, à proprement parler, qu'après l'occupation anglaise. Si nous avons encore à regretter quelques lacunes dans les siècles suivants, il est facile de reconstituer, au moins dans son ensemble, la suite des principaux événements.

Le premier prieur que nous connaissions s'appelait frère Jacques le Provost. Le 3 mai 1456, il rendit son aveu, à Saint-James, par devant Simon Tahourdin, clerc, tabellion, en présence de Michel Davy, prêtre, et du fermier de la prévosté, André de la Place (2) ; et, le 28 du même mois, il prêta serment de fidélité au roi (3). D'après la charte de Guillaume le Conquérant, le prieur

(1) Archives de la Manche, série H. Rôles des rentes de l'abbaye du Mont Saint-Michel dans le val du Beuvron.

(2) Arch. Nat. P 289 3, cote CXIII.

(3) Arch. Nat. P 269 2, cote 2803.

avait droit à la moitié des revenus du château de Saint-James. Plus tard, il fut convenu entre les rois de France et l'abbaye de Fleury que le roi seul percevrait ces revenus, à la condition qu'il paierait soixante livres tournois de rente annuelle sur la recette du domaine de la vicomté d'Avranches. C'est ce que le prieur eut soin de rappeler dans son aveu : « Mais, depuis, par certaine compaction faite jadis, fut ordonné par le prince aud. abbé et religieux, à cause dud. prieuré, prendre et percevoir perpetuellement soixante livres tournois par chacun an sur les revenus de lad. prevosté et coutume de Saint Jame de Beuron, au terme de la Saint Michel et Pasques, par la main du prevost et coutumier, quiconque en soyt fermier : c'est a savoyr, pour les proffictz et esmolumens dessus d. aud. prieuré appartenant et des foyres, marchez, trespas et coustumes tant seulement..... »

Le vicomte d'Avranches, Richard du Prael, se contenta d'envoyer une expédition de cet aveu à la Chambre des Comptes de Paris, sans se mettre en peine de payer les soixante livres qui étaient dues au prieur. Celui-ci obtint, le 14 janvier 1460, un mandement du lieutenant général du bailli du Cotentin, Jean du Royel, ordonnant au vicomte de les acquitter. Richard du Prael ne se rendit pas à cette première injonction. Le prieur sollicita un second mandement. Le vicomte, qui n'avait perçu du fermier de la prévôté de Saint-James, André de la Place, que sept livres dix deniers, remit au prieur cette somme insignifiante. Mais le trésorier de France s'étant assuré par plusieurs « comptes enciens » que les soixante livres étaient dues au prieuré, manda au vicomte d'Avranches, Jacques Burdelot, d'indemniser Me Jacques le Provost, au moins au prorata des recettes de la ferme de la prévôté de Saint-James.

Peu de temps après, Richard Pocaire, abbé de Notre-Dame de la Pelisse, au diocèse du Mans, devint prieur de Saint-James (1).

---

(1) Il existe aux Archives nationales différentes pièces concernant ce prieur. Le 20 mars 1463, Charles VII donne quittance de l'aveu rendu par « frère Richard Pocquaire, prieur du prieuré de Saint-James. » (Arch. Nat., P 267 2, cote 2679). Le mardi 12 juin, « vénérable homme et discret frère, Richard Pohaire, religieux profès de l'abbaye de Saint Benoît sur Loire et prieur de Saint-Jame de Bevron, rend son aveu, en sa personne, à Paris, par devant Jehan Thomas et Jehan de la Varenne, clercs notaires du roi. » (*Id.* P 289 4, Cote IIe, IIII xx, XVIII). Le 12 février 1483, Charles VIII lui donne, à Tours, quittance d'un aveu.

Richard Pocaire posséda le prieuré pendant de longues années. Il acheta, vers 1488, le premier étang et les moulins qui appartenaient au roi, au droit des ducs de Normandie. Le prix de la vente fut de neuf livres dix sous de rente, savoir quarante sous pour les moulins et pêcheries, et sept livres dix sous pour l'étang.

Le 20 février 1491, son successeur, frère Guillaume Thébault, docteur en théologie, maître et régent de l'Université de Paris, présenta cet aveu qui nous fait connaître en partie les biens du prieuré à cette époque :

Du Roy nostre souverain Seigneur, à cause de ses duché de Normandie et vicomté d'Avranches, je, frère Guillaume Thébault, docteur en théologie, Me et Régent en l'Université de Paris et prieur du prieuré de S. Jame de Beuron, au dioceze d'Avranches, membre dependant de l'abbaye de S. Benoist-sur-Loire, de l'ordre de S. Benoist, confesse et avoue tenir en feaulté les choses qui s'en suivent :

Premièrement, un franc fief ou membre de fief franchement et noblement, lequel a gaige plège, justice, juridiction, hommes, hommages, moulin à bled, estang, pescherie, rentes, revenus, reliefs, traiziesmes et autres droitures, dignités et aventures à noble fief appartenant selon la coustume du païs ; lequel est assis en lad. vicomté d'Avranches. Et vaut à commun an la somme de saize livres tournois, sept chappons et trois cents d'œufs de rente ou environ, en tant qu'il y en a assis en la paroisse de S. James.

Item, ce qui est assis en la parroisse St Aubin et ailleurs, argent, la somme de vingt sols tournois et sept chappons de rente ou environ.

Item, j'ay droit d'avoir et prendre par chacun an, aux termes de Pasques, et St Michel par moitié, le nombre de soixante livres tournois de rente sur lesd. premiers deniers, profits, revenus et émoluments de la provosté, cohue, coustume, trépas et passages de la ville et chastelenie de S. Jame de Beuron, pour ce que le chastel dud. lieu de S. James fut fait et edifié sur la terre dud. prieuré, et pour recompense de ce fut donné et octroié aud. prieuré la moitié desd. moulins, des fours, des marchés, des trépas, de toutes justices, coustumes et autres revenus et profits quelconques appartenant aud. Chastel, et de tous les amendements qui pour le temps avenir pourroient eschoir ; et pour et au lieu de ces choses je suis sujet de dire et célébrer chacune semaine une messe et repaistre chaque jour un pauvre pour le salut des âmes des Ducs de Normandie, leurs prédecesseurs [qui] sont et seront participants es biens faicts, prières et oraisons dictes et célébrées en ladite abbaye de S. Benoist, et ne dois pour toutes les choses dessus dites fors prières et oraisons.

Item, en la paroisse de Juilley, j'ay droit d'avoir et prendre la somme de trente sols tournois ou environ.

Item, je confesse tenir du Roy, nostre Seigneur, un moulin à bled avec une autre place de moulin à fouler draps et aussy à piler tan avec l'estang, pescherie, montants et droitures des choses dessus d., selon ce qui est porté par lettres de fieffe faicte puis naguères par Mes[rs] de la Chambre des Comptes à Paris ; pour lequel estang et pescherie dessus d. assis sous et derrière la ville de S. Jame de Beuron, sur la rivière dud. Beuron, je confesse devoir, chacun an, au Roy, nostre d. Seigneur, à sa recepte de lad. vicomté d'Avranches, sept livres dix sols tournois; et pour led. moulin et place de moulin la somme de quarante sols tournois, le tout de rente payable aux termes accoutumés par moitié, selon lesd. lettres de fieffe, en protestant d'accroître ou diminuer ce présent aveu, si besoin est et s'il vient à ma connoissance.

En témoin de ce, j'ay signé ce présent aveu de mon seing manuel et scellé de mon scel, le vingtiesme jour de febvrier, l'an mil quatre cent quatre-vingt unze (1). »

Les prieurs avaient des droits et des revenus qui leur assuraient une situation prépondérante à Saint-James. Ils étaient les seigneurs patrons présentateurs des deux églises de Saint-Benoît et de Saint-Martin, unies en un seul bénéfice. Ils percevaient les dîmes « consistant en toutes sortes de grains, froment, seigles, avoines, sarrazins, orges, paumelles, lentilles, pois et autres grains, à la reserve des lins, chanvres et pommes et la sixième partie des dits grains qui appartient au S[r] curé (2). »

Pierre de Brée commence la liste des curés, après l'année 1450. Sa famille était alors représentée à Saint-James par Jean de Brée, dont nous avons déjà parlé. Il figure sur le registre des synodes du diocèse d'Avranches, depuis 1458 jusqu'en 1467. Il résidait et il était aidé dans son ministère par deux vicaires, qui furent d'abord Robert Bernier et Guillaume Jamois (3). En 1464, ses vicaires étaient Hamelot le Héchu et Guillaume de Brée (4), qui

(1) Arch. Nat., P 290 2. Cote Ve XVII.

(2) Arch. de la Manche, Série H.

(3) « *Curatus Sancti Benedicti magister Petrus de Brée. Domini Robertus Bernier et Guillelmus Jamoye habuerunt commissionem ad adjuvandum dictum curatum in dictâ ecclesiâ et in capella Sancti Martini du Belley de Bevrone.* » (Registres de l'évêché d'Avranches).

(4) *Pro anno 1464, pro synodo paschali usque ad synodum hyemalem, videlicet a die 12 aprilis jovis post quasimodo usque ad mensem octobris, in decanatu Abrincinio...* Et infra. *Curatus ecclesiarum Sanctorum Martini du Bellé et Benedicti de Beurone, magister Petrus de Brée, residet. Domini Hamelotus le Hechu et Guillelmus de Brée habuerunt commissionem.* (Id., Id.)

furent remplacés peu de temps après par Philippe et Jean de la Noe (1).

Les églises de Saint-James et de Saint-Benoît possédaient depuis longtemps une confrérie de Saint-Nicolas dont nous n'avons pu malheureusement retrouver les statuts. Le 20 mars 1459, Jean de la Fresnaye, l'aîné, tabellion à Saint-James, « transporte affin d'héritage aux frères et sœurs de la confrairye de Monsieur saint Nicolas fondée en l'eglize Monsieur Saint-Martin du Bellé, en la ville de Saint Jame de Beuron, et à leurs successeurs, le nombre de vingt sols de rente, payable au jour Saint-Michel en septembre, pour vingt escus d'or que led. de la Fresnaye confessa avoir eus et receus des biens de la confrairie... à prendre sur Jacqueline Barrier, à cause d'une maison dont elle estoit tenante, assise en la ville de Saint-Jame entre Estienne Garagnol d'une part et d'autre Perrine Deguerpie, boute d'un bout à la grand rue et d'autre à la motte du chastel.... (2). » Quelques années plus tard, le 28 mai 1466, Philippe Béliard, « natif de Saint-James, » qui habitait alors la paroisse de Saint-Germain, en la ville de Rennes, où il s'était probablement réfugié pendant la guerre, voulut aussi laisser un pieux souvenir à l'église Saint-Martin, en donnant une petite rente qu'il avait sur Hilaire Dubois. « Et fut fait, ajoute la charte, pour estre icelluy Philippot et Guillemette, sa femme, acueillis es prières, messes et oraisons qui seront dittes, célébrées en lad. esglise, et pour le salut de leurs âmes et de tous leurs amis tant vifs que trepassés, dont le dit Phillipot estoit content... (3). »

Il existait aussi, dans l'église de Saint-Benoît, une confrérie de de Saint-Benoît, sur laquelle nous ne pouvons non plus donner aucun renseignement.

Eustache le Rogeron, qui n'était que diacre, fut nommé curé de Saint-James vers le milieu de l'année 1467. Le 15 décembre, il obtint un dimissoire de l'évêque d'Avranches, Jean Boucart, pour être ordonné prêtre et entrer en possession de son béné-

---

(1) *Anno Domini MCCCCLXVI... Curatus de Sancto Jacobo de Beurone, hoc est Sancti Benedicti de Beurone unâ cum capellâ annexâ Sancti Martini du Belle de Beurone magister Petrus de Brée. Domini Philippus de la Noe et Joannes de la Noe habuerunt simul unam commissionem.* (Id., Id.)

(2) Archives de la Manche, série E, Fonds de la Paluelle.

(3) *Id., Id.*

fice (1). Nous retrouvons sa famille dans le pays, où elle avait une situation honorable. Un autre curé, nommé le Boucher, lui fut adjoint et gouverna la paroisse jusqu'en 1476, avec les vicaires Jean et Philippe de la Noe (2).

Depuis cette époque jusqu'en 1490, la cure fut tenue en commende par le prieur Richard Pocaire. « *Frater Richardus Pocaire, prior Sancti Jacobi, tenet in commendam* (3). »

On fit alors des travaux de réparation à l'église Saint-Martin. Le 11 novembre 1477, les paroissiens, représentés par Massé Ameline et Jean Chollet, trésoriers de la fabrique ; Philippe Béliard, Guillaume Guiton, prêtre, Jehan de la Noe, Colin Menard, Jean Enjourbault, Jean Berthelot, Estienne Nicole, Robin le Testu, Jean Fouchier, Alain Miette, Michel Menard, Guillaume Noel, Guillaume Beaumont et Pierre Cigon passèrent un contrat devant Robert Tabur et Pierre Goulpel, clercs tabellions du Roi en la vicomté de Saint-James, avec Hilaire Dubois, demeurant à Saint-James, « ouvrier du mestier et œuvre de charpenterie, qui s'obligea à faire, parfaire et accomplir bien et deubment la charpenterie de l'église S. Martin du Bellé, tant de la nef que de l'esle, qui seront faites toutes neufves de bon bois de chesne et suffisant de telle longueur, laize et hauteur, comme elles sont de présent ouvrées, pour le jour S. Jean Baptiste prochain venant, pour 90 liv. tournois et 10 livres tournois en la volonté des paroissiens (4). »

Ce fut aussi probablement vers cette époque qu'on reconstruisit l'église de Saint-Benoît ruinée pendant la guerre et qui tombait de vétusté. C'est au moins ce qu'il est permis de conjecturer d'après le caractère architectural de la nouvelle église que nous avons vue jusque dans ces derniers temps. Son style, moins le portail

---

(1) « *Anno predicto MCCCCLXVII°, die decimâ quintâ septembris, magister Eustacius Le Rogeron, diaconus, curatus Sancti Benedicti de Bevrone cum capellâ Sancti Martini du Belle de Sancto Jacobo annexâ Abrincensis diocesis, habuit a quocumque pro ordine presbiteratus ad titulum dictæ curiæ.* » (Registre de l'évêché d'Avranches).

(2) « Dans un second et troisième titre les sieurs Rogeron et le Boucher sont dits curez de S. Benoist de Bevron, *curati Sancti Benedicti de Bevrone.* » (Factum du prieur Ch. Guérin).

(3) Registre de l'évêché d'Avranches cité par Ch. Guérin.

(4) Archives de la Manche, copie citée dans le *factum* imprimé de Ch. Guérin, p. 24.

roman qui existe encore à l'entrée de la nef, rappelait bien le XVe siècle. Le chœur était séparé de la nef par un arc triomphal qui supportait un campanile à deux baies. Il était éclairé par une belle fenêtre à meneau, qui s'ouvrait dans le pignon, et par quatre autres fenêtres trilobées. La nef avait six ouvertures semblables. A l'extérieur, des contreforts s'élevaient aux encoignures du chœur et de la nef ; la muraille qui portait le campanile faisait saillie et formait les deux contreforts du milieu de l'église. Outre le maître autel, il y en avait deux autres adossés au mur de l'arc triomphal et accompagnés de leurs piscines : à droite l'autel de la Sainte-Vierge, à gauche celui du patron Saint-Benoît (1).

La première année de son épiscopat, Louis de Bourbon fit la visite des églises Saint-Martin et du prieuré, que son prédécesseur Jean Boucart avait visitées peu de temps auparavant. Nous traduisons le procès-verbal du lundi 7 novembre 1485 :

L'an du Seigneur, mil quatre cent quatre vingt huit, le septième jour de la lune du mois de novembre, le Révérendissime Père en Dieu Louis de Bourbon visita l'église S. Martin, où le clergé et le peuple le reçurent avec honneur. Tous allèrent à sa rencontre avec la croix et l'eau bénite et le conduisirent processionnellement à l'église. Il fit célébrer, vers dix heures, une messe au maître autel, visita le tabernacle, la sainte Eucharistie, le saint Chrême, les saintes huiles, l'huile des infirmes et les fonts baptismaux. Puis il se dirigea vers l'église du prieuré Saint-Jacques, qu'il voulut aussi visiter, ainsi que les bâtiments du prieur. Les réparations ordonnées par son prédécesseur n'ayant pas été faites, il ordonna au vicaire, en l'absence du prieur, de les faire et de réparer la chapelle Sainte Eulalie.

Il revint ensuite à l'église Saint Martin, administra le sacrement de confirmation à plusieurs personnes de l'un et de l'autre sexe et donna la tonsure à trente-quatre jeunes gens. Après cette cérémonie, il ordonna aux trésoriers de faire transcrire, pour la fête de l'Assomption de la Bienheureuse Vierge, un psautier férial, un ordinaire et un processional, et il leur enjoignit de clore le cimetière par un mur, sous peine de dix livres d'amende.

Fait en présence de maître Pierre Bouillon, docteur en théologie, de Jean

---

(1) Vers 1854 on abattit le chœur de l'église jusqu'au mur du campanile, et l'on construisit une nef et deux chapelles au bout de l'ancienne nef, qui devint alors le chœur et la sacristie. Le campanile fut remplacé, en 1875, par un élégant clocher ogival, XVe siècle. Au moment où nous écrivons, on se prépare à reconstruire le chœur dans le même style que le clocher.

Galloin, licencié en droit civil, greffier, de maître Nicolas Abraham, promoteur, et de plusieurs autres personnes notables (1).

Le 14 février 1494, Louis de Bourbon visita encore l'église Saint-Martin du Bellé, celles du prieuré et de Saint-Benoît, et il enjoignit à MM. Pierre de l'Espine, Guillaume de l'Espine et Philippe de la Noe, qui étaient alors vicaires, de réparer l'église Saint-Jacques, spécialement les chapelles Saint-Pierre et Sainte-Madeleine (2).

Deux ans auparavant le prieur Guillaume Thébaut avait présenté à la cure Me Jean Aribart, qui prit possession par procureur, le 29 mars 1494 (3). Comme il arrivait trop souvent en ce temps-là, Me Jean Aribart ne résidait pas ordinairement à Saint-James (4) ; il y avait alors trois vicaires, au lieu de deux qui desservaient habituellement la paroisse avec le curé. Il fit sa démission au commencement de l'année 1496. Le 15 avril la cure était en déport (5). Les

(1) Arch. de la Manche, Fonds la Paluelle. Nous donnons le texte latin, Pièces justif., N° XIV. — Louis de Bourbon était fils de Jean, comte de Vendôme et de Peignée de Vieuville. Il fut élu le 17 septembre 1485 et sacré peu de temps après. « En 1493 Louis de Bourbon, évêque d'Avranches, réconcilia l'église de Carnet, profanée par les membres de la confrérie, qui avaient coutume de diner ensemble, le jour de la Vierge, dans la nef, d'où il arriva qu'après avoir bu, ils la profanèrent. Ce prélat défendit, sous peine d'excommunication, de faire pareilles assemblées dans l'église. Cette ancienne confrérie fut, avec ses revenus, réunie à celle du Rosaire en 1521. Pierre du Homme, surnommé le bon curé, logea la cour épiscopale. » (Mss de M. de Guîton).

(2) Registre du secrétariat de l'évêché d'Avranches, à la Bibliothèque de cette ville.

(3) « *Anno Domini millesimo quadragentesimo nonagesimo secundo...* Et infra. *Anno nonagesimo tertio.., die vigesima novembris... Prædicta dies magister Joannes Aribart habuit mandatum ad banna pro beneficio Sancti Benedicti de Bevrone cum annexa ejusdem. Presentatus per priorem Sti Jacobi de Bevrone.* Et infra (29 mars 1494) *Hâc die vigesima nona martii, collatio seu provisio ecclesiæ parochialis Sti Benedicti de Bevrone data fuit et collata venerabili viro magistro Joanni Aribart in personâ magistri Joannis Pocherer, presbiteri ejusdem procuratoris, qui prestitit juramenta de canonica obedientia et cætera prostari in talibus solita. Ad præsentationem prioris Sancti Jacobi de Brevone.* » (Extrait d'un ancien registre estant aux archives de l'évêché d'Avranches. — Note du chan. Guérin).

(4) « *Curatus de Sancto Jacobo de Bevrone, Magister Johannes Aribart. Dominus Petrus de l'Espine, Michael Lefebvre et Johannes de la Fresnays habuerunt commissionem. Curatus non residet.* » *(Registrum commissionis et non residentiæ pro synodo estivali, anno domini millesimo quadragentesimo nonagesimo quinto, die ultima mensis aprilis celebrata.* » (Bibl. d'Avranches).

(5) Le déport était le droit qu'avait l'évêque de jouir des revenus d'une paroisse pendant la vacance de la cure, avec l'obligation de faire desservir la cure

habitants profitèrent probablement de l'absence du prieur pour présenter l'un des vicaires, Michel Le Fèvre, mais son confrère, Jean Le Page, qui avait été désigné par le prieur à l'autorité diocésaine, fut nommé le 21 avril (1). Jean le Page ne fut lui-même que peu de temps curé de Saint-James. Il eut pour successeur Me Hilaire Eschart, qui posséda simultanément la cure de Saint-James et celle de Vezins dont il était déjà titulaire. A sa mort, arrivée en 1499, les paroissiens essayèrent encore, sans pouvoir réussir, de faire agréer Jean Rocher (2). L'administrateur du prieuré, Richard Heurtaut, présenta un membre de sa famille, Gilles Heurtaut, qui fut préféré (3).

---

pendant cet intervalle et d'en acquitter les charges. Si l'évêque ne voulait pas percevoir ces revenus, il les mettait en adjudication.

(1) « *Anno prædicto, die vicesima prima aprilis, ecclesia beati Benedicti de Brevone cum capella Sti Martini du Bellé sibi annexa vacans per resignationem seu demissionem magistri Johannis Aribart presbiteri ultimi et immedicati rectoris et possessoris pacifici... magistro Johanni Le Page fuit collata... Ad præsentationem religiosi viri fratris Guillelmi Thébaut in sacra pagina professoris, prioris prioratus Sti Jacobi de Brevone.* » (Bibliothèque d'Avranches).

(2) « *Pro littera refutationis ecclesiæ parochialis de Sancto Jacobo de Bevrone sive de Sancto Benedicto cum capella Sancti Martini du Belle annexa, vacantis per eamdem mortem (Hilarii Eschart), ad quam Dominus Joannes Rocher fuit præsentatus per Magistrum Michaelem Le Poux et Joannem Beziel, procuratores parochianorum de Sto Jacobo, eadem die refutatus.* » (Registre de l'évêché d'Avranches). Hilaire Eschart était probablement de la famille des abbés de Montmorel Nicolas, Jean et Julien Eschart qui se succédèrent de 1448 à 1521. (Voir le *Gallia*). Cette famille était originaire de la paroisse de Montaut, en Bretagne.

(3) *Pro littera ad banna parochialis ecclesiæ Sti Benedicti de Bevrone cum capella annexa vacantis per mortem magistri Hilarii Eschart curati ad quam Richardus Heurtaut firmarius prioris præsentavit magistrum Ægidium Heurtaut.* (Id.)

www.ingramcontent.com/pod-product-compliance
Ingram Content Group UK Ltd.
Pitfield, Milton Keynes, MK11 3LW, UK
UKHW012037240726
13965UKWH00003B/850

9 782013 038997